RENCONTRES
146

Série *Le dix-huitième siècle*
dirigée par Jacques Berchtold et Catriona Seth
16

# Nouveaux regards sur la trilogie de Beaumarchais

# Nouveaux regards sur la trilogie de Beaumarchais

Sous la direction de Sophie Lefay

PARIS
CLASSIQUES GARNIER
2015

Sophie Lefay est maître de conférences en littérature française à l'université d'Orléans. Elle a notamment publié *L'Invention du jardin romantique* (Neuilly, 2001), *L'Éloquence des pierres. Usages littéraires de l'inscription au* XVIIIe *siècle* (Paris, 2015) et *Les Éléments de littérature de Marmontel* (Paris, 2005).



ISBN 978-2-8124-5116-4 (livre broché)
ISBN 978-2-8124-5117-1 (livre relié)
ISSN 2103-5636

# INTRODUCTION

Que dire de la trilogie de Beaumarchais qui n'ait été déjà repéré, souligné, voire répété ? Certes l'ingéniosité du dramaturge n'épuise pas celle de ses exégètes, mais on peut mettre en doute l'opportunité d'une nouvelle entreprise critique prenant la trilogie pour objet. Le texte de Beaumarchais serait, par la force du temps et des institutions académiques, devenu ce que Paul Bénichou appelait un « classique aggravé[1] » : le voici inscrit pour la quatrième fois au programme des agrégations de lettres en 35 ans. Beaumarchais a beau, selon le mot de Péguy, avoir mis au monde des « professionnels de la jeunesse[2] », on peut se demander si la péremption ne menace pas le commentaire.

Pourtant, si les pièces demeurent (dans leur bouillante et juvénile postérité), les lectures évoluent et, ces dernières décennies, elles se sont notamment déplacées vers le drame. Avant les années 1980, *La Mère coupable* était largement ignorée de la critique et *a fortiori* des programmes scolaires. La place accordée à Beaumarchais dans les manuels témoigne des traitements très inégaux faits aux trois pièces et du privilège dont jouit le *Mariage*. L'anthologie d'André Lagarde et de Laurent Michard, dans les années 1960, en fournit un bon exemple en donnant deux extraits pour le *Barbier* contre six pour le *Mariage*. Quant à *La Mère coupable* – qu'on n'imagine plus aujourd'hui d'exclure de l'ensemble dramatique qu'elle contribue à constituer –, elle n'y est pas représentée et n'occasionne qu'une brève mention, qui la définit comme une incongruité malvenue : « quelle fâcheuse idée d'avoir voulu refaire le Tartuffe tout en donnant une suite larmoyante à la charmante histoire du *Barbier* et du *Mariage* ! ».

Les nouvelles approches auxquelles Beaumarchais a donné lieu ont également pris en compte la trilogie moins comme la réunion de trois

1 Paul Bénichou, *Morales du grand siècle* [1948], Paris, Gallimard, 1988, coll. « Folio essais », p. 15.

2 Charles Péguy, *Clio. Dialogue de l'histoire et de l'âme païenne*, *Œuvres en prose complètes*, vol. III, Paris, Gallimard, coll. « Bibliothèque de la Pléiade », 1992, p. 1072.

pièces contiguës que comme un ensemble dramatique aux solidarités profondes, y compris sur un mode conflictuel et paradoxal : on s'est ainsi donné les moyens de percevoir des effets de rupture et de continuité passés inaperçus. Vue à travers le prisme que propose *La Mère coupable*, la physionomie du *Mariage* a plus de relief et révèle une intrigue qui tend moins vers la résolution des énigmes que vers leur réitération, ou leur impossible résolution : en témoignent les jeux d'écho du V^e^ acte (« Il y a de l'écho ici »).

Mieux, les trois pièces sont susceptibles de se servir mutuellement de grilles de lecture. On avait pu remarquer, dans cet esprit, que le mariage de Marceline et de Bartholo préfigurait l'évolution du comte qui, dans *La Mère coupable*, accédait à la conscience de ses devoirs paternels et conjugaux[1]. Autre exemple, l'inceste qui constituait une tentation bien réelle dans *Le Mariage de Figaro* (« la voix du sang ») devient, dans *La Mère coupable*, un repoussoir et une fiction (imaginée par Bégearss pour éteindre un désir sain et légitime).

Les objets (fauteuil, ruban, bouquets, etc.) qui courent d'une pièce à l'autre, en subissant parfois quelques métamorphoses, sont l'un des autres fils qui tissent des liens entre ces trois pièces remarquables par la profusion des accessoires qu'elles proposent (au point que J. Meyer, observant ce maillage serré, avait pu qualifier Beaumarchais de « père de la mise en scène écrite[2] »). De nombreux travaux ont abordé ces questions[3] et se sont efforcés de relier les pièces entre elles. De ce point de vue, *La Mère coupable* pourrait se lire comme nostalgie du désordre. On passe de la dissimulation heureuse des objets (le *Barbier*, le *Mariage* : savoir duper autrui en détournant les objets, ou en les dissimulant) au dévoilement repentant (*La Mère Coupable* met au jour les secrets). *Le Barbier de Séville* comme *Le Mariage de Figaro* semblent témoigner d'une volupté bien de leur temps qui, « au lieu de s'enraciner dans l'âme, s'enracine

1 Jean Goldzink, « Dramaturgies du droit : *Le Fils naturel* et *Le Mariage de Figaro* », Littérature classique, n° 40, 2000, p. 259-271.

2 Beaumarchais, *Le Mariage de Figaro*, Paris, Éditions du Seuil, coll. « Mises en scène », 1953, p. 13.

3 Notamment : P. Testud, « Échange et change dans *Le Mariage de Figaro*, ou le cher ruban de Chérubin », Poitiers, La Licorne, n° 7, 1983, p. 41-52 ; C. Mervaud, « Le "ruban de nuit" de la Comtesse », *Revue d'Histoire Littéraire de la France*, septembre-octobre 1984, p. 722-733 ; M. Delon, « "Un morveux sans conséquence" : responsabilité et irresponsabilité dans *Le Mariage de Figaro* », *Beaumarchais. Le Mariage de Figaro*, Paris, Ellipses, coll. « Analyses et réflexions », 1985, p. 97-103.

dans les choses[1] ». D'une pièce à l'autre, la manipulation a changé de sens et de valeur. La dernière pièce simultanément achève et condamne la trilogie, comme une forme d'expiation du comique. Dans *La Mère coupable*, la mort déjà ancienne de Chérubin – le manipulateur heureux et ludique du *Mariage* – semble s'accomplir une nouvelle fois dans le sacrifice des accessoires de théâtre : l'écrin est brisé, les lettres brûlées. La réconciliation des époux Almaviva passe par la destruction des objets du passé. Simultanément de nouveaux objets (billets de banque, lettres de change) sont source d'ennui et de discorde. L'esthétique du drame semble préférer les mots aux choses. Celles-ci et ceux-là tendaient déjà à s'opposer dans les deux comédies : en témoigne par exemple, dans *Le Mariage de Figaro*, la caractérisation double et symétrique de Marceline en oratrice (I, 5) et de Suzanne en manipulatrice (la « mignonne aux fines épingles », IV, 15). La mort de Chérubin, l'élimination du « machiniste » qu'est Bégearss (personnage qui, dans cette dernière pièce, entretient les relations les plus étroites avec les accessoires et n'est pas sans rappeler à bien des égards Chérubin dont il radicalise la face sombre) valent pour une élimination des objets et semblent porter condamnation du théâtre lui-même, ou du moins de la comédie. Dans les deux premières pièces, le jeu des objets vaut comme marque de distance et auto-caricature. Il suffit ainsi, dans le *Barbier*, que le comte s'empare d'une guitare pour qu'il trouve l'aisance dont il craignait qu'elle ne lui fît défaut. L'accessoire lève sans doute les inhibitions, mais il souligne aussi qu'on a affaire à un amant de convention. Seul le buste de Washington (II, 4 et 9) échappe à l'entreprise de destruction qui s'abat sur le monde des choses dans *La Mère coupable*. Pourtant, cet objet appartient à Léon et devrait susciter l'ire du comte ; or il est au contraire l'occasion d'un consensus inattendu. L'objet, arrivé sans qu'on ne puisse identifier sa provenance, anticipe la conversion de l'ancien féodal, laisse entrevoir la réconciliation générale et permet que soit scellée une nouvelle union, autour d'une forme de sacré substitutif, signe de la légalité victorieuse.

Dans la même perspective, celle d'un art du contrepoint que le dramaturge pratique d'une pièce à l'autre, la critique récente a également interrogé le rapport des pièces de Beaumarchais au temps, à la fois comme représentation de la durée et comme déroulement historique. Beaumarchais étire sa propre expérience de la durée en inscrivant

1 Robert Mauzi, *Littérature française. Le XVIII^e^ siècle*, Paris, Arthaud, 1977, t. 2, p. 63.

fictivement vingt années entre les deux dernières pièces (pourtant distantes d'une seule décennie du point de vue du temps vécu par le dramaturge). En multipliant par deux le nombre des années qui séparent la composition des deux pièces, Beaumarchais signale et souligne une coupure que redoublent, presque caricaturalement, les événements historiques. Pourtant les pièces, alors même qu'elles semblent y inviter leur lecteur, interdisent toute forme de finalisme historique, notamment en refusant les rigidités génériques supposées accompagner le passage de la comédie au drame. Ne retenons qu'un exemple, celui du traitement de la « noblesse » : les privilèges que dénonçait Figaro ont été abolis quand l'auteur rédige *La Mère coupable.* Est-ce la raison pour laquelle Beaumarchais inscrit sa dernière pièce dans le cadre d'une société encore aristocratique, que le genre même du drame (qu'on dira plus tard « bourgeois ») est pourtant supposé refuser ? Du *Barbier*, où l'habit éclatant du comte était une démonstration de noblesse, jusqu'à *La Mère coupable* qui déplore qu'on ne distingue plus qu'à peine « un gentilhomme d'un savant », s'exprime le désir puis la nostalgie de la générosité, entendue comme fougue, brio et sens de la grandeur.

Le présent volume prend acte de la profusion critique suscitée par la trilogie ; les contributions réunies ici ne manquent pas d'exploiter ce riche réseau de rappels et d'échos que proposent les trois pièces. Elles réfléchissent aussi à la pertinence qu'il peut y avoir à poser de *nouveaux regards* sur un ensemble de textes (qui manifestement stimule et encourage les entreprises de déchiffrement). Cette nouveauté a pu consister à oser poser à la trilogie des questions que des approches critiques théoriques semblaient avoir périmées sans néanmoins qu'elles aient reçu des réponses satisfaisantes. Les auteurs des articles qu'on va lire, en s'interrogeant, certes sur nouveaux frais, sur les rapports entre l'homme et l'œuvre, montrent non seulement la porosité des frontières entre ces deux domaines mais aussi l'exploitation par le dramaturge de ses propres expériences biographiques comme d'un matériau poétique possible. La question de la portée politique et idéologique de la trilogie, autre rengaine critique (problème qui pouvait sembler aussi démodé que mal résolu), n'est pas esquivée, à travers l'examen, par exemple, de la valeur « révolutionnaire » de la trilogie. D'autres contributions s'attachent aux différents modes de symbolisation des enjeux idéologiques : elles abordent la question du mariage, ou des échanges économiques. On serait tenté de leur adjoindre le motif de la naissance qui, présent avec tant d'insistance dans les trois pièces, peut apparaître comme l'instrument par lequel Beaumarchais établit une circulation et une équivalence possible entre les registres du politique et du biologique. Quand Figaro apostrophe le comte (néanmoins absent) et lui dit : « Vous vous êtes donné la peine de naître et rien de plus », il est possible qu'il faille entendre « naître » au sens le plus littéral qui soit : existe-t-il un corps noble, une physiologie propre à l'aristocrate ? Les pièces ne cessent de poser la question, qu'elles évoquent l'« hiéroglyphe » de Figaro, la finesse de la peau d'une femme, ou l'identité d'un enfant perdu, retrouvé ou adultérin.

La fortune critique elle-même des textes mérite d'être interrogée et plusieurs études présentes dans ce volume s'y attachent : c'est le cas des deux premières contributions réunies sous le titre « Beaumarchais subversif ? ». Elles s'articulent autour de la date-pivot que constitue le 27 avril 1784, jour de la première représentation du *Mariage de Figaro* sur la scène du Théâtre-Français. Jean-Pierre de Beaumarchais se place en aval de cette date, en montrant de quelle façon le dramaturge a su orchestrer les concessions et jouer de la faveur dont il jouissait dans l'opinion pour obtenir finalement que sa pièce fût représentée. Virginie Yvernault, évoquant la portée « révolutionnaire » de la trilogie, se situe au-delà de cette date et déplace le point de vue ordinaire (le contenu révolutionnaire des propos), du texte vers la réception dont il a fait l'objet depuis ses premières représentations. Autant qu'un texte littéraire, la trilogie de Beaumarchais se révèle un fait historique.

Apparaissent sous la rubrique « Le "Roman de la famille Almaviva" : échos et intertextes » les deux contributions de Catherine Ramond et de Marie-Emmanelle Plagnol-Diéval. Toutes deux s'attachent à des questions qui ont trait à la problématique des genres littéraires. Catherine Ramond démontre que Beaumarchais joue de brouillages génériques, autorisés, sinon par les poétiques, du moins par les pratiques des écrivains de la fin du XVIII^e^ siècle. Beaumarchais offre néanmoins avec la trilogie un exemple sans équivalent (à l'exception peut-être de Rétif) d'un théâtre romanesque qui, au-delà du repérage des modèles, permet aussi d'expliquer le sens et la portée de ses pièces : il en va ainsi de l'angoisse existentielle de Figaro, que l'on comprend mieux si l'on considère le héros de Beaumarchais sous son profil romanesque. Une telle problématique se voit prolongée dans l'étude de Marie-Emmanuelle Plagnol-Diéval : si les trois pièces s'adressent au spectateur, elles se destinent aussi potentiellement à un lecteur, chargé d'un rôle essentiel. Il revient en effet à ce dernier d'actualiser les innombrables références qui s'offrent à lui, se multiplient et créent un effet de connivence, tout en lui demandant de renoncer aux catégories génériques dont il est familier. L'idée de connivence (qu'elle soit culturelle ou qu'il s'agisse du partage des émotions) peut apparaître comme l'un des principes unificateurs de la trilogie.

Autre facteur d'unité de la trilogie, le mariage : mais le dramaturge, comme le remarque Jean-Pierre de Beaumarchais, en fait bien plus que le dénouement attendu de la comédie d'intrigue traditionnelle. C'est la raison pour laquelle cette contribution a été placée dans la rubrique des « Mutations sociales et idéologiques ». Beaumarchais en effet interroge ce motif et le met à profit pour poser la question du désir, de la loi et des relations entre les individus, relations pour lesquelles il propose d'inventer un nouveau type d'organisation familiale. C'est aussi à ce « sot métier de mari » que s'intéresse Françoise Le Borgne, mais pour affirmer, comme Figaro (*Mariage*, I, 11) : « pas si bête, pourtant, pas si bête ! ». Au-delà du ridicule potentiellement attaché au mari, Beaumarchais esquisse une possible revalorisation de cette figure, y compris en dénonçant les abus de pouvoir dont les maris (autant que des maîtres) peuvent se rendre coupables, à une époque où d'intenses débats se multiplient dans l'espace social sur la question conjugale. Le mariage se transforme en transaction avec Florence Magnot-Ogilvy qui relaie des interrogations comparables à celles qu'abordent J.-P. de Beaumarchais et F. Le Borgne, mais en les transposant sur un autre plan, celui des échanges que permet dans la pièce le motif de l'argent, à la fois comme accessoire de théâtre et comme valeur. L'argent, qui semble organiser la société représentée dans le *Mariage*, contribue aussi à la déconstruire. Passant de main en main, sur un rythme effréné (Michel Delon faisait déjà observer naguère : « la pièce se déroule au pas de charge[1] »), l'argent promeut les *bene nanti* au détriment des *bene nati* (vaudeville final) et sa circulation est à mettre parallèle avec un autre motif qui organise largement la pièce, celui de la circulation du corps des femmes.

Si le comique est ici lié au rythme trépidant des échanges, c'est sous l'angle du style et des procédés du rire que l'analysent les articles réunis sous le titre « Beaumarchais et l'écriture comique ». Violaine

1 « Fête galante, fête révolutionnaire », *Comédie-française*, n° 174, mars 1989, p. 26.

Géraud rapporte la réussite de Beaumarchais à ce qu'elle désigne du terme d'« *archiethos* » spirituel : Beaumarchais, on le sait, fait reposer sa poétique dramatique sur la notion de caractère (« Le genre d'une pièce [...] dépend moins du fond des choses que des caractères qui les mettent en œuvre » écrit-il dans la « Lettre modérée »). Une telle affirmation légitime le recours, pour expliquer le statut du personnage, à la notion d'*ethos* ; mais il se trouve que cet *ethos* n'est pas propre à un personnage (qui serait celui du valet) : les créatures de Beaumarchais, bien au-delà des classes sociales auxquelles elles appartiennent (le mot d'esprit est pourtant essentiellement lié à la société aristocratique d'Ancien Régime), ont « l'esprit » en partage, en une forme inattendue de révolution qui se prolongerait ou s'amorcerait sur le plan du style. C'est encore au comique que s'intéresse Odile Richard-Pauchet, celui d'un Beaumarchais partisan de « l'ancienne et franche gaieté », qui s'efforce néanmoins d'atténuer les grivoiseries les plus audacieuses pour les rendre acceptables, ou de les amortir (avec la trilogie, l'expression du « rire aux larmes » trouve une nouvelle pertinence), de la même façon qu'on gaze les corps nus dans la peinture de la même époque. Jennifer Ruimi s'intéresse plus particulièrement à la généalogie qui permet de relier un genre burlesque, la parade, à la première pièce de la trilogie, mais aussi au *Mariage de Figaro* (« présence souterraine de la gravelure », jeux onomastiques) et à *La Mère coupable*, où demeurent, contre toute attente, des souvenirs (discrets) du genre de la parade. Anne Richardot, en montrant la voie originale qu'emprunte le dramaturge, replace enfin la question du rire chez Beaumarchais dans le cadre des débats qui traversent le XVIII^e^ siècle. L'époque connaît ce que l'on pourrait appeler un dilemme du rire, rappelé ici à l'aide d'une formule empruntée à Jean Goldzink : « la vertu épuise le comique et le comique ronge la vertu ».

On a enfin réuni sous le titre « Problèmes d'esthétique théâtrale » trois articles portant respectivement sur l'accessoire qu'est la lettre, sur le motif de la reconnaissance (*Mariage*, III, 16) et sur la construction du personnage de théâtre. Bénédicte Obitz-Lumbroso étudie ces objets de papier que sont les lettres et suit leur trajectoire tout au long de la trilogie. Relevant de ce que Pierre Larthomas désigne du nom d'« éléments paraverbaux » dans son ouvrage sur *Le Langage dramatique*[1], ces accessoires sont exemplaires des productions d'un dramaturge lui-même

1 *Le Langage dramatique*, Paris, PUF, 1980, p. 47-171.

caractéristique d'un siècle qui a élaboré une pensée sensualiste, et inventé, comme l'a montré Pierre Frantz[1], un théâtre de l'image, infléchissant du côté du visuel ce qui relevait d'une conception écrite du théâtre. Les lettres se révèlent en outre un instrument particulièrement efficace pour lire la trilogie et mesurer l'aggravation des enjeux depuis *Le Barbier de Séville* jusqu'à *La Mère coupable*. Dans la première pièce, on assistait à la métamorphose d'un billet doux en ordonnance de rhubarbe ! Dans *La Mère coupable*, en une forme d'expiation de la sauvage gaieté du passé, les lettres de Chérubin sont jetées au feu. Franck Salaün s'intéresse quant à lui au motif de la reconnaissance : traditionnel au théâtre (on sait qu'Aristote propose une typologie des reconnaissances dans la *Poétique*), il est placé par le dramaturge au cœur même de la trilogie puisque la scène 16 de l'acte III constitue bien le centre de la pièce médiane. Or cette scène emblématise l'indécision qui caractérise les trois pièces en hésitant entre douleur existentielle (« Oooh ! aïe de moi ! » s'exclame Figaro) et écriture parodique. Figaro se voit un moment travesti en Emmanuel (« envoyé du Seigneur » comme le dit l'étymologie du prénom) : l'identité d'emprunt, « tombée du ciel », oscille entre invraisemblance assumée (et comique) et expérience aussi douloureuse que problématique de l'identité. C'est cette même question que prolonge l'article de Sophie Marchand relatif au personnage de théâtre ; en modifiant les types hérités de la tradition comique, en les faisant évoluer sur la longue durée, Beaumarchais fait du personnage l'une des clés de voûte de son système dramatique, susceptible d'être interprété dans ces conditions comme un théâtre de l'identité. Pour Sophie Marchand, « l'expérience accomplit l'être, qui n'est pas essence mais construction ». Beaumarchais modifie profondément le personnage pour faire de lui le vrai sujet de ses pièces et l'enjeu de la seule reconnaissance qui vaille.

Qui sont et que sont les personnages de Beaumarchais ? Changent-ils vraiment d'une pièce à l'autre ? Quand la comtesse, dans *Le Mariage de Figaro*, déclare à son époux : « Je ne la suis plus cette Rosine que vous avez tant poursuivie » (II, 19), elle affirme bien un changement d'identité auquel on serait tenté de croire. Pourtant, elle cache alors Chérubin dans son cabinet, vient habilement de mentir au comte et n'est sans doute nulle part plus conforme à son identité du *Barbier* (dissimulée

---

1 Pierre Frantz, *L'Esthétique du tableau dans le théâtre français du XVIII^e siècle*, Paris, PUF, coll. « Perspectives littéraires », 1998.

et rusée, apte au mensonge) que dans cette scène où le comte passe, lui, du statut d'époux volage à celui de mari berné. La réversibilité des significations, dont les articles réunis ici fournissent de convaincantes illustrations, est aussi l'une des raisons pour lesquelles la trilogie est redevable de *nouveaux regards* et ne doit pas cesser d'en susciter.

On aura décelé, à travers ce bref aperçu des contributions réunies ci-dessous, que les regroupements qui ont été proposés (« Beaumarchais subversif », « Le "roman de la famille Alamaviva" », « Mutations sociales et idéologiques », etc.) ne sont pas étanches : la question du comique ne cesse de poser celle de l'unité ou de la diversité des pièces, qui à son tour renvoie aux enjeux idéologiques et aux choix dramaturgiques et esthétiques de Beaumarchais. Là est sans doute l'un des principes de l'unité de la trilogie : les contributeurs dialoguent, à la façon des pièces elles-mêmes, avec un plaisir et une liberté que viennent seules limiter la rigueur des approches, et « la bourgeoise intégrité [qu'ils ont mise à leurs] citations[1] ».

Sophie LEFAY
Université d'Orléans
Laboratoire POLEN

1 « Préface » du *Mariage de Figaro*.

# PREMIÈRE PARTIE

# BEAUMARCHAIS SUBVERSIF ?

# LE *MARIAGE* N'AURA PAS LIEU

« Il faudrait détruire la Bastille pour que la représentation de cette pièce ne fût pas une inconséquence dangereuse », déclare Louis XVI à la fin de 1781, alors que, le 29 septembre, *Le Mariage de Figaro* vient d'être reçu à l'unanimité par les Comédiens-Français. « Vous vous êtes donné la peine de naître, et rien de plus », répondra Figaro deux ans et demi plus tard, le 27 avril 1784, sur la scène de cette même Comédie-Française aux privilégiés qui l'applaudissent et rient avec lui de ces « petits hommes qui redoutent les petits écrits ». Entre ces deux dates, la pièce était devenue une affaire d'État : il y avait fallu, du côté du pouvoir royal, une accumulation de maladresses et, du côté de Beaumarchais, une maîtrise stratégique et un sens de la publicité peu fréquents chez un écrivain. Il est vrai que c'était là le moindre de ses métiers.

De fait, en cherchant à museler Beaumarchais, longtemps connu comme un affairiste un peu louche « et rien de plus », Louis XVI s'attaquait à forte partie. Car ce diable d'homme a déjà réussi, une petite dizaine d'années plus tôt, à mobiliser l'opinion à son profit dans un procès en corruption de juge où il risquait les galères : l'affaire Goëzman (1773-1774). Il a su alors, avec quatre étincelants mémoires judiciaires, retourner le public en sa faveur et jouer des divisions de la haute aristocratie autour de la réforme Maupeou de 1770, qui avait créé de nouvelles chambres pour remplacer les anciens Parlements. Il a osé présenter sa cause, qui n'était pas des plus limpides, comme « celle de tous les citoyens », assuré (à sa manière !) la publicité des débats, fait rire la galerie par un dialogue bouffon avec l'« Être Suprême » et pleurer les cœurs sensibles avec la rocambolesque histoire de sa sœur abandonnée par un Espagnol volage, dialogué en forme de scènes de comédie les principales « confrontations » du procès en s'y donnant le beau rôle : Mme du Barry les aurait même fait jouer devant Louis XV… Certes l'affaire s'est terminée pour lui par un « blâme », à savoir la perte de ses droits civiques, mais le « parlement Maupeou », blessé à mort, a été supprimé par Louis XVI dès son avènement.

Depuis cet épisode fondateur, Beaumarchais l'affairiste est aussi devenu une figure de la république des lettres. Après le succès du *Barbier de Séville* en 1775, il a pris la tête en 1777 de la rébellion des auteurs dramatiques contre les Comédiens-Français ; en 1780, il a installé à Kehl, en Allemagne, sa « Société littéraire typographique » pour éditer les œuvres complètes de Voltaire, soixante-dix volumes qui paraîtront de 1783 à 1789, suscitant contre lui la haine des antiphilosophes et des autorités religieuses qui jetteront l'anathème sur cette « forge d'impiété ».

Cependant, en 1781, l'œuvre de sa vie, qui dévore depuis cinq ans son temps et son énergie, est la fourniture d'armes aux *Insurgents* américains en guerre pour leur indépendance. Entreprise comme il les aime, où se conjuguent, pour citer Figaro, « bien public et particulier », les idéaux des Lumières et l'espoir de copieux bénéfices. Dès 1775, il a vanté auprès du jeune Louis XVI « l'ardent désir de liberté » des colonies révoltées, puis créé une compagnie de commerce, Roderigue Hortalez, secrètement subventionnée par le ministre Vergennes. Ses livraisons de poudre à canon ont beaucoup aidé les Insurgents à remporter la victoire de Saratoga en 1777, et le président du Congrès américain, John Jay, l'a solennellement assuré de « l'estime d'une république naissante ». Mais les grands principes coûtent cher : les Anglais arraisonnent ou bloquent ses vaisseaux ; les Américains le payent de bonnes paroles et de chèques en bois (toujours propriétés de la famille) plutôt qu'en « retours » de denrées coloniales ; les Français, entrés en guerre en 1778, réquisitionnent un de ses navires pour des opérations militaires, et le malheureux armateur réclame à cor et à cri des dommages et intérêts. Lesquels, bizarrement, lui seront enfin versés en avril 1783 et en janvier 1784, au plus fort de la bataille du *Mariage de Figaro* ! De surcroît, un ministre lui a demandé de racheter en sous-main des « parchemins de titres » pour le compte des archives royales : encore une dette d'État, dont on ignore si elle fut jamais réglée…

C'est dire la complexité des rapports entre Beaumarchais et le pouvoir au début des années 1780. L'homme par qui le scandale arrive est aussi un créancier de ce même pouvoir qu'il ne craint pas de défier. Paradoxe dont l'écrivain se servira pour démontrer son innocence en haut lieu : en faveur des services rendus, Louis XVI ne pourrait-il faire grâce à ce *Mariage de Figaro* que son auteur, avec une modestie affectée, qualifie de « simple amusement » ou de « rêveries de son bonnet de nuit » ? Mais le roi s'obstine, refuse cet échange de bons procédés et Beaumarchais ressort, *mutatis mutandis*, la stratégie qui lui a si bien servi lors de l'affaire Goëzman : respecter la procédure à la lettre, de manière, le cas échéant, à placer le pouvoir en contradiction avec lui-même ; s'efforcer d'envelopper l'adversaire par une manœuvre de contournement, autrement dit par l'appel à l'opinion, en fédérant autour de lui les groupes les plus disparates.

Après la réception de la pièce, vient normalement l'étape de la censure. Entre septembre 1781 et le printemps 1784, le *Mariage* ne connaîtra pas moins de six censeurs successifs, avec pour finir un « tribunal de décence et de goût » formé d'écrivains et de ministres. Tous seront favorables, à l'exception d'un seul. À chaque fois, l'auteur se soumet, édulcore les situations ou les répliques jugées scabreuses, gomme les allusions trop appuyées à la réalité française ; Figaro s'en prenait à la Bastille : ce ne sera plus qu'un anonyme « château-fort ». Après chaque incident de parcours, telle cette interdiction signifiée le matin même par le roi alors que la pièce va être jouée, le 13 juin 1783, sur le théâtre des Menus-Plaisirs devant un public de « gens de cour, d'hommes de lettres et d'amis de l'auteur » (Métra), Beaumarchais lui-même réclame un juge supplémentaire – dont l'opinion favorable soulignera encore davantage le despotisme royal. « Les mots d'oppression et de tyrannie ne furent jamais prononcés, dans les jours qui précédèrent la chute du trône, avec plus de passion et de véhémence », note Mme Campan dans ses *Mémoires*.

Le contournement exige, lui, de l'imagination et du doigté. Puisque le roi refuse décidément de satisfaire la « curiosité de la ville », Beaumarchais fera connaître sa pièce par une campagne de lectures dans les salons. Il menacera aussi de la faire jouer à l'étranger, redoublant ainsi la frustration des Parisiens ; il tentera d'organiser une représentation privée qui constituerait un précédent pour une représentation publique ; enfin, il déplacera le débat du terrain glissant de la politique vers celui, plus traditionnel, des bonnes mœurs – sur lequel, par bonheur, ses adversaires ne demandaient qu'à l'entraîner.

Les lectures commencent au printemps 1782. Beaumarchais arbore chez ses nobles hôtes un manuscrit modestement titré « Opuscule comique » et orné de pacifiques rubans roses. Il prélude par un préambule badin où, malgré ses cinquante ans, il se compare aux « belles qui refusent ce qu'elles brûlent d'accorder ». Puis vient, soigneusement minutée, la lecture tant attendue, au cours de laquelle il prend soin de flatter son illustre auditoire en retenant de loin en loin une suggestion mineure, laissant par exemple Mme de Matignon choisir la couleur du ruban de Chérubin...Quel auditoire, en effet ! Le 26 mai, le grand-duc et la grande-duchesse de Russie, le 30, la maréchale de Richelieu entourée d'un aréopage d'évêques, utiles témoins de moralité, et puis encore le duc de Fronsac, la princesse de Lamballe, favorite de la reine, le marquis de Thibouville... Plus que les insolences de Figaro, c'est la tendre romance de Chérubin, sur l'air de Malbrough popularisé par la nourrice du Dauphin, que l'auteur s'emploie à mettre en valeur. Car la pièce doit, aux yeux des privilégiés, sembler inoffensive. Elle n'est, écrit-il au lieutenant de police Lenoir au début de 1782, rien d'autre qu'un « fol ouvrage », destiné uniquement « à amuser le roi et la reine de France ». Si ces derniers n'en veulent pas, ajoute-t-il, elle sera montée en Suède dont le roi Gustave III, qui a souscrit à l'édition de Kehl, est de ses amis, ou en Russie, car Catherine II la réclame. Derrière le chantage, on sent Beaumarchais suprêmement flatté d'être ainsi appelé à rejoindre Voltaire et Diderot parmi les favoris littéraires de la « Sémiramis du Nord ».

La représentation privée tant espérée aura lieu le 26 septembre 1783, trois mois après l'occasion manquée des Menus-Plaisirs. L'âme du complot est le comte de Vaudreuil, noble éclairé, ami de Chamfort, qui souhaite offrir une fête au comte d'Artois, frère du roi. Pressé par la reine, qui se décommandera au dernier moment, Louis XVI donne cette fois son agrément et le *Mariage*, qui en est alors déjà à sa troisième censure, peut enfin être joué, au château de Gennevilliers chez le duc de Fronsac, devant le comte d'Artois et trois cents invités de marque. Grand succès, bien que le texte, à ce stade, semble avoir contenu des répliques assez scabreuses – du « foutre », aurait dit d'Artois.

Mais s'agissant du grand public, Versailles ne désarme toujours pas. Les censures se succèdent – encore trois entre la fin 1783 et février 1784 –, toutes globalement favorables, que l'auteur fait benoîtement suivre des « retranchements » demandés. Face à un tel blocage, La Harpe note alors justement qu'« il semble que la fonction des censeurs soit devenue à peu près illusoire, puisque leur signature au bas d'une pièce ne suffit pas pour que la pièce soit permise ».

Pour Beaumarchais, le temps est alors venu d'attaquer frontalement l'adversaire. Au début de 1784, il adresse une longue lettre à Breteuil, ministre de la Maison du Roi, dans laquelle il développe une série d'arguments qu'il reprendra en substance dans la préface du *Mariage*. Il réfute notamment l'accusation d'immoralité lancée contre la pièce, puisque le comte Almaviva, le « vicieux époux », s'y trouve finalement confondu. Quant à Figaro, il ne fait que jeter un peu de « critique badine » sur les « sottises du siècle » : rien là qui puisse « renverser l'État » ! Peu après, il écrit directement au roi, vantant à nouveau la « vraie moralité » de l'ouvrage et lui rappelant que la « saine critique » relève de la fonction sociale du théâtre. Louis XVI voudrait-il de surcroît priver les Comédiens du Roi d'une pièce dont ils espèrent de « grandes recettes » ? Enfin, peut-il désavouer ce « tribunal de décence et de goût » qui s'est ajouté aux censeurs officiels et dans lequel siègent deux de ses ministres, Breteuil et le Garde des Sceaux Miromesnil ?

Car Beaumarchais est alors parvenu à mettre de son côté non seulement le grand public, de plus en plus impatient, non seulement une partie de la haute noblesse dont il a réveillé l'esprit de fronde toujours vivace, mais encore des figures majeures de l'appareil d'État, fusibles qui ont sauté l'un après l'autre. En ce printemps 1784, le roi se trouve donc isolé et contraint de capituler – avec pour seul espoir que la pièce « tombe » le plus vite possible ! Le 31 mars, triomphant, Beaumarchais peut écrire à son cher Préville, l'ancien Figaro du *Barbier de Séville* : « J'ai, mon vieil ami, le bon du roi, le bon du ministre, le bon du lieutenant de police ». Enfin, le 27 avril à cinq heures du soir (l'heure des corridas...), presque 31 mois jour pour jour après avoir été « reçu », *Le Mariage de Figaro* est offert au public de la Comédie-Française, dans un climat de folie collective décrit avec stupéfaction ou envie par les écrivains et journalistes du temps : « Trois cents personnes ont dîné à la Comédie dans les loges des acteurs pour être plus sûres d'avoir des places, et à l'ouverture des bureaux la presse a été si grande que trois personnes ont été étouffées » (La Harpe), les *Mémoires secrets* s'étonnent de ces « cordons bleus confondus dans la foule, se coudoyant, se pressant avec les savoyards », et tout cela, constate la *Correspondance littéraire*, pour voir « traités avec une hardiesse dont nous n'avons point encore eu d'exemple, les grands, leurs mœurs, leur ignorance et leur bassesse ». Rencontre explosive d'un lieu et d'un contenu, car les « hardiesses » de

Figaro ne sont pas de contrebande, venues en fraude d'un libraire de Genève ou d'Amsterdam, mais proférées devant toute la cour, sur une scène officielle et par les « Comédiens du Roi »... Le *Mariage* n'aura pas lieu ? Il a eu lieu ! Louis XVI tentera bien de prendre sa revanche l'année suivante, lors de l'édition de la pièce, en envoyant le trublion cinq jours sous les verrous pour une insulte imaginaire, mais cet accès de colère tournera vite à sa confusion. Le succès, 67 représentations du *Mariage* en 1784 seulement, avait rendu Beaumarchais littéralement intouchable.

« Et vous voulez jouter ! », lançait Figaro avec dédain... Ainsi s'achevait l'interminable bataille entre le roi et son ex-agent secret sans que ni l'un ni l'autre, bien entendu, n'ait vu dans sa défaite ou dans sa victoire les prémices d'une Révolution par définition impensable. Pourtant, en lever de rideau à la comédie de Beaumarchais, un pitoyable spectacle avait été donné : celui d'un pouvoir tour à tour brutal et résigné, tentant d'imposer un « droit du seigneur » dont *Le Mariage de Figaro* montrait bien à quel point il était devenu obsolète. La Harpe avait raison : pourquoi se donner les institutions, même contestables, d'un État de droit pour ensuite ignorer leur rôle et leur fonctionnement ? Car si l'on voit bien qui fut le vaincu du 27 avril 1784, Beaumarchais n'en fut pas le seul vainqueur. Il y eut également ces censeurs qui, pour la plupart, avaient donné quitus à la pièce, qui eurent donc eux aussi le dernier mot – et dont les interventions, si l'on en juge par l'évolution du texte au fil des manuscrits, ne furent sans doute pas inutiles pour en faire le chef d'œuvre que nous connaissons.

Jean-Pierre de BEAUMARCHAIS

# LA TRILOGIE, UNE ŒUVRE RÉVOLUTIONNAIRE ?

Lors de la célébration du Bicentenaire de la Révolution française, Beaumarchais est à l'honneur. En mars 1989, Antoine Vitez donne *Le Mariage de Figaro* pour sa première mise en scène en tant qu'administrateur de la Comédie-Française et invite Jean-Luc Boutté et Jean-Pierre Vincent à y monter *Le Barbier de Séville* et *La Mère coupable* l'année suivante[1]. C'est la première fois depuis bien longtemps que la trilogie est réunie sur la scène d'un même théâtre. Et Antoine Vitez de proclamer à propos du « contenu politique très fort » et de la « revendication égalitaire très violente dans la pièce[2] » que « c'est révolutionnaire en jouant, c'est révolutionnaire en s'amusant, mais c'est profondément révolutionnaire[3] ». La même année, *Le Mariage de Figaro* est représenté à Versailles et à Marseille, au Théâtre de la Criée, dans les mises en scène de Marcelle Tassencourt et Marcel Maréchal. Ce dernier insère dans le programme du spectacle un extrait de la chanson que Bazile interprète à la scène 10 de l'acte IV : « Si l'amour porte des ailes / N'est-ce pas pour voltiger ? ». Certains journalistes y voient le signe d'une volonté d'atténuer les aspects politiques de la pièce au profit de son caractère purement divertissant. Il est intéressant de noter que c'est précisément cette chanson que Jean Renoir fait apparaître dans le dernier carton du générique d'ouverture de *La Règle du Jeu*, dont la première projection a lieu en juillet 1939. Or, Renoir ne revendique pas seulement les dialogues vifs et piquants, les reparties cinglantes et les situations cocasses des comédies de Beaumarchais, son allusion au *Mariage de Figaro* a aussi valeur d'avertissement. Comme

1 En 1987, Jean-Pierre Vincent avait monté *Le Mariage de Figaro*, à Chaillot, sur l'invitation d'Antoine Vitez.

2 Interview du 25/03/1989, Actualités régionales d'Île de France, Site de l'Institut national d'audiovisuel, http://www.ina.fr. Consulté le 7/06/2015.

3 Interview du 17/03/1898, JA2 20H, Site de l'Institut national d'audiovisuel, http://www.ina.fr. Consulté le 7/06/2015.

s'il pressentait la catastrophe imminente, le cinéaste met en garde une société qui court à sa perte : « J'ai voulu peindre une société qui danse sur un volcan », dira-t-il. L'exergue de Renoir invite à établir un parallèle entre la société d'avant-guerre et l'aristocratie d'Ancien Régime. Aussi a-t-on pu dire de *La Règle du Jeu* qu'elle présageait la seconde Guerre Mondiale de même que *Le Mariage de Figaro* annonçait la Révolution.

Inlassablement, la pièce de Beaumarchais est associée aux bouleversements politiques de la fin du XVIII^e siècle. Cette œuvre, toujours suspecte et continuellement suspectée, connaît un succès durable que d'aucuns ont tôt fait d'imputer aux circonstances politiques de sa création, c'est-à-dire à cette heureuse rencontre, pour ne pas dire cette « coïncidence », avec la Révolution française qu'elle précède de quelques années seulement. Toutefois, le caractère révolutionnaire de la comédie ne cesse de diviser critiques et historiens depuis bientôt deux siècles et demi. Dans quelle mesure son contenu idéologique a-t-il eu des conséquences politiques sur les deux dernières décennies du XVIII^e siècle ? Le consensus s'arrête à cette interrogation. Dès qu'il s'agit de définir ne serait-ce que ce contenu idéologique, le débat s'échauffe. Que l'on confère à l'œuvre une nature, du moins une portée révolutionnaire, ou qu'on la lui refuse, encore faut-il s'interroger sur le sens qu'il convient d'attribuer à l'adjectif « révolutionnaire ». L'œuvre prépare-t-elle les mutations politiques de la Révolution, celles de 1789 plus encore que de 1792 ? Vise-t-elle une contestation radicale de l'ordre établi ou n'est-elle que le simple reflet de l'esprit frondeur d'une partie de la société d'Ancien Régime, avide de changements ?

Pour imposer silence aux partisans d'un *Mariage de Figaro* révolutionnaire, deux arguments sont habituellement avancés. On rappelle en premier lieu que le théâtre de Beaumarchais est fort éloigné des pièces patriotiques et « révolutionnaires » de l'époque républicaine tout en prenant soin de relativiser la nouveauté de l'œuvre en la confrontant à des textes qui lui sont antérieurs et que l'on juge plus hardis. En second lieu, on s'attaque au dramaturge lui-même en faisant valoir qu'il est tout à fait insensé de chercher dans l'œuvre d'un homme qui n'a pas réellement participé aux mutations politiques des années 1790, les germes de la Révolution. Outre le fait que le destin d'une œuvre ne se confond pas avec celui de son auteur, pas plus que sa signification n'est bornée par l'intentionnalité de ce dernier, une méthode qui, pour saisir l'ensemble des significations politiques d'une pièce de théâtre, se proposerait de chercher dans les œuvres qui l'ont précédée de semblables audaces et dans celles qui l'ont suivie des discours idéologiques et politiques plus consistants, s'avérerait rapidement limitée. Par conséquent, nous ne nous proposons pas ici de mettre en balance les arguments contraires ou favorables à une interprétation politique et révolutionnaire de la trilogie de Beaumarchais, mais de réfléchir aux mécanismes qui ont pu donner lieu à de tels débats herméneutiques et d'en comprendre les enjeux.

## THÉÂTRE ET HISTOIRE

Dire de l'œuvre de Beaumarchais qu'elle est révolutionnaire revient à en faire un objet historique et non pas seulement littéraire. Cette ambivalence se retrouve dans les différents travaux menés sur *Le Mariage de Figaro* qui choisissent ou bien de recontextualiser la pièce en l'insérant dans la succession des événements pré-révolutionnaires et révolutionnaires, ou bien de s'en tenir à une approche formelle ou dramaturgique visant à apprécier les qualités intrinsèques de l'œuvre et plus encline à minorer l'efficacité politique du texte. Les critiques s'emploient généralement à déterminer s'il s'agit d'une œuvre subversive ou inoffensive. Dans sa *Dramaturgie de Beaumarchais*, qui paraît en 1954, Jacques Scherer s'insurge contre l'idée alors hégémonique d'une œuvre politique et révolutionnaire et estime que la comédie du dramaturge, qui « n'est pas un grand penseur politique », est tout au plus assaisonnée d'un simple « sel politique[1] ». Contre les excès des historiens du théâtre du XIXe siècle et de la première moitié du XXe siècle, tel Félix Gaiffe, et dans la continuité des perspectives ouvertes par Scherer[2], prévaut aujourd'hui une voie moyenne qui ne se prive des apports d'aucune des deux analyses[3]. Bien

1 Jacques Scherer, *La Dramaturgie de Beaumarchais* [1954], Paris, Nizet, 1999, p. 92.

2 Jean Goldzink discute cependant d'une manière très féconde les thèses de Jacques Scherer dans : *Beaumarchais dans l'ordre de ses raisons*, Saint-Genouph, Nizet, 2008. Il y développe notamment l'idée d'un « système d'incrustations idéologiques » (p. 124 et p. 202).

3 Pour une analyse fine et pertinente des enjeux idéologiques de la trilogie, voir Pierre Frantz, *Beaumarchais : Le Barbier de Séville, Le Mariage de Figaro et La Mère coupable*, Neuilly, Atlande, 2004. Pierre Frantz propose une approche nouvelle qui se nourrit de

qu'ils se concentrent moins sur le contenu idéologique des pièces que sur la réaction immédiate de la noblesse, les historiens sont également partagés. François Furet et Daniel Richet voient dans le triomphe de *La Folle Journée* un suicide de l'aristocratie, évoquant le « masochisme collectif qui rassemble toute la Cour au *Mariage de Figaro* » tandis que Claude Petitfrère, plus récemment, met en avant l'attitude frondeuse de la noblesse dans l'accueil qu'elle réserve à la pièce et qui s'inscrit dans le cadre d'une réception essentiellement politique. Parce qu'elles alimentent la thèse d'une noblesse complice, profondément attachée à un rééquilibre des pouvoirs, ces observations incitent à penser que les nobles, au premier rang desquels les comtes de Provence et d'Artois, n'ont pas applaudi la pièce *bien qu'*elle ait été interdite par le roi, mais au contraire *parce qu'*elle avait été interdite[1].

La concurrence entre valeur politique et historique d'une part, et valeur littéraire d'autre part, n'induit pas de changement conséquent dans la perception de la trilogie dont l'unité demeure toujours problématique. Pas plus que la Révolution, la trilogie ne semble former « un bloc », pour paraphraser Clemenceau. Le drame qui clôt le « roman de la famille Almaviva », *La Mère coupable*, a longtemps été mis à l'écart. Les récents travaux sur Beaumarchais esquissent cependant un mouvement de « décentralisation », illustré par la multiplication des études de cas, qui contribue à redonner aux drames et aux parades la place qui leur revient en tentant d'abolir la logique centripète qui faisait du *Mariage de Figaro*, chef d'œuvre incomparable du dramaturge, le point de départ et l'horizon de toute analyse de son œuvre. Ce mouvement d'exclusion, qui s'est propagé à l'ensemble de la production dramatique de Beaumarchais en évacuant des pièces, telle *Eugénie*, qui ne déplaisaient pourtant pas aux publics des théâtres des années 1790, provient, d'une part, d'une vision essentialiste du génie comique de Beaumarchais, héritée des critiques du XIX<sup>e</sup> siècle, et d'autre part, d'une lecture téléologique qui projette le modèle d'enchaînement causal des événements révolutionnaires sur la trilogie, présentée comme une sorte de révolution en miniature. *Le Barbier*

---

l'histoire littéraire traditionnelle et de l'histoire du théâtre pour étudier les modalités de constitution de ce qu'il nomme le « discours politique » de Beaumarchais.

1 Le comte de Provence n'appréciait pourtant pas Beaumarchais. C'est même lui qui aurait persuadé Louis XVI d'envoyer Beaumarchais cinq jours à Saint-Lazare, après son altercation avec l'académicien Suard au début de l'année 1785.

*de Séville* appartiendrait encore à l'Ancien Régime, *Le Mariage de Figaro* serait, selon le mot que Las Cases prête à Napoléon, « la Révolution en action », tandis que *La Mère coupable* serait au contraire anachronique et en quelque sorte dépassée par le théâtre patriotique et républicain[1]. Cette analogie invite à approfondir les rapports qu'entretiennent la Révolution et la trilogie.

## LA TRILOGIE : ŒUVRE OU ÉVÉNEMENT RÉVOLUTIONNAIRE ?

Les contemporains parlaient volontiers d'œuvre « dangereuse ». Est-il besoin de rappeler les éléments qui plaident en faveur d'une telle interprétation, de l'attitude répressive de Louis XVI qui interdit la représentation aux Menus Plaisir, le matin du 13 juin 1783 alors que, brûlant d'impatience, toute la Cour s'est déplacée pour voir la comédie, aux campagnes médiatiques de Beaumarchais, toujours prompt à revêtir son costume de victime de l'arbitraire royal, en passant par le fameux monologue de Figaro dont la longueur, la nouveauté et l'audace effrayait déjà son ami Gudin de La Brenellerie ? Il faudrait clore cette liste par l'évocation des innombrables saillies et traits d'esprit cinglants qui émaillent la comédie et visent les privilèges nobiliaires. Cette collection de formules scandaleuses, dont beaucoup ont été censurées sous l'Empire et la Restauration, vient souvent étayer la thèse d'une œuvre qui aurait véhiculé les valeurs révolutionnaires. Ce sont autant de slogans qui ont immédiatement fait l'objet d'applications politiques de la part d'un public très remuant, tout en contribuant largement au succès, à

1 On peut naturellement apporter plusieurs objections à cette lecture réductrice. *Le Barbier de Séville*, également interdit, a beaucoup effrayé les autorités à un moment où la campagne contre la réforme très impopulaire du chancelier Maupeou battait son plein. De plus, *La Mère coupable* n'a jamais été un échec retentissant. Enfin, contrairement à ce qu'on lit souvent, les trois pièces sont largement reprises pendant la Révolution et totalisent près de 500 représentations parisiennes de 1789 à 1799 : voir ma communication « "Un tableau sorti de son cadre ?" Actualité du théâtre de Beaumarchais pendant la Révolution (1789-1799) », à paraître aux éditions Classiques Garnier, dans les actes de la journée d'étude « Tradition et nouveauté dans le théâtre sous la Révolution » qui s'est déroulée à Paris-Sorbonne dans le cadre du projet Therepsicore.

la diffusion et à la circulation de l'œuvre. En effet, ils se retrouvaient un peu partout, dans les journaux, sur les affiches et les estampes, et donnaient lieu à des détournements parodiques, des chansons et des épigrammes. Mais le contexte d'origine ne saurait définir tout entier le sens d'une œuvre. La réception immédiate de la comédie, qu'elle ait été politique ou non, ne suffit pas à expliquer le succès de la comédie aux XIX^e et XX^e siècles. La période révolutionnaire représente un tournant décisif dans la perception de la pièce : de « dangereuse » qu'elle était, elle devient annonciatrice des événements révolutionnaires. La Révolution constitue le nouveau prisme interprétatif à partir duquel sont écrits ou réécrits les récits qui décrivent la première représentation du *Mariage de Figaro* ou retracent la genèse de son interdiction[1].

Les mémorialistes du début du XIX^e siècle contribuent grandement à inculper l'œuvre dans l'effondrement de l'Ancien Régime. Le témoignage le plus cité, mais non pas le plus objectif, reste à cet égard celui de Jeanne Campan. Cette ancienne femme de chambre de Marie-Antoinette, qui écrit ses *Mémoires* sous l'Empire, cherche à réhabiliter Louis XVI en lui prêtant une fermeté et une lucidité fabuleuses. En revanche, elle peint Beaumarchais sous les traits d'un individu dangereux et exagère à dessein son rôle dans la déchéance du Parlement Maupeou. En outre, elle place sur le même plan la représentation du *Mariage de Figaro* et la désastreuse escroquerie du collier de la reine, deux affaires « qui ne semblent pas dignes de prendre place dans l'histoire et qui cependant en ont une marquée dans celle de la Révolution française, [et qui] vinrent jeter, dans toutes les classes de la société, l'esprit de sarcasme et de dédain, non seulement sur les rangs les plus élevés, mais sur les têtes les plus augustes[2] ». La pièce de Beaumarchais aurait donc précipité la Révolution en s'autorisant des railleries un peu trop fortes à l'encontre des classes supérieures. Louis XVI l'aurait parfaitement compris et aurait même demandé à la première femme de chambre de la reine de lire la comédie devant sa maîtresse pour l'avertir du danger :

1 La plupart des critiques se flattent *a posteriori* d'une lucidité qui leur faisait complètement défaut en 1784. Voir par exemple le changement de point de vue dans les deux témoignages de La Harpe que Félix Gaiffe cite sans toutefois relever leurs différences patentes (Félix Gaiffe, *Beaumarchais, Le Mariage de Figaro*, « Les cours de Sorbonne », Paris, Centre de documentation universitaire, 1946, p. 10).

2 Madame Campan, *Mémoires de Madame Campan*, Paris, Mercure de France, 1999, p. 227.

> Lorsque j'arrivai dans le cabinet intérieur de Sa Majesté, je la trouvai seule avec le roi ; un siège et une petite table étaient déjà placés en face d'eux et sur la table était posé un énorme manuscrit en plusieurs cahiers ; le roi me dit : « C'est la comédie de Beaumarchais, il faut que vous nous la lisiez : il y aura des endroits bien difficiles à cause des ratures et des renvois ; je l'ai déjà parcourue, mais je veux que la reine connaisse cet ouvrage. Vous ne parlerez à personne de la lecture que vous allez faire. » Je commençai. Le roi m'interrompait souvent par des exclamations toujours justes, soit pour louer, soit pour blâmer. Le plus souvent il se récriait : « C'est de mauvais goût ; cet homme ramène continuellement sur la scène l'habitude des *concetti* italiens. » Au monologue de Figaro, dans lequel il attaque diverses parties d'administration, mais essentiellement à la tirade sur les prisons d'État, le roi se leva avec vivacité et dit : « C'est détestable, cela ne sera jamais joué : il faudrait détruire la Bastille pour que la représentation de cette pièce ne fût pas une inconséquence dangereuse. Cet homme déjoue tout[1] ce qu'il faut respecter dans un gouvernement. » Certes, le roi avait porté le jugement auquel l'expérience a dû ramener tous les enthousiastes de cette bizarre production. « On ne la jouera donc point ? dit la reine. – Non, certainement, répondit Louis XVI ; vous pouvez en être sûre[2]. »

Ce passage fortement théâtralisé s'offre comme une défense et illustration de la prescience royale. Le roi y apparaît comme un homme éclairé et cultivé, capable de juger avec finesse et discernement les qualités esthétiques d'une comédie qu'il compare au théâtre italien. Jeanne Campan transforme le mauvais pressentiment du roi en véritable prophétie annonçant, avec cinq années d'avance, la prise de la Bastille. Ce faisant, elle inaugure une longue tradition historiographique. C'est cette reconstruction *a posteriori* du déroulement historique des événements révolutionnaires qui a longtemps prévalu et orienté les interprétations de l'œuvre de Beaumarchais. Il n'est guère de critiques qui, jusqu'au milieu du XXe siècle, ne cèdent à l'illusion finaliste qui postule que la Révolution est latente dans *La Folle Journée*. De surcroît, ce fonctionnement interprétatif s'étend à la trilogie dans son ensemble puisqu'on cherche à (re)trouver *Le Mariage de Figaro* dans *Le Barbier de Séville* comme dans *La Mère coupable*.

Tout se passe comme si, très tôt, la portée révolutionnaire de l'œuvre de Beaumarchais était absorbée par le débat sur les origines de la Révolution française. Comme le rappelle Roger Chartier, la notion d'origine est

1 L'édition de 1849 (Paris, Didot frères) donne : « cet homme se joue de tout ».

2 Madame Campan, *Mémoires…*, éd. citée, p. 228-229.

discutable en ce qu'elle se fonde sur une vision linéaire de l'histoire qui présuppose la présence de l'événement révolutionnaire avant même qu'il ne se manifeste, en l'occurrence dans la pièce de Beaumarchais. Mais lorsqu'on affirme que la Révolution aurait commencé au théâtre, avec les traits d'esprit d'un valet insolent, n'inverse-t-on pas l'effet et sa cause ? Ne serait-ce pas plutôt la Révolution qui aurait inventé Beaumarchais ? Autrement dit, il convient de s'interroger sur le rôle que la Révolution a joué dans l'élaboration des significations conférées à l'œuvre. Le raisonnement de Roger Chartier sur la fonction idéologique assignée aux Lumières dans la culture politique républicaine est à cet égard très éclairant : « En affirmant, dit-il, que ce sont les Lumières qui ont produit la Révolution, l'interprétation classique n'inverse-t-elle pas l'ordre des raisons et ne faudrait-il pas plutôt considérer que c'est la Révolution qui a inventé les Lumières en voulant enraciner sa légitimité dans un corpus de textes et d'auteurs fondateurs, réconciliés par-delà leurs différences vives, unis dans la préparation de la rupture d'avec le monde[1] ? » À l'instar des philosophes des Lumières, Beaumarchais entre progressivement dans le panthéon révolutionnaire. Son œuvre est utilisée pour légitimer autant que pour enraciner l'événement révolutionnaire, notamment dans le dernier tiers du XIX^e^ siècle : pour les républicains, dont la victoire, en 1870, reste bien fragile, la quête des origines intellectuelles de la Révolution française correspond avant tout à un besoin de justification.

## RÉVOLUTION ET RÉVOLUTIONS

Les détracteurs de Beaumarchais avaient prophétisé que la dimension politique de son théâtre qui, à leurs yeux, était seule à l'origine de son succès, serait également la cause de son oubli. Il va sans dire que la réactualisation du message politique de l'œuvre tout au long du siècle dément de manière éclatante ces prévisions mal intentionnées. Selon un mécanisme de transfert des débats idéologiques contemporains au

1 Roger Chartier, *Les Origines culturelles de la Révolution française* [1990], Paris, Éditions du Seuil, 2000, p. 16-17.

théâtre, les revendications politiques des partisans de la République et des héritiers de la Révolution se cristallisent sur *Le Mariage de Figaro*. Le sens de l'œuvre est sans cesse investi par les enjeux politiques de la période qui pourraient se résumer, selon François Furet, à l'« histoire d'une lutte entre la Révolution et la Restauration, à travers des épisodes qui seraient 1815, 1830, 1848, 1851, 1870, la Commune, le 16 mai 1877[1]. » À chaque révolution son Figaro. L'insolent valet est assimilé tantôt au peuple, tantôt à la bourgeoisie du mérite.

Geoffroy notait que « la fortune littéraire de l'auteur de Figaro a de grands rapports avec sa fortune civile et politique ; l'une a beaucoup influé sur l'autre[2]. » En réalité, la fortune littéraire de Beaumarchais, qui engage sa consécration institutionnelle et académique, est liée à une volonté politique de légitimation de la part des républicains. Membre de l'Académie française et professeur de littérature moderne au Collège de France, Louis de Loménie prépare dès 1855 l'entrée de Beaumarchais dans le monde académique en consacrant au dramaturge tout un ouvrage critique, *Beaumarchais et son temps, études sur la société en France au* XVIII*e* *siècle d'après des documents inédits*. Dès l'introduction, il rappelle ce qui est alors un lieu commun, à savoir que le père de Figaro « a sa part d'influence dans les événements qui ont précédé la révolution ». Toutefois, il cherche à argumenter en faveur de la « valeur littéraire » et non du succès politique de l'œuvre. Eugène Lintilhac, professeur de lettres et historien du théâtre, membre du parti radical, prolonge le travail de Loménie avec son *Beaumarchais et ses œuvres* (1887). Simultanément à la reconnaissance universitaire de Beaumarchais, un cours d'histoire est alloué à la Révolution française, à la Sorbonne, et assuré par Alphonse Aulard à partir de 1886. Ce n'est pas évidemment un hasard si ce cours, qui devient une chaire d'histoire de la Révolution en 1891, est confié à un professeur de lettres. Ce dernier voit en Beaumarchais un précurseur de la Révolution française[3]. Sa position diffère légèrement

1 François Furet, *Penser la Révolution française*, Paris, Gallimard, 1978, p. 17.

2 Voir Louis de Loménie, *Beaumarchais et son temps*, Paris, Michel-Lévy frères, 1856, t. 2, p. 328.

3 « Ce succès des plaidoiries de Bergasse avait été un des signes précurseurs de la Révolution, tout comme le succès du *Mariage de Figaro* » ; « Voilà donc ce fameux Bergasse, ce précurseur de la Révolution, un autre Beaumarchais ! » (Alphonse Aulard, *Les Orateurs de l'Assemblée constituante : l'éloquence parlementaire pendant la Révolution française*, Paris, Hachette, 1882, p. 370-372).

de celle d'un Gustave Lanson qui, dans un souci de lier littérature et réalité sociale, confère à l'œuvre une consistance à la fois historique et sociale. Beaumarchais serait moins un « inventeur » que le porte-parole des aspirations de son époque :

> Beaumarchais n'a pas inventé une idée : il n'est qu'un écho : il ne fait que recueillir la quintessence des doctrines encyclopédiques, ramasser les aspirations du public, aiguiser en mots coupants ce que tout le monde pense. [...] Si bien qu'à distance, Figaro nous paraît le représentant de l'esprit révolutionnaire, et son monologue semble annoncer les cahiers de 1789[1].

Directeur de l'École normale supérieure et professeur à la Sorbonne, Lanson, désireux de célébrer l'héritage de la Révolution dans son *Histoire de la Littérature française*, fait du *Mariage de Figaro* un symbole révolutionnaire. La pièce est présentée comme le suicide d'une noblesse étourdie et naïve qui applaudit une satire dirigée contre ses valeurs et ses privilèges :

> Mais il y a un jour où se ramassent dans une explosion unique tous les sentiments de toute nature, moraux, politiques, sociaux, que l'œuvre des philosophes avait développés dans les cœurs, joie de vivre, avidité de jouir, intense excitation de l'intelligence, haine et mépris du présent, des abus, des traditions, espoir et besoin d'*autre chose* : ce jour de folie intellectuelle où toute la société de l'ancien régime applaudit aux idées dont elle va périr, c'est la première représentation du *Mariage de Figaro*[2].

La première du *Mariage de Figaro* est décrite comme un événement capital, une « explosion » violente, un moment inouï de relâchement qui préfigure la folie révolutionnaire et la sortie brutale de longs siècles d'oppression. Cette apothéose a été préparée en amont par l'« œuvre des philosophes » dont Beaumarchais serait en somme l'héritier. Aussi *La Folle Journée* est-elle aspiration à un avenir « autre », à l'image de la République elle-même. Moment charnière, elle est un point de départ, le début d'une ère nouvelle et la fin d'un monde ancien. L'œuvre de Beaumarchais partage aussi avec la Révolution son caractère universel, de telle sorte que cet instrument au service de l'émancipation et de la liberté, destiné à combattre la Contre-Révolution, traverse les époques et franchit les frontières pour devenir l'arme de tous les combats contre

---

1 Gustave Lanson, *Histoire de la Littérature française*, Paris, Hachette, 1903, p. 815.
2 *Ibid.*, p. 807.

la tyrannie et le despotisme : « Beaumarchais a si vigoureusement manifesté dans sa comédie le mécontentement général et son indisciplinable individualité, qu'elle est restée dressée contre tous les gouvernements, à l'usage de toutes les oppositions[1]. »

En réalité, la perspective d'analyse de *La Folle Journée* varie selon l'idée qu'on se fait de la Révolution, selon qu'on la conceptualise en termes de rupture ou de continuité[2]. Ou bien *Le Mariage de Figaro* est perçu comme un événement, une cassure historique brutale et radicale, l'accent étant mis sur la réception immédiate de la pièce (même si, la plupart du temps, les témoignages antérieurs et immédiatement postérieurs à la Révolution sont mélangés), ou bien il est présenté comme un bilan et comme la somme des « idées » révolutionnaires, ce qui induit un examen des aspects idéologiques de la pièce. Pour le dire autrement, cette oscillation entre représentations fixe et dynamique invite à considérer l'œuvre soit comme l'une des étapes d'un processus historique, soit comme l'illustration exemplaire et symptomatique d'un phénomène global. Lanson, pour sa part, parvient à réunir ces deux conceptions, ce qui donne davantage de puissance à la vision symbolique de l'œuvre qu'il élabore et qui ressemble fortement à un mythe fondateur.

Lanson écrit au moment où se constitue, autour de l'héritage culturel de la Révolution, un « modèle républicain » qui repose sur une pluralité de mythes historiques et de valeurs[3]. C'est à ce titre que Figaro y occupe une place. Les « thèmes du discours politique[4] » de Beaumarchais rencontrent la plupart des valeurs que défend ce modèle, à commencer par le primat des droits naturels de l'individu sur la société. Figaro incarne le mérite personnel contre la naissance, l'opposition à l'ordre établi et à sa hiérarchie, la lutte contre les privilèges et l'inégalité. De même que le modèle républicain est « promesse et espoir d'un progrès graduel[5] », Figaro fait espérer la « promotion des "petits"[6] ». C'est aussi pour cette

1 *Ibid.*, p. 816.

2 François Furet rappelle cette distinction à propos de Tocqueville qui, le premier, a pensé la Révolution en termes de continuité et non de cassure. Voir *Penser la Révolution*, *op. cit.*, p. 34.

3 Voir Serge Bernstein et Odile Rudelle, *Le Modèle républicain*, Paris, Presses Universitaires de France, 1992.

4 Voir Pierre Frantz, *op. cit.*, p. 75.

5 Serge Bernstein et Odile Rudelle, *op. cit.*, p. 9.

6 *Ibid.*

raison que *La Mère coupable*, qui met en scène un Figaro vieilli et assagi, déçoit tant : comme la Révolution, Figaro est un commencement qui ne peut avoir de fin, une promesse qui ne saurait vieillir.

Beaumarchais, ou Figaro (la confusion est entretenue à dessein), devient une référence de l'idéologie républicaine. Aussi n'est-ce pas un hasard si les années 1880 voient la création du *Beaumarchais*, un « journal satirique, politique et littéraire[1] ». Certes, il n'aura pas la même fortune que *Le Figaro* (fondé en 1826), néanmoins il témoigne de la place qu'occupe Beaumarchais dans la culture politique qui s'impose dans ces années de fondation de la Troisième République. Comme la Révolution, *Le Mariage de Figaro* est un objet sur lequel « ne cesse de s'investir la fierté nationale[2] ». Juste avant la commémoration du centenaire de la Révolution, la Comédie-Française célèbre en grande pompe les cent ans de Figaro, le 27 avril 1884. Pour rendre hommage au grand homme, les acteurs récitent des vers de circonstance autour du buste de Beaumarchais, comme jadis autour du buste de Voltaire[3]. La comédie est ostensiblement associée à la Révolution puisque le 14 juillet de la même année, pour la fête nationale, le Français choisit de redonner gratuitement la pièce devant un public enthousiaste : « La salle était littéralement comble et la comédie de Beaumarchais était acclamée depuis le premier mot jusqu'au dernier, par un public enthousiaste et que ce régal littéraire paraissait particulièrement intéresser[4] ». On commémore ensemble Figaro et la prise de la Bastille, deux mythes de la geste révolutionnaire.

La trilogie est donc d'abord révolutionnaire en ceci que son destin se trouve étroitement lié à celui de la Révolution. Au-delà des débats intarissables qui discutent de sa nature supposément révolutionnaire, il

---

1 Le catalogue de la BnF recense 149 exemplaires de 1779 à 1883.

2 François Furet, *op. cit.*, p. 25.

3 « Après le cinquième acte, le rideau se relevait et laissait voir tous les sociétaires et pensionnaires de la maison de Molière groupés, avec le joli décor du parc, pour cadre, autour du buste de Beaumarchais et Coquelin venait réciter un à-propos en vers de M. Paul Delair, intitulé le *Centenaire du Mariage de Figaro*, pièce de circonstance, avec des qualités de circonstances et à laquelle le public faisait un accueil de circonstance. » (Édouard Noël et Edmond Stoullig, *Les Annales du théâtre et de la musique*, Paris, Charpentier et Cie, Paris, 1885, Dixième Année : 1884, p. 37). Par ailleurs, le buste de Voltaire avait été couronné en 1778, lors du retour du philosophe à Paris. Antoine Lilti propose une analyse nouvelle de cet épisode dans son dernier livre, *Figures publiques. L'invention de la célébrité 1750-1850*, Paris, Fayard, 2014.

4 *Ibid.*, p. 43.

apparaît que l'œuvre possède une *valeur* révolutionnaire. Les modalités de son rapport à la Révolution française impliquent presque toujours un jugement de valeur : *Le Mariage de Figaro*, et par extension la trilogie, sont implicitement commémoration ou condamnation des événements de la décennie révolutionnaire. Ainsi la Révolution a-t-elle servi de matrice pour penser la trilogie. Elle lui fournit une structure interprétative dans la mesure où la logique herméneutique qui travaille la réception critique de l'œuvre est, pour une bonne part, empruntée à l'historiographie de la Révolution. Plus largement, la trilogie fait partie de la mythologie dont les républicains ont entouré la Révolution. Aussi la spécificité de cette œuvre, qui la rend si difficile à appréhender, tient-elle au fait qu'elle relève à bien des égards du mythe historique.

Virginie YVERNAULT
Université Paris-Sorbonne

# DEUXIÈME PARTIE

# LE « ROMAN DE LA FAMILLE ALMAVIVA »

## ÉCHOS ET INTERTEXTES

# LA « TRILOGIE » DE BEAUMARCHAIS

## Entre théâtre et roman

Les trois pièces de Beaumarchais forment ce qu'on a coutume d'appeler la « trilogie espagnole » et ont un statut paradoxal : d'un côté, on a pu qualifier le théâtre de Beaumarchais de « théâtre pur » ou de « pur spectacle dans la boîte[1] », ce qui met en avant son caractère scénique au détriment de la profondeur psychologique des personnages[2], sa dimension éphémère, la puissance du jeu et de l'instant ; mais d'un autre côté, en suivant la suggestion de Beaumarchais lui-même qui présente cet ensemble comme le « roman de la famille *Almaviva*[3] », on peut être sensible à l'effet de continuité des trois pièces, au devenir des personnages, à leur inscription dans une temporalité longue qui s'oppose au temps restreint du théâtre, voire au caractère romanesque de certains d'entre eux, principalement Figaro, que l'auteur a doté d'une histoire qui déborde largement du cadre de la scène. Ces éléments romanesques qui donnent une amplitude et une profondeur à l'ensemble ont cependant la particularité de ne pas diminuer les qualités dramatiques exceptionnelles des pièces, notamment celles de la pièce centrale qui reste fort bien nommée « la folle journée » et qui a un succès constant sur la scène depuis sa création triomphale le 27 avril 1784.

Dans la lignée des théories dramatiques de Diderot sur le genre sérieux, Beaumarchais prend le roman comme modèle du nouveau genre théâtral qu'il illustre dans sa première grande pièce, *Eugénie*, et

---

1 Anne Ubersfeld, dans : *Le Théâtre en France du Moyen âge à nos jours*, dir. J. de Jomaron, Paris, A. Colin, 1992, p. 388.

2 « Les personnages de Beaumarchais se caractérisent plus par une existence purement scénique que par une réelle consistance psychologique » (Gabriel Conesa, *La Trilogie de Beaumarchais*, Paris, PUF, coll. « littératures modernes », 1985, p. 158).

3 « Un mot sur *La Mère coupable* », éd. P. Larthomas, Paris, Gallimard, coll. « Folio classique », 1984, p. 271. Nos références renvoient à cette édition, et à celle de Jacques Scherer pour *Le Barbier de Séville* (Paris, Gallimard, coll. « Folio classique », 1982).

qu'il défend dans la préface de cette pièce, intitulée *Essai sur le genre dramatique sérieux.* Les théoriciens du drame n'accordent plus de valeur pertinente aux différences génériques, et prônent une esthétique de la vérité qui peut trouver sa réalisation aussi bien dans des œuvres narratives, dramatiques ou picturales. Un de leurs modèles préférés est le romancier Richardson, dont les romans sont qualifiés de « drames ». Diderot l'avait découvert avec beaucoup d'émotion et en a fait mention dans une lettre à Mme Riccoboni datée du 27 novembre 1758. Il a consacré au romancier anglais son seul essai de critique littéraire portant sur le genre romanesque où il s'exclame : « *Paméla, Clarisse et Grandison* sont trois grands drames[1] ! ». Beaumarchais reprend à son compte ce rapprochement générique, confirmant par là même que le théâtre peut se « régénérer à la source romanesque », comme l'a montré Sophie Marchand[2]. Il ne fait pas plus de distinction que Diderot entre genre romanesque ou dramatique, qualifiant de « drame » toute œuvre susceptible de nous intéresser et de remuer nos cœurs par la proximité des personnages et des actions représentées avec le lecteur ou le spectateur ; il suggère à ceux qui ont des préventions à l'égard du nouveau genre sérieux de lire « les romans de Richardson, qui sont de vrais drames, de même que le drame est la conclusion et l'instant le plus intéressant d'un roman quelconque[3] ». On ne s'étonnera pas, dès lors, de trouver dès la préface du *Barbier de Séville* relatant la genèse du futur *Mariage* des références croisées aux deux genres, comme l'a observé Marie-Emmanuelle Plagnol :

> Si son écriture est puissamment théâtrale, son imagination est également romanesque. Il part moins d'un plan que de situations imaginées autour de caractères et de prises de paroles, c'est-à-dire en suivant un mode de développement qui relève du roman et du théâtre, tout en trouvant une prise de parole particulièrement efficace. Il est très révélateur que le vocabulaire et les *topoï*

1 Diderot, *éloge de Richardson, Œuvres complètes*, DPV, t. 13, p. 196.

2 « Régénérer le théâtre à la source romanesque : le modèle richardsonien dans la théorie dramatique de la seconde moitié du XVIII^e^ siècle », dans : *Jeux d'influence. Théâtre et roman de la Renaissance aux Lumières*, dir. V. Lochert et C. Thouret, Paris, PUPS, 2010, p. 75-88 ; ici p. 77. J'ai consacré aux « romans dramatiques » de Richardson et à leur influence majeure sur le genre sérieux deux chapitres de mon livre, *Roman et théâtre au XVIII^e^ siècle. Le dialogue des genres*, Oxford, *SVEC*, 2012, p. 69-95.

3 Beaumarchais, *Essai sur le genre dramatique sérieux*, dans : *Œuvres*, éd. Pierre Larthomas, Paris, Gallimard, coll. « Bibliothèque de la Pléiade », 1988, p. 123.

> de Beaumarchais parlant de cette genèse du *Mariage* oscillent constamment entre les deux genres. Beaumarchais parle aussi bien « d'aventures dont je n'ai mis en scènes que la partie la moins merveilleuse[1] », que de « tableau », de « dénouement » ou de « sixième acte », tandis qu'il parsème son résumé de répliques en italiques[2].

L'histoire de Figaro telle qu'elle est relatée dans ce passage relève du roman picaresque, notamment le motif de l'enfant volé par des Bohémiens, et plus largement du roman lorsqu'il s'agit de la durée et du vieillissement des personnages : Beaumarchais dit de Figaro qu'il a vécu, et de Marceline qu'elle est « devenue vieille » ; inversement, la scène de reconnaissance est aussi bien dramatique que narrative (« quel coup de théâtre ! »), et les termes de « tableau », de « dénouement » ou « d'acte » renouent avec le vocabulaire du théâtre. Ce « dialogue des genres » se poursuit dans la préface du *Mariage de Figaro* avec l'anecdote du prince du Conti mettant Beaumarchais au défi de « mettre au théâtre [sa] préface du Barbier, plus gaie, disait-il que la pièce, et d'y montrer la famille de Figaro, [qu'il indiquait] dans cette préface[3] », ce qui donne au *Mariage* une origine romanesque et présente sa genèse sous l'angle d'un changement de genre, du narratif au dramatique. Enfin la préface de *La Mère coupable* construit *a posteriori* et rétrospectivement l'architecture d'ensemble de la trilogie, qui n'était pas concertée au départ, l'auteur ayant procédé par prolongements successifs. Beaumarchais désigne sa pièce à la fois comme un « roman », comme un « tableau touchant », et comme un hybride entre comédie et drame (« une intrigue de comédie, fondue dans le pathétique d'un drame[4] »). Il fait entrer dans la composition de son ensemble théâtral la notion de durée, fondamentalement étrangère au théâtre classique, ainsi que le vieillissement des personnages : tout repose, selon lui, sur le personnage central du comte Almaviva, pris

1 Dans son article (« Le substrat romanesque du drame », *Revue d'Histoire Littéraire de la France*, sept.-oct. 1984, vol. 84, p. 710-721), Martine de Rougemont démontre, d'après le travail des manuscrits, que les pièces de Beaumarchais sont la version réduite, expurgée, d'un grand roman préalable dont les préfaces gardent en effet quelque trace.

2 Marie-Emmanuelle Plagnol-Diéval, « La trilogie de Beaumarchais : un art théâtral », *L'Agrégation de lettres modernes 2005. Analyses littéraires et études de la langue*, sous la direction de G. Conesa et F. Neveu, Paris, A. Colin, p. 353-407 ; ici p. 364. Les citations de Beaumarchais renvoient à la « Lettre modérée sur la chute et la critique du *Barbier de Séville* », p. 32-33.

3 Préface du *Mariage de Figaro*, p. 28.

4 « Un mot sur *La Mère coupable* », p. 273.

dans trois moments de son existence, sa « turbulente jeunesse », son « âge viril » et enfin sa vieillesse. La pièce se passe « vingt ans après » *Le Mariage de Figaro*, qui suit lui-même de trois ans *Le Barbier de Séville*. Ainsi se construit après-coup une suite, l'histoire d'une famille, et l'évolution de personnages que l'on retrouve d'une pièce à l'autre, ce qui est plutôt étranger au théâtre classique. Selon Béatrice Didier, « ce retour des personnages dans *La Mère Coupable* serait à verser au dossier de ces éléments – nous voyons qu'ils sont nombreux – qui apparentent le drame au roman[1] ». De toute évidence, c'est le dernier drame qui cimente l'ensemble, ce qui confirme aussi la parenté générique entre le drame et le genre romanesque.

Comme l'a montré Jean-Paul Sermain dans son article sur « La conscience du temps dans *Le Mariage de Figaro* » :

> la grande trouvaille de Beaumarchais, on l'a assez souligné, consiste [...] à avoir repris dans sa nouvelle comédie les personnages de l'ancienne, *Le Barbier de Séville*, de les avoir ainsi dotés d'un passé et d'avoir utilisé le temps entre les deux œuvres pour produire les transformations de leur situation et de leurs sentiments[2].

Cette analyse s'applique encore davantage à la dernière pièce en raison des vingt années d'intervalle qui sont un *leitmotiv* obsédant : si l'on doit bien y voir une intrigue de comédie, inspirée de *Tartuffe* comme l'indique le titre (un escroc s'introduit dans une famille, tente d'épouser la fille du père et de subtiliser sa fortune), c'est aussi pour une bonne part un drame rétrospectif reposant sur des événements ayant eu lieu dans cet intervalle de temps entre les deux pièces, notamment la liaison de la comtesse et de Chérubin, la mort de ce dernier, la naissance de leur enfant illégitime Léon, la mort du fils aîné du couple Almaviva, qui portait aussi le même prénom. La comtesse vit dans le deuil (un deuil officiel et un deuil secret), et dans la culpabilité. Trois personnages sont présents depuis la première pièce, Figaro, Rosine et le comte. Plusieurs personnages sont présents dans deux pièces sur trois : Bartholo et Bazile dans les deux premières, Suzanne dans les deux dernières. Chérubin et Marceline n'apparaissent que dans *Le Mariage*. Les enfants Almaviva,

---

1 B. Didier, *Beaumarchais ou la passion du drame*, Paris, PUF, 1994, p. 114.

2 Jean-Paul Sermain, « La conscience du temps dans *Le Mariage de Figaro* », *Revue d'Histoire Littéraire de la France*, 2004/3, vol. 104, p. 621-636 ; ici p. 625.

Léon et Florestine, et le méchant Bégearss n'apparaissent que dans la troisième[1]. Certains personnages ont donc des potentialités romanesques plus affirmées, du fait de leur retour et de leur évolution au cours de la trilogie. Selon Beaumarchais, le fil directeur est le comte, mais c'est une perspective tendancieuse, selon Jacques Scherer, pour dissimuler la véritable présence majeure de Figaro :

> Beaumarchais veut prouver que sa pièce est morale et qu'il n'a point calomnié les classes dirigeantes. Il présente donc sa comédie comme si le héros en était le comte Almaviva. Mais il est impossible d'ordonner les volontés de tous les autres personnages par rapport à celui-là. Le héros et le centre de la pièce est évidemment Figaro[2].

Si ce dernier est doté d'une histoire personnelle exceptionnelle pour un personnage de théâtre, il n'est pas certain que ce soit lui qui évolue le plus au cours des pièces : tout le monde a observé que Beaumarchais le fait plutôt rajeunir entre la première pièce et la seconde, en le privant notamment de la paternité d'une petite Figaro éphémère, afin de le rendre plus fringant comme prétendant de Suzanne.

Des trois personnages présents dans l'ensemble de la trilogie, Rosine devenue comtesse mais dont le prénom sert de « fil rouge » aux trois pièces[3] est dotée d'une profondeur en raison de ses malheurs conjugaux qui font sentir le temps qui passe et de la délicate nostalgie dont Beaumarchais la pare dans *Le Mariage*, en raison aussi de son aventure avec Chérubin et de la naissance de son fils naturel Léon qui pèsent sur la dernière pièce : dès l'ouverture de *La Mère coupable*, le bouquet de fleurs obscures, pendant funèbre du bouquet de la mariée de la pièce précédente, indique un changement complet d'atmosphère. La lassitude de Suzanne indique le *tempo* du drame et « donne d'emblée la sensation du temps qui a passé[4] ». De la jeune amoureuse à la jeune femme délaissée et enfin à la « mère

1 Pour autant, ils ne sont pas de nouveaux venus : les enfants sont liés aux infidélités du couple Almaviva que suggérait *Le Mariage de Figaro* ; Bégearss connaît la famille depuis dix ans et il a eu une liaison avec Suzanne.

2 *La Dramaturgie de Beaumarchais*, [1954] Paris, Nizet, 1999, p. 47.

3 De la déploration du *Mariage* (« Je ne la suis plus, cette Rosine que vous avez tant poursuivie ! », p. 128) au dénouement de *La Mère coupable* : « Rosine (c'est le nom que votre époux vous rend) », p. 398.

4 Pierre Frantz, *Beaumarchais, Le Barbier de Séville, Le Mariage de Figaro et La Mère coupable*, Neuilly, Atlande, 2004, p. 103.

coupable », la comtesse s'est elle aussi transformée, de façon plus intérieure et douloureuse, comme en témoigne la réitération des mêmes formules :

> LA COMTESSE *à Bégearss.* – Après vingt années de larmes et de repentir (*MC*, III, 2, p. 338).
>
> Mon cœur flétri, fermé par vingt années de peine (p. 339).
>
> Après vingt années de souffrance (p. 341)
>
> Une faute pleurée vingt ans (IV, 12, p. 366).

Béatrice Didier a observé que « le personnage de la comtesse d'une pièce à l'autre a gagné en complexité, en densité, cette densité que donnent le temps et les souffrances de la vie[1] » et lui attribue une position centrale qui justifie le titre de la dernière pièce : « Elle est de tous les personnages celui dont le passé est le plus dense, le plus chargé, et pèse le plus sur le présent. C'est elle qui assure la véritable unité de la trilogie[2] ». L'évocation éternellement ressassée de ce passé et de cette durée inscrit constamment dans la pièce l'âge des principaux personnages et si le terme de « vieillesse » est réservé aux personnages masculins, Figaro ou le comte, tous sont soumis au vieillissement et au temps, qui est le point de départ de la très belle méditation de Péguy dans *Clio* à propos de *La Mère coupable* :

> Rien n'est aussi poignant, dit l'histoire, que le sort de ces personnages. Plus il est entendu qu'ils sont jeunes, plus il est poignant qu'il y ait une pièce de Beaumarchais où ils ne sont plus jeunes. En ce sens, dit l'histoire, nulle pièce au monde, rien au monde peut-être dans l'œuvre littéraire, et peut-être dans toute l'œuvre, et peut-être dans tout, ne m'appartient autant, ne m'exprime autant, n'est autant de moi, n'est temporelle autant, n'est littéralement historique autant que cette pièce de Beaumarchais[3].

Cette dimension temporelle donnerait au drame et de ce fait à l'ensemble de la trilogie une humanité poignante, que le théâtre n'a d'ordinaire pas le temps de développer : les personnages peuvent être vieux, mais le théâtre ne montre pas leur vieillissement. Il est d'autant

1 B. Didier, *Beaumarchais ou la passion du drame*, Paris, PUF, 1994, p. 118.

2 *Ibid.*, p. 116.

3 Charles Péguy, *Clio. Dialogue de l'histoire et de l'âme païenne*, *Œuvres en prose complètes*, vol. III, Paris, Gallimard, coll. « Bibliothèque de la Pléiade », 1992, p. 1072-1073.

plus intéressant, et paradoxal, que Péguy fonde pour une bonne part son analyse de la dernière pièce sur le personnage de Chérubin, celui qui en est absent, qui n'aura pas vieilli et qu'on a pu considérer comme un pur personnage de théâtre en raison de sa fugacité, de sa présence éphémère dans la pièce centrale. Beaumarchais donnait à sa disparition, on le sait, une raison morale :

> Quand mon page aura dix-huit ans, avec le caractère vif et bouillant que je lui ai donné, je serai coupable à mon tour si je le montre sur la scène. Mais à treize ans, qu'inspire-t-il ? quelque chose de sensible et doux, qui n'est ni amitié ni amour, et qui tient un peu des deux[1].

Cet équilibre fragile est unique sur le théâtre. Les antécédents comme les héritiers de Chérubin sont plutôt des libertins de roman : le Lindor de Rochon de Chabannes inspiré de deux contes de Marmontel, *Heureusement* et *Le Scrupule*[2], le Faublas de Louvet de Couvray. Mais en réalité, Chérubin n'a pas disparu de la trilogie : il est constamment présent dans la dernière pièce, par son fils qui porte le même prénom que lui (Léon), par l'obsession coupable de la comtesse (alors qu'il semble bien qu'elle ait été victime d'une « surprise nocturne » et donc quasiment d'un viol), par sa lettre, relue par la comtesse, découverte par le comte, lue par lui à sa femme dans leur grande scène de confrontation et d'explication, par son portrait, placé par la jalousie du comte à la place du sien sur le bracelet de la comtesse. Chérubin est ainsi omniprésent dans le dernier drame, et Péguy a pu broder sur son paradoxal « vieillissement posthume » à partir de la phrase du comte qui restitue soudain la grâce de *La folle journée* : « Un certain Léon d'Astorga, qui fut jadis mon page, et que l'on nommait Chérubin[3] ». Il ne trouve « rien de si émouvant que ces simples paroles » :

> *Un certain Léon d'Astorga*. Comme tout porte, à présent, et comme tout porte à plein. Et ce *jadis : qui fut jadis mon page*. Et ce verbe et cet imparfait de l'indicatif : *et que l'on nommait Chérubin*. Eh quoi, mon ami, c'est donc là, *c'était* donc là ce Chérubin. Il n'avait donc pas seulement un prénom, ou un surnom, un nom de guerre et un nom d'amour. Il était comme tout le monde. Il avait un nom de famille. *Chérubin* avait un nom de famille. Et c'était Léon. Il avait un lieu d'origine. Et un nom d'origine. Et c'était Astorga. *Le vilain*

1 « Préface » du *Mariage de Figaro*, p. 35.

2 Beaumarchais fait allusion à la « charmante pièce d'*Heureusement* » (*ibid.*, p. 33).

3 *La Mère coupable*, I, 8.

> *château d'Astorga, chef lieu d'une méchante terre, que j'avais achetée des parents de ce page*[1]. Il était donc situé, ce Chérubin. Il avait donc un état civil. Il était donc *esclave.* Il était donc lié. Il était donc saisissable au vieillissement[2].

Cette phrase fait ainsi rentrer Chérubin dans le temps, dans notre temps à tous. Et sa mort, même prématurée, accentue cette dimension temporelle, d'autant plus qu'elle était annoncée dès *Le Mariage* par un Figaro un peu jaloux du jeune aristocrate et pas mécontent de le voir partir à l'armée : « à moins qu'un bon coup de feu[3]… », phrase qui provoque la réaction horrifiée de Suzanne et de la comtesse. Dans son bel article, Jacques Seebacher fait de l'adolescent fugace le centre paradoxal de la trilogie, entre comédie et drame, entre théâtre et roman, ce qui montre à quel point ces pièces dépassent de loin la comédie d'intrigue, où le page ne joue qu'un rôle épisodique et secondaire : « Entre la comédie qui s'ébouriffe et le drame qui voudrait arracher l'histoire à la fatalité, l'adolescent accessoire du *Mariage* porte en son indifférenciation à la fois la mort et l'avenir, la mort comme principe cyclique d'avenir, comme plage de rêve, et de roman grâce à quoi un genre se transforme en un autre, une époque succède à une autre[4] ».

Cependant, plus encore que le comte et que la comtesse Almaviva, plus que Chérubin dont le vieillissement est « posthume », le personnage que Beaumarchais a doté d'une vraie vie, d'une véritable histoire et d'un authentique vieillissement, et qui peut donc s'apparenter à un personnage romanesque, c'est Figaro. Non content de le présenter dans les trois pièces, plus sémillant dans *Le Mariage* que dans *Le Barbier*, mais bel et bien vieilli dans *La Mère coupable*, Beaumarchais raconte le « roman » de Figaro dans la préface du *Barbier*, et fait raconter sa propre vie à son personnage dans *Le Barbier de Séville* (I, 2) et de façon bien plus développée dans le grand monologue du *Mariage* (V, 3). Rien d'étonnant à ce que des suites romanesques aient exploité les ressources du personnage, et que ces suites soient des romans à la première personne[5]. La prise de parole exceptionnelle de Figaro dans le monologue, qui est le

1 *Ibid.*, le comte à Bégearss, p. 296-297. C'est là que la comtesse a mis au monde son fils Léon, tandis que le comte était au Mexique.

2 Péguy, *Clio. Dialogue de l'histoire et de l'âme païenne*, éd. citée, p. 1077.

3 *Le Mariage de Figaro*, I, 10.

4 « Chérubin, le temps, la mort, l'échange », *Europe*, avril 1973, p. 64 (p. 57-71).

5 *Le Voyage de Figaro en Espagne* de Fleuriot de Langle (1784) et *Les Confessions d'Emmanuel Figaro* (1787). Voir l'article de Jean-Jacques Tatin-Gourier, « Les réécritures romanesques

plus long du théâtre classique et qui entraîne la pièce aux limites du genre dramatique, est peut-être une caractéristique du drame, donc un signe d'hybridation des genres qui mène droit à la grande autobiographie dramatique de Rétif de La Bretonne, *Le Drame de la vie.* On trouve déjà dans *Le Fils naturel* de Diderot un grand nombre de monologues de Dorval (9), ce qui accorde un privilège considérable au point de vue de ce personnage dans la pièce, alors que le théâtre présente habituellement un faisceau de points de vue divers et contradictoires. Ceci pourrait apparenter ce drame à une histoire écrite à la première personne à la manière des romans mémoires qui, avec les romans épistolaires, dominent la production narrative du temps, idée qui a été proposée par Derek Connon : « Le monologue est un moment privilégié où nous pénétrons directement dans la pensée d'un personnage qui peut ainsi expliquer la situation de son propre point de vue, à la manière d'un narrateur-autobiographe[1] ». Figaro a cette même position surplombante, et de surcroît, en racontant sa vie, puis les pièces elles-mêmes dans le monologue, il se substitue au dramaturge qui donne lui aussi dans ses préfaces des versions narratives de ses pièces :

> Un grand seigneur passe à Séville ; il me reconnaît, je le marie ; et pour prix d'avoir eu par mes soins son épouse, il veut intercepter la mienne ! Intrigue, orage à ce sujet. Prêt à tomber dans un abîme, au moment d'épouser ma mère, mes parents m'arrivent à la file[2].

Figaro souligne dans ce résumé la continuité des deux comédies (l'ingratitude du comte y fournit un enchaînement ironique), et se place tout à la fois dans une perspective dramatique (indiquant son rôle d'adjuvant dans *Le Barbier de Séville* ou la scène de reconnaissance du *Mariage* dont il est le principal protagoniste) et dans une perspective surplombante qui relève plutôt de la narration romanesque. On peut ainsi considérer avec Pierre Frantz que Beaumarchais « double en quelque sorte

---

du *Mariage de Figaro* avant 1789 », dans : *Le Personnage romanesque*, dir. G. Lavergne, *Cahiers de narratologie*, n° 6, 1995, p. 447-457.

1 Derek Connon, « *Le Fils naturel* : une pièce de théâtre écrite à la première personne », dans : *Diderot, l'invention du drame*, dir. Marc Buffat, Paris, Klincksieck, 2000, p. 94 (p. 91-100). Voir également sur ce point l'article de Christelle Bahier-Porte, « Beaumarchais relecteur : du théâtre au "roman" », *La Relecture de l'œuvre par ses écrivains mêmes. Tome I. Tombeaux et testaments*, éd. M. Hilsum, Paris, Éditions Kimé, 2007, p. 67-80.

2 *Le Mariage de Figaro*, V, 3, p. 233.

le personnage théâtral de Figaro d'un héros de roman dont les aventures font l'objet de deux récits au début du *Barbier* et à la fin du *Mariage*[1] ». Ce caractère bifrons peut expliquer en partie le désarroi du personnage face à l'éclatement de son individu, de sa personnalité : sans doute ne sait-il pas qui il est dans une perspective existentielle et philosophique (conséquence du sensualisme et de la multiplicité de ses expériences), mais il peut également hésiter entre son personnage de théâtre, le valet de comédie pris dans le tourbillon des intrigues, auquel s'ajoute la nouvelle dimension d'homme nouveau qu'il incarne dans *Le Mariage*, et son personnage de roman doté d'une histoire complète, dont il tente de ressaisir la cohérence et l'unité, ce que font rarement les personnages de théâtre sinon très partiellement (Dom Juan par exemple se définit par son besoin de séduction et son appétit de conquête, et laisse de côté les autres aspects de sa personnalité qui n'y seraient pas subordonnés). Comme le monologue oscille entre grand moment de théâtre et narration autobiographique, le personnage de Figaro, tel Janus, hésite entre ses deux faces, l'une dramatique, l'autre romanesque.

Le texte lui-même peut hésiter entre les deux genres en raison du développement marqué des didascalies, texte marqué d'hybridité et pour cette raison quasiment exclu du théâtre classique (d'Aubignac y voyait un élément narratif, donc une source de mélange des genres) ; leur augmentation est un trait caractéristique du drame qui n'est pas propre à Beaumarchais. Dans son étude des didascalies, Véronique Lochert les considère comme un « lieu d'hétérogénéité générique, pouvant relever du commentaire ou de la narration[2] », et Martine de Rougemont observe tout particulièrement dans les drames de la seconde moitié du dix-huitième siècle « l'envahissement du texte théâtral par un substrat romanesque, les indications dites scéniques[3] ». Mais il n'est pas facile de distinguer les didascalies scéniques et prescriptives, qui se développent beaucoup dans le théâtre du XVIII^e^ siècle avec la naissance de la mise en scène (indications de ton, de geste[4]…) des didascalies de type descriptif

---

1 Pierre Frantz, *Beaumarchais, Le Barbier de Séville, Le Mariage de Figaro et La Mère coupable*, *op. cit.*, p. 125.

2 V. Lochert, *L'Écriture du spectacle. Les didascalies dans le théâtre européen aux* XVI^e^ *et* XVII^e^ *siècles*, Genève, Droz, 2009, p. 345.

3 *La Vie théâtrale en France au* XVIII^e^ *siècle*, Paris, Champion, 1988, p. 31.

4 Béatrice Didier analyse celles de *La Mère coupable* dans : *Beaumarchais ou la passion du drame*, p. 191-199.

ou narratif qui sont en réalité destinées au lecteur, même dans le cas de pièces faites pour être jouées et qui ont été représentées. Les « caractères et habillements de la pièce » placés avant la traditionnelle liste des personnages (ou acteurs) dans *Le Mariage de Figaro* mêlent ainsi des indications scéniques de costume et de jeu à des embryons d'analyse psychologique des personnages, notamment pour la comtesse (« agitée de deux sentiments contraires… ») et pour Chérubin (« un désir inquiet et vague est le fond de son caractère. Il s'élance à la puberté, mais sans projet, sans connaissances, et tout entier à chaque événement[1] »). Anne Coudreuse, dans son article sur « les didascalies dans *La Mère coupable* », observe que les deux objets dramaturgiques que sont l'écrin à double-fond qui contient la correspondance de Chérubin et de la comtesse et le bracelet de la comtesse donnent lieu à des jeux de scène explicités par des didascalies « qui font [aussi] penser à l'esquisse d'un roman, si on les lit à la suite, sans faire intervenir le dialogue auquel ne se réduit pas le texte de théâtre[2] » :

> LE COMTE *tire de sa poche un bracelet entouré de brillants.*[…] *(il met la main à ses yeux)* […]
> LE COMTE. – […] le bracelet est fait, le portrait du page est dedans…
> LE COMTE *a enlevé le bracelet de l'écrin. (Il y substitue l'autre).*
> BÉGEARSS *feint de s'y opposer. Ils tirent chacun l'écrin de leur côté; Bégearss fait ouvrir adroitement le double fond et dit avec colère.* – Ah ! voilà la boîte brisée !
> *(Il s'éloigne. – Le comte tient des papiers et lit. – Bégearss le regarde en dessous, et s'applaudit secrètement.)*
> LE COMTE. – *(Il se jette sur un fauteuil[3].)*

On notera que l'indication concernant Bégearss (« s'applaudit secrètement ») concerne l'intériorité du personnage et ne peut facilement être rendue par un geste ou une expression perceptible du spectateur. Les didascalies scéniques et de gestuelles sont donc doublées et complétées d'une analyse psychologique et d'un *continuum* narratif. C'est pourquoi Pierre Frantz écrit très justement : « l'abondance didascalique des auteurs

1 P. 49-50.

2 Anne Coudreuse, « Les didascalies dans *La Mère coupable* de Beaumarchais ou quand le dramatique tend vers le narratif et le pictural », *Le Texte didascalique à l'épreuve de la lecture et de la représentation*, Pessac, Presses universitaires de Bordeaux, et Tunis, Sud éditions, 2007, p. 177-178 (p. 173-185).

3 *La Mère coupable*, I, 8.

de drames recouvre les dialogues d'une "voix off" dont le destinataire est incertain[1] ». Cette ambiguïté apparaît, par exemple, dans une didascalie de *La Mère coupable* (III, 9, p. 351) : à la fin de la scène, le comte et Bégearss s'éloignent et leur conversation échappe au spectateur. La didascalie suivante : « *On n'entend pas le reste* » est donc plutôt destinée au lecteur, mais laisse aussi les acteurs libres d'improviser des paroles qui, de toute façon, *ne seront pas entendues.* Ces exemples ponctuels de contamination générique ne doivent pas occulter le fait que pour l'essentiel, les didascalies sont scéniques et même visent au spectacle total puisqu'elles présentent en grand nombre des gestes et des pantomimes, des passages musicaux et dansés, et même un tableau vivant accompagné de la romance de Chérubin.

Comme l'ont souligné les commentateurs, Beaumarchais fait œuvre originale en introduisant la durée dans ses pièces par le biais de la trilogie[2] et en reprenant les mêmes personnages dans une nouvelle œuvre[3], ce dont Antonia Zagamé a souligné la nouveauté[4]. Elle défend toutefois l'idée que « cet ensemble théâtral s'écarte du mode de composition du roman de l'époque. Beaumarchais donnant à chaque *opus* de sa trilogie le statut d'une œuvre séparée, l'intrigue de la trilogie ne s'accomplit qu'au sein d'une discontinuité de textes[5] ». L'autonomie des parties les éloigne du principe de la série romanesque, d'autant que l'ensemble n'était pas concerté à l'avance. La composition particulière par ajout successif permet à Beaumarchais d'infléchir ses personnages et leurs relations en fonction des priorités de chaque pièce : Antonia Zagamé a observé qu'il minimise la générosité du comte à l'égard de Figaro (pourtant avérée dans *Le Barbier de Séville*[6]) dans *Le Mariage de Figaro* pour mettre plutôt

1 Pierre Frantz, *L'Esthétique du tableau dans le théâtre au* XVIII*e siècle*, Paris, P.U.F., 1998, p. 150.

2 Béatrice Didier, « Écrire une trilogie peut donc apparaître comme une des manifestations de ce désir de recréer au théâtre une durée comparable à la durée romanesque », dans : « Trilogie et temporalité théâtrale », *Méthode* ! n° 7, Vallongues, 2004, p. 151.

3 Le principe est différent des « suites », fréquentes au XVIIIe siècle, notamment pour les romans inachevés.

4 « L'ensemble théâtral élaboré par Beaumarchais semble préfigurer par ses principes d'organisation des formes qui s'imposeront dans la création moderne et contemporaine » (« D'un genre à l'autre. La partie et le tout dans le "roman de la famille Almaviva" (Beaumarchais) », *La Partie et le tout. La composition du roman, de l'âge baroque au tournant des Lumières*, dir. M. Escola, J. Herman *et alii*, Louvain/Paris, Peeters, 2011, p. 663-682 ; ici p. 664).

5 *Ibid.*, p. 663.

6 Le comte a recommandé Figaro auprès du ministre (I, 2, p. 53) et lui promet une récompense proportionnée au service qu'il lui rend (« et si vous servez bien mon projet en lui

en évidence l'ingratitude du maître noble et la relation de rivalité des deux hommes auprès de Suzanne, qui sous-tend une rivalité sociale (tout ceci est effacé dans *La Mère coupable* où Figaro est le serviteur totalement loyal d'Almaviva). Et dans la troisième pièce, il minore le libertinage passé du comte qui apparaissait largement dans la seconde pièce et qui est confirmé par la présence de sa fille naturelle, Florestine, afin de faire porter la culpabilité essentiellement sur la mère de famille, et de mieux légitimer la colère jalouse du mari[1]. Ainsi chaque pièce a sa propre orientation, tout en restant liée à l'ensemble par un système de rappels et d'échos.

Beaumarchais a donc réussi à donner à sa trilogie, qui devait d'ailleurs se continuer dans une quatrième pièce[2], une amplitude inhabituelle au théâtre, tout en conservant l'autonomie dramatique et la coloration de chaque partie de l'ensemble. Les pièces, quoique reliées les unes aux autres, ne déteignent pas pour autant les unes sur les autres, ne se fondent pas dans l'uniformité et gardent leur caractère. Les spectateurs ont même pu être choqués de voir un Figaro si changé dans la troisième pièce et une atmosphère si différente, qui est celle du drame. C'est aussi que le retour des mêmes personnages sur la scène plus de vingt ans après est un cas exceptionnel sur le théâtre. L'hybridité de l'ensemble provient d'une abondance de matière qui sert aussi bien les potentialités romanesques laissées dans l'ombre que la très riche dramaturgie de l'auteur. Jacques Scherer a observé que le respect de l'unité de temps, dans *Le Mariage de Figaro*, « ne s'accompagne nullement, comme chez les classiques, d'un souci de concentration ; il coexiste, au contraire, fort bien avec un goût de l'abondance[3] ». De là ce sentiment que Beaumarchais a créé un univers dont il ne nous livre qu'une partie, laissant dans l'ombre ces années intermédiaires, les trois ans, puis les vingt années d'écart entre les pièces, ainsi que certains personnages qui n'apparaissent dans aucune pièce tel ce fils libertin du comte et de la comtesse, leur seule

---

cachant mon nom… tu m'entends, tu me connais… », I, 6, p. 72).

1 Le dramaturge semble se justifier par la voix du comte affirmant qu'il est légitime de « donner tant d'importance à la fidélité des femmes » car elle forme le socle de la société et de la famille (*La Mère coupable*, II, 2).

2 *La Vengeance de Bégearss ou le mariage de Léon*, évoquée dans une lettre à Martineau du 2 juillet 1797, reproduite dans : Beaumarchais, *Œuvres*, éd. P. Larthomas, Paris, Gallimard, coll. « Bibliothèque de la Pléiade », 1988, p. 1076.

3 *La Dramaturgie de Beaumarchais*, éd. citée, p. 60.

descendance commune, ce Léon mort prématurément, dans lequel Pierre Frantz a vu le double du père libertin et le « double noir » de Léon[1], ou encore l'histoire de certains autres dont on ne connaît guère que l'existence scénique, comme Suzanne[2], ou l'éphémère et fragile Fanchette[3]. Une grande partie du « roman » reste virtuelle, hors-scène et se prête à la rêverie.

La « trilogie » permet ainsi des entrées multiples (par œuvre séparée ou par l'ensemble, dans l'ordre ou dans le désordre) et des lectures variées : l'hybridation est aussi le fait du lecteur, qui peut être sensible à l'effet de continuité procuré par le retour des personnages et par leur vieillissement, comme l'a été Péguy, par les rappels internes et l'intertexte, ou au contraire au jeu du théâtre, à la présence vivante des personnages, au tourbillon qui les entraîne dans ces trois « folles journées ». Chaque pièce bénéficie d'un éclairage multiple, tout en gardant son autonomie et son caractère. Plus on avance, plus l'ombre portée des autres pièces et des temps intermédiaires s'intensifie, et la dernière pièce témoigne d'une « romanisation[4] » plus marquée, qui tient au genre du drame. L'ensemble présente ainsi le cas d'une rencontre réussie des deux genres, théâtre et roman.

Catherine RAMOND
Université Bordeaux-Montaigne
EA 4195 TELEM

1 P. Frantz, *Beaumarchais, Le Barbier de Séville [...], op. cit.*, p. 84.

2 Hormis sa liaison avec Bégearss à laquelle ce dernier et la comtesse font allusion dans *La Mère coupable* (I, 4, p. 289, et III, 1, p. 336).

3 Faut-il y voir une future Marceline ? Mozart et Da Ponte ne s'y sont pas trompés, en confiant à Fanchette/Barberine un air très bref et très poignant, dont l'ambiguïté laisse entrevoir, plus encore que ne fait la pièce, le désarroi des victimes du libertinage.

4 J'emprunte ce terme à M. Bakhtine, qui explique la « romanisation » des autres genres par la domination du genre romanesque à certaines époques, et justement à partir de la seconde moitié du XVIII^e^ siècle : « Quand le roman est maître, tous les autres genres, ou presque, se "romanisent" plus ou moins », *Esthétique et théorie du roman*, « cinquième étude : récit épique et roman », Paris, Gallimard, coll. « TEL », 1978, p. 443.

# « C'EST UNE CAVERNE[1] ! »

## La trilogie comme exercice théâtral de reconnaissance

La trilogie de Beaumarchais est inséparable du théâtre contemporain dont la lecture comparative s'offre à un spectateur et à un lecteur avertis, appelés à travailler sur cette matière, sujette à variations et à modulations, dont les rappels, les allusions, voire les ficelles sont affichés dans les trois pièces. Cette approche globale de la trilogie comme reflet des théâtres et des recherches esthétiques de son époque doit se comprendre dans le cadre élargi de l'œuvre tout entière, selon le parti-pris de la critique actuelle, après bien des exclusions liées aux jugements de valeur de l'histoire littéraire. Nous ne nous attarderons pas sur les recoupements significatifs au niveau des thèmes (la circulation d'argent, la filiation, l'enfant naturel[2]), de la dramaturgie (scène de reconnaissance[3], démultiplication de l'espace), de la genèse des textes (l'étude des manuscrits révèle que certaines tirades passent d'un texte à l'autre, que les tonalités changent), du rapport entre musique et parole, voire du statut de la parole dans *La Mère coupable* (que développe la lettre *Aux Abonnés de l'Opéra qui voudraient aimer l'opéra* et tente de mettre en pratique *Tarare* mais que l'on trouve déjà avec les parties chantées du *Barbier* et du *Mariage*, théorisés dans la « Lettre modérée sur la chute et la critique du *Barbier de Séville* »). Nous laissons également de côté les ponts établis depuis peu avec le reste de l'œuvre de Beaumarchais : glissement générique, brouillage des codes qui enrichit la composition de chaque œuvre,

1 C'est le commentaire de Bartholo apprenant la présence de Bazile au château (*Le Mariage de Figaro*, (I, 4).

2 J.-P. de Beaumarchais, « Enfant naturel, enfant de la nature », *Europe*, 1973, p. 50-56. R. Temkine, « Enfant de personne, enfant de quelqu'un », 1973, p. 71-78.

3 C. Nédélec, « Reconnaissance et comédie, reconnaissance et comique », *La Reconnaissance sur la scène française (XVII$^e$-XXI$^e$ siècle)*, Arras, Artois Presses Université, 2009, p. 109-122. W. D. Howarth, « The recognition scene in *Le Mariage de Figaro* », *Modern Languages Rewiew*, 1969, p. 301-311.

théâtralisation des œuvres non théâtrales avec leur goût de la scène à faire et leur typification des personnages, rhétorique acquise dans les *Mémoires contre Goëzman* qui influe sur les parties polémiques de la trilogie, présence de techniques et de topoï romanesques dans l'ensemble de l'œuvre[1], gisement de réflexions et de bons mots disséminés dans les pièces. Notre axe de recherche est celui de l'exercice de reconnaissance au sens large du terme auquel est convié le spectateur-lecteur de la trilogie. Sont ainsi mises en avant la complicité culturelle attendue d'un « public » constitué, ainsi que l'unité du théâtre (et de l'œuvre), au-delà d'un éventuel itinéraire de Beaumarchais artificiellement reconstruit *a posteriori* et appuyé sur une hiérarchisation générique. C'est bien au cœur d'une totalité théâtrale, celle de son auteur, de son siècle et surtout de son public que la trilogie doit se comprendre.

## UNE TRILOGIE POUR UN SPECTATEUR-LECTEUR

Le trois grands textes préfaciels, la « Lettre modérée sur la chute et la critique du *Barbier de Séville* », la « Préface » du *Mariage* et « Un mot sur *La Mère coupable* » développent un projet initial de trilogie, voire de tétralogie puisque Beaumarchais envisageait une suite à *La Mère coupable* avec *La Vengeance de Bégearss ou le mariage de Léon*. La notion de « suite » étant relativement étrangère au genre théâtral, sa référence est le roman[2]. Pris isolément, les trois dénouements des pièces sont effectifs. Rien ne s'oppose à ce que *Le Barbier* s'achève sur le mariage de Rosine et du comte, ce qui consacrerait l'intertextualité de la pièce avec les comédies d'intrigue amoureuse dans lesquelles une jeune fille épouse son amant

1 M. de Rougemont, « Le substrat romanesque du drame », *Revue d'Histoire Littéraire de la France*, 1984, p. 710-721. B. Didier, *Beaumarchais ou la passion du drame*, Paris, PUF, coll. « Écrivains », 1994, et « Beaumarchais aux origines du mélodrame », *Mélodrames et romans noirs, 1750-1890*, éd. S. Bernard-Griffiths et J. Sgard, Toulouse, P. U. du Mirail, 2000, p. 115-126.

2 P. Frantz, « Le roman, perte ou salut du théâtre ? », *Il Romanzo a teatro*, Fasano, Schena editore, 2005, p. 37-48. C. Bahier-Porte, « Beaumarchais relecteur : du théâtre au "roman" », *La Relecture de l'œuvre par ses écrivains mêmes. Tome I. Tombeaux et testaments*, éd. M. Hilsum, Paris, Éditions Kimé, 2007, p. 67-80.

contre le gré d'un tuteur et barbon, ce que souligne la réplique finale de Figaro (IV, sc. 8 et dernière). De même, *Le Mariage de Figaro* se finit sur le projet qui donne son titre à la pièce, sur la réconciliation du couple noble et sur le règlement des intrigues secondaires. Le vaudeville insiste sur la clôture de la pièce avec les mots de Brid'oison « Tout fini-it par des chansons… ». Enfin, comme il convient à un drame, *La Mère coupable* se termine par l'expulsion du méchant et la réplique conclusive de Figaro « on gagne assez dans les familles quand on en expulse un méchant » (V, 8), qui sert également d'exergue à la pièce, est un envoi moral destiné au public.

Isolément, chacune des trois pièces, par ses appartenances génériques et sa lignée intertextuelle, pourrait constituer une entité. En dehors des rappels de l'appartenance à la trilogie qui les jalonnent selon la volonté de Beaumarchais, les pièces ménagent plus une suite possible qu'elles ne la préparent effectivement. Certes, Rosine à la fin du *Barbier* appelle toujours le comte « Lindor » et on y a vu la preuve de son incapacité à s'affranchir des subterfuges et à devenir l'épouse du comte… De même, les scènes entre Chérubin et la comtesse, comme les monologues de cette dernière témoignent d'un trouble sensuel (présent dans nombre de pièces contemporaines), mais ils n'annoncent en rien la surprise nocturne du château d'Astorga qui sert de point de départ à *La Mère coupable.* Enfin, l'expulsion de Bégearss, le mariage de Léon et de Florestine soumis à « des gens de loi discrets, éclairés, pleins d'honneur » (V, sc. 8 et dernière) n'impliquent pas le retour et la vengeance du traître. Ainsi, c'est moins la nature de l'intrigue de chacune des pièces qui incite Beaumarchais à concevoir une trilogie, qu'une volonté propre liée à sa manière d'écrire, sa réflexion sur le théâtre, son utilisation du temps et l'effet recherché sur le spectateur.

C'est dans la « Lettre modérée… » que se trouve la première annonce du *Mariage.* Sur un mode romanesque et humoristique, Beaumarchais imagine que la pièce se poursuit derrière la toile et aboutit à une reconnaissance entre Figaro et Bartholo. Le développement mêle des éléments conservés dans *Le Mariage* et les fantaisies inhérentes au contexte. Les principaux éléments de la scène de reconnaissance du *Mariage* sont présents, de même que les traits biographiques de Marceline et de Figaro, réutilisés dans la tirade de l'une et dans le monologue de l'autre : le passé commun de Bartholo et de Marceline, le rapt de l'enfant par des bohémiens. Cependant, la scène de reconnaissance de la « Lettre » donne le premier rôle à Bartholo (qui reconnaît son fils) alors que *Le Mariage* déplace la scène parentale du côté de Marceline pour des raisons dramaturgiques (l'obstacle qu'elle représente pour le mariage), spectaculaires (le procès) et critiques (la dénonciation du sort des mères célibataires). La suite de la « Lettre » brode délibérément sur le mode picaresque et parodique. Restent sans suite dans *Le Mariage* pour des raisons d'économie dramaturgique la saignée de Marceline par Figaro, la bataille entre Bartholo et Figaro limitée à un vif échange verbal, le coup de rasoir que se serait donné Figaro au moment de la reconnaissance. Le contexte de la « Lettre » est celui de la controverse : il s'agit de répondre aux critiques du journaliste de Bouillon. Ces éléments renseignent sur le mode de composition de Beaumarchais, l'appel à la culture de son public et la présence de l'actualité de la République des Lettres. Mais le plus étonnant est cette ouverture sur *La Mère coupable* à partir du *Barbier*, qui fait une ellipse sur *Le Mariage* et les fautes du comte et qui, sous couvert de se moquer du journaliste, imagine déjà l'infidélité de Rosine. La force imaginative de la « Lettre » n'avait pas échappé aux contemporains et protecteurs de Beaumarchais comme le montre l'anecdote célèbre qui fait du prince de Conti l'instigateur de la rédaction du *Mariage* suivant une pratique courante du théâtre privé et de cette écriture entre mécénat et liberté : « feu M. le prince de Conti, donc, me porta le défi public de mettre au théâtre ma préface du *Barbier*, plus gaie, disait-il, que la pièce, et d'y montrer la famille de Figaro que j'indiquais dans ma préface[1] ».

« Un Mot sur *La Mère coupable* » parfait cette belle unité, plus facile à établir pour la dernière (ou avant-dernière) pièce en systématisant le projet initial. Beaumarchais renforce la cohérence de la trilogie en parlant de « trois séances consécutives », de « tout le roman de la famille Almaviva », des « deux premières époques » qui « ont, dans le plan de l'auteur, une connexion intime, propre à verser le plus vif intérêt sur les représentations de *La Mère coupable*[2] ». La notion maîtresse est celle du temps écoulé, trois ans entre *Le Barbier* et *Le Mariage*, vingt ans entre *Le Mariage* et *La Mère coupable*.

1 Notre édition de référence pour les trois pièces est celle des *Œuvres*, éd. Pierre Larthomas (avec la collaboration de Jacqueline Larthomas), Paris, Gallimard, coll. « Bibliothèque de la Pléiade », 1988. « Préface du *Mariage [...]* », p. 359.

2 « Un mot sur *La Mère coupable* », p. 599.

La participation du spectateur est également requise dans des hors-temps théâtraux. Le compliment de clôture du *Barbier* joue sur des reprises anthologiques de la pièce (la chanson, la stupéfaction de Bazile) pour établir un rapport de connivence avec le public. Beaumarchais va au-delà des innovations scénographiques tentées dans *Eugénie*, par les ponts que le spectateur est incité à établir entre les trois pièces. L'entracte fictif entre *Le Barbier* et *Le Mariage*, ce sont les répliques faisant allusion aux infidélités du comte, à la solitude de la comtesse, aux projets repoussés de Figaro et de Suzanne. De même que pour *La Mère coupable*, ce sont les scansions des récits rétrospectifs : l'infidélité de la comtesse, la commémoration funèbre le jour de la saint Léon et le leitmotiv des vingt ans après, la vie dissipée et la mort du fils légitime, la dénaturation de sa fortune par le comte, la dégradation de l'atmosphère familiale résumée par Suzanne…

La visée romanesque se double d'une intention morale explicitée dans la préface de *La Mère coupable*. Les deux autres paratextes de Beaumarchais traitaient déjà de la décence pour se défendre des attaques encourues et des difficultés rencontrées avec la censure, mais ici l'argument touche directement la question de la trilogie en établissant un rapport moral entre les différentes époques des personnages de la famille Almaviva et l'évolution morale du spectateur. Emporté par l'intention moralisante du drame, suivant une tradition attestée dans le théâtre édifiant qui calque l'âge de ses protagonistes sur celui d'un spectateur désigné, Beaumarchais réduit sa trilogie à trois représentations, correspondant à trois âges du comte (« la turbulente jeunesse », « les fautes de l'âge viril » et « le tableau de sa vieillesse[1] »), ce qui lui permet de justifier la diversité générique de la trilogie : « Après avoir bien ri le premier jour au *Barbier de Séville* », « Après avoir gaiement considéré, dans *La Folle journée*, les fautes […] qui sont trop souvent les nôtres » […] « voyant *La Mère coupable*, venez vous convaincre avec nous que tout homme qui n'est pas né un épouvantable méchant finit toujours par être bon, quand l'âge des passions s'éloigne, et surtout quand il a goûté le bonheur d'être père[2] ! ».

Art des préparations dans *Le Barbier*, liens explicites dans *Le Mariage* et révélations lourdes de conséquences dans *La Mère coupable* sont les trois modalités romanesques majeures de la trilogie auxquelles

1 *Ibid.*, p. 599-600.
2 *Loc. cit.*

il faut ajouter des parallélismes de construction qui font sens pour un spectateur-lecteur invité à lire une suite. Plus que ces linéaments, la lecture en continuité des pièces fait apparaître des situations, des motifs ou des scènes entières, sortes de constantes de l'écriture et de la dramaturgie de Beaumarchais[1], comme, entre autres, la série de scènes opposant Rosine à Bartholo et au comte ou les scènes amoureuses et musicales. Au-delà de ces jalons, c'est à un jeu intertextuel que le spectateur est convié.

## UNE INTERTEXTUALITÉ PARTICIPATIVE

Homme de tous les théâtres et de tous les genres[2], Beaumarchais, en respectant un apparent code générique et une relative unité tonale, s'autorise un théâtre des théâtres, par le biais d'une complicité culturelle avec le spectateur. La trilogie, et plus particulièrement les deux premières pièces, cultivent originalité et intertextualité. Le spectateur est sans cesse sollicité, au gré de ressemblances, de variations ou de formes parodiques issues d'un paysage culturel familier.

Beaumarchais, implicitement ou explicitement, se place sous le patronage des grands auteurs de théâtre qu'il admire, Voltaire (dont il cite un vers en exergue du *Barbier* et un autre vers tiré de *La Henriade*[3]) et plus encore Molière[4]. Certaines scènes du *Barbier* jouent ouvertement des ressemblances avec *Agnès ou l'école des femmes*, comme la scène où Rosine jette un billet ou les différents déguisements de Lindor qui renvoient à un subterfuge présent dans sept comédies de Molière. Quelques répliques sont des démarquages conscients, comme les souhaits du barbon (« Si tu pouvais m'aimer ! ah comme tu serais heureuse » II, 15) ou sa chanson. Dans *Le Mariage*, la dispute entre Marceline et Suzanne évoque celle entre Célimène et Arsinoé, et la réplique de Figaro (III, 5) reprend la chanson d'Alceste dans *Le Misanthrope* (I, 2, v. 411). Dans *La*

1 Voir notre article « Les scènes parallèles dans la trilogie », *Revue d'Histoire du Théâtre*, 2007, 1 (mars-avril), p. 63-78.
2 Voir dans ce volume les articles de Catherine Ramond et Jennifer Ruimi.
3 I, 2.
4 G. Conesa, *La Trilogie de Beaumarchais : écriture et dramaturgie*, Paris, P.U.F., 1985.

*Mère coupable*, l'intertexte le plus présent[1] est *Tartuffe* avec le personnage de Bégearss, la scène d'entretien entre la comtesse et le comte à laquelle Léon assiste caché sur l'ordre de sa mère, la révélation des trahisons de Bégearss et le dénouement.

La critique a fait état de pièces dont les thèmes, les situations, voire les noms des personnages sont proches. On a cité à propos du *Barbier* plusieurs pièces intitulées *La Précaution inutile* (comme la nouvelle de Scarron), la pièce de Sedaine *On ne s'avise jamais de tout* que Beaumarchais mentionne lui-même dans la « Lettre modérée », l'opéra-comique *Le Maître en droit* de Pierre-René Lemonnier créé en 1760 à la Foire Saint-Germain dont l'amoureux s'appelle Lindor, dont certaines répliques chantées passent dans *Le Barbier*. On a parlé à propos du *Mariage* de l'influence du *Droit du seigneur* de Voltaire, etc. Plus que de pièces précises, il s'agit d'un effet de réseau. Premier réseau : le barbon trompé par sa pupille, la leçon de musique, les divers déguisements de l'amoureux, le dénouement avec une scène de contrat et un notaire pour *Le Barbier*. Second réseau : le thème des mésententes du couple, largement traité au XVIII^e^ siècle par la comédie sérieuse, entre autres chez La Chaussée, qui peut donner lieu aux situations exploitées dans *La Mère coupable* (enfants adultérins, filiations mystérieuses, vrais et faux incestes[2]). Troisième réseau : le motif de la reconnaissance qui offre un dénouement commode, corrélé avec la voix du sang.

L'originalité de Beaumarchais est de partager ouvertement cette imprégnation culturelle avec son public et de souligner de manière ludique le « déjà vu ». C'est le sens de la méfiance affichée par le comte quand Bartholo lui propose de se présenter comme un élève de Bazile : « Mais prenez garde que toutes ces histoires de maîtres supposés sont de vieilles finesses, des moyens de comédie » (III, 2). De même, Beaumarchais se donne le luxe de prolonger la scène de reconnaissance de Figaro dans *Le Mariage* (« Et vous, ma mère, embrassez-moi… le plus maternellement que vous pourrez », III, 16) par trois scènes qui en déroulent les conséquences : jalousie passagère de Suzanne, prompte réconciliation avec Marceline, ralliement sentimental de Brid'oison (« Eh bien ! moi ! je suis donc bê-ête aussi », III, 18), opposition bientôt vaincue de Bartholo (« voilà que je suis encore

1 J. Mallinson, « Autres temps, autres mœurs ? *L'Autre Tartuffe* de Beaumarchais », *Séries et variations : études littéraires offertes à Sylvain Menant*, Paris, PUPS, 2010, p. 599-615.

2 S. Marchand, « Variations sur un "sentiment informe" : dramaturgie de l'inceste dans quelques drames de la seconde moitié du XVIII^e^ siècle », *Orages. Littérature et culture 1760-1830*, n° 5, 2006, p. 123-142.

plus bête que Monsieur, moi » III, 19) et enfin obstination mécanique d'Antonio (« Irai-je donner l'enfant de not'sœur à sti qui n'est l'enfant de personne ? », III, 18). Contrairement d'ailleurs à la tradition, cette reconnaissance n'est pas une clôture, puisque l'emballement se poursuit[1].

Beaumarchais s'ingénie de même à varier les emplois auxquels le spectateur pourrait s'attendre. Si le comte n'est ni un libertin, ni un bachelier, la critique a noté combien Rosine était plus avertie que les autres ingénues[2]. Beaumarchais le souligne dans sa « Lettre modérée » et elle-même s'en justifie (« Mon excuse est dans mon malheur », I, 3) tandis que Figaro lance au comte et au public : « Oh ! ces femmes ! voulez-vous donner de l'adresse à la plus ingénue, enfermez-la » (I, 4). De même, Figaro n'est pas un valet, sa biographie le montre, comme son métier de barbier, puis de concierge dans *Le Mariage*, même s'il reprend une partie de cette fonction dans *La Mère coupable* où il est « valet de chambre, chirurgien et homme de confiance du comte ; homme formé par l'expérience du monde et des événements », selon une caractérisation plus romanesque que dramatique[3].

Cette écriture du clin d'œil perpétuel vise à étourdir le spectateur. *La Précaution inutile* est à la fois un morceau musical, une comédie nouvelle selon Rosine, un drame selon Bartholo[4]. Beaumarchais se joue des lieux communs qu'il réactualise, telle la réplique de Suzanne à Figaro : « que les gens d'esprit sont bêtes » (*Le Mariage*, I, 1) qui, par sa forme paradoxale, attire l'attention du spectateur et lui rappelle *Les Liaisons dangereuses*[5], tout en relativisant le rôle de Figaro et le fonctionnement de la comédie d'intrigue. Même stratégie de participation amusée à propos des répliques traditionnelles sur la fidélité féminine, revivifiées par la plaisanterie dans *Le Mariage*[6], mais qui acquiert une autre résonance

---

1 « FIGARO. – S'il [le comte] machinait une autre intrigue, il faudrait tout recommencer » (III, 19).

2 J. Scherer, *La Dramaturgie de Beaumarchais* [1954], bibliographie revue et augmentée par C. Scherer, 5e éd. Paris, Nizet, 1999, p. 79-84.

3 À laquelle s'ajoutent d'autres possibles (courrier dans *Le Mariage*, mentor de Léon dans *La Mère coupable*)…

4 Bartholo la range dans son énumération exaspérée et la note de Beaumarchais enfonce le clou : « Bartholo n'aimait pas les drames. Peut-être avait-il fait quelque tragédie dans sa jeunesse » (I, 3).

5 Lettre XXXVIII.

6 « SUZANNE. – Je n'entends pas toutes ces finesses ; mais je n'aimerai que mon mari. Figaro. – Tiens parole, et tu feras une belle exception à la règle » (III, 1).

dans *La Mère coupable* avec l'infidélité de la comtesse et de sa camériste. Le spectateur assiste à la scène qui se déroule, en participant averti des ficelles théâtrales, ce qui est peut-être l'ultime influence exercée par le théâtre de société sur les pièces de Beaumarchais… Ainsi, dans la scène des soufflets entre Figaro et Suzanne au dernier acte du *Mariage*, est-il invité à goûter le rappel et sa variation sur une scène de dispute conjugale, issue de la farce : « SUZANNE. – C'est-il de l'amour ? dis donc comme ce matin ? » (V, 8).

Les mots d'esprit, si caractéristiques des pièces de Beaumarchais, jouent sur une même connivence avec un public rompu avec cette pratique et prêt à saisir toutes les allusions[1] sociales ou politiques. L'adresse permet de différencier les participations requises et de graduer les attaques. On passe ainsi de simples clins d'œil spirituels (les noms espagnols des plaignants dans *Le Mariage*, III, 15), à des satires traditionnelles sur la médecine (surtout dans *Le Barbier*) et sur la justice, à des attaques qu'une lecture post-révolutionnaire surévalue mais qui étaient monnaie courante dans la littérature contemporaine. Beaumarchais s'adresse directement au public par des allusions à la vie culturelle de son temps (une variante évoquait la querelle musicale des gluckistes et des piccinistes[2]), à ses propres démêlés avec Goëzman déjà connus par les *Mémoires* en dotant Brid'oison d'un bégaiement comique qui évoque le procureur alsacien et en faisant prononcer à Figaro cette interrogation en provençal, célèbre depuis le quatrième *Mémoire contre Goëzman* « qu'es aquo » (*Le Mariage*, V, 8). Entrent aussi dans ce cadre la critique de la vénalité des charges (III, 12), des lettres de cachet (fragments autobiographiques de Figaro et monologue du *Mariage*, V, 3) et de la censure ; la défense de la liberté d'expression et des femmes (tirade de Marceline étendue et argumentée au gré des versions) ou les considérations sur équité et justice (III, 13) ; au même titre que les plaisanteries de Suzanne sur les vapeurs des femmes de condition (*Le Mariage*, III, 9) ou les joutes verbales entre Figaro et le comte dans *Le Mariage* (III, 5). C'est sans doute à cause de cette connivence, de cette intertextualité culturelle et théâtrale que les audaces ou pseudo-audaces du *Mariage* n'ont pas effrayé une partie de l'aristocratie habituée à ces

1 Voir V. Géraud, *Beaumarchais, l'aventure d'une écriture*, Paris, Champion, 1999, coll. « Unichamp », p. 164-166.

2 Ed. citée, p. 1404, note a de la p. 443.

jeux, tandis que la censure officielle et royale[1] s'exaspérait de leur mise en scène et de l'ensemble significatif ainsi constitué.

## LA MAÎTRISE DU JEU DE RÔLES

La participation du spectateur est également requise dans les nombreux jeux de rôles auxquels s'adonnent les personnages de la trilogie. S'il n'y a pas de réel spectacle dans le spectacle[2], les déguisements sont, en revanche, nombreux. Face à cette démultiplication de l'acte théâtral, le spectateur doit apprécier l'art du subterfuge, suivre les changements d'identité, en mesurer les conséquences et apprécier la reprise de répliques déjà entendues dans un autre contexte énonciatif. L'importance de ces jeux de rôle, leur éventail du plus souriant au plus grave, varient au fil de la trilogie, mais témoignent tous d'un plaisir qui mise sur différentes formes de complicité, selon le genre dominant de la pièce.

*Le Barbier* présente ainsi des déguisements et des identités empruntées connues que Beaumarchais renouvelle dans leur présentation métatextuelle et dramatique. Le premier déguisement du comte est celui du bachelier Lindor, le second est celui du soldat muni d'un billet de logement. Dans les deux cas, Figaro prodigue ses conseils. Le succès de la première entreprise est complet : le comte est réellement confondu avec Lindor par Rosine ce qui autorisera la scène de musique, la trahison de Bartholo, la péripétie du dernier acte (« Misérable Lindor ! j'allais tout quitter pour te suivre », IV, 6) et enfin le dévoilement du Comte qui « paraît en habit magnifique » (IV, 6). Le second déguisement, en cavalier ivre, donne lieu à une répétition sur scène dont le spectateur guette les développements. Trois scènes entre le comte et Bartholo (II, 12, 13 et 14) remplissent ses attentes en montrant le comte ivre (II, 12), parlant à Rosine (II, 12 et 14), apostrophant Bartholo, inventant de

1 Voir R. Pomeau, *Beaumarchais ou la bizarre destinée*, Paris, P.U.F., 1987, p. 136-147.

2 On distingue le théâtre dans le théâtre (qui inclut un spectacle dans un autre avec au moins un des acteurs de la pièce-cadre spectateur) du théâtre sur le théâtre (qui renvoie à une pièce enchâssée dans la pièce-cadre) des intermèdes et des jeux de rôle. On notera toutefois que certaines scènes sont traitées sur un mode spectaculaire (comme la remise de la toque virginale ou le procès).

nouveaux subterfuges après avoir appris l'exemption dont il jouit. Le déguisement donne alors lieu à une saynète pour couvrir la lettre et le mouchoir, (« Figurez-vous (*poussant le docteur*) d'abord que l'ennemi est d'un côté du ravin, et les amis de l'autre », II, 14). Dans cette comédie, les personnages se moquent des autres notamment en les imitant : le spectateur goûte l'exercice d'art dramatique, souligné par un commentaire métatextuel. C'est ainsi que le comte amoureux répète les paroles de Rosine : « Elle se sert du moyen qu'elle a elle-même indiqué. "*Tout me dit que Lindor est charmant*". Que de grâces ! que d'esprit ! », qui suscite un contrepoint amusé de Figaro (I, 6).

*Le Mariage* amplifie ces jeux. Presque tous les personnages reprennent à un moment une réplique d'autrui, montrant par là que chacun est partie prenante du jeu. Ainsi, Suzanne imite Chérubin à plusieurs reprises et se moque de ses émois amoureux. Quand l'adolescent confesse sa première dispute avec le comte chez Fanchette, Suzanne l'imite et relance le récit : « SUZANNE *le contrefait.* – Chérubin, quelque sottise » (I, 7). Le récit, qui renvoie à la répétition d'une saynète (I, 7) raconte en abyme une scène de séduction et de rivalité entre deux adolescents et un homme. Le jeu de rôles s'amorce durant cette scène bien avant les déguisements dans l'appartement de la comtesse à l'acte II. Chacun « contrefait » (selon le terme employé) ou redit l'autre. Dans le premier cas, il s'agit de mettre en doute la sincérité de l'interlocuteur et de donner un sens différent à ses paroles. Dans le second cas, la reprise modifie le partage de l'information. Telle est la fonction du récit de Chérubin (I, 7) et de la confidence de Fanchette à Figaro (IV, 14). Les scènes des marronniers donnent à ce principe dramaturgique une coloration poétique et philosophique. Le « Ni moi » (lancé par la comtesse, répété par le comte, puis en aparté par Figaro et Suzanne) et « l'écho » (V, 7) renvoient à une situation dramaturgique et philosophique dans laquelle les personnages en doublent d'autres par leur déguisement et s'interrogent sur leur identité. *Le Mariage* va même plus loin dans cette démarche en offrant un hors-champ et un hors-rôle théâtral, au-delà de la conduite de l'intrigue et du système des personnages. Suzanne par exemple imagine la scène de renvoi de Chérubin, scène qui aura effectivement lieu tout en étant constamment différée, mais que Suzanne « joue » une première fois, à contre-emploi puisqu'elle appartient au clan allié : « Loin de supplier pour vous, je dirai moi-même à Monseigneur :

C'est bien fait, Monseigneur ; chassez-nous ce petit voleur ; renvoyez à ses parents un petit mauvais sujet qui se donne les airs d'aimer Madame, et qui veut toujours m'embrasser par contrecoup » (I, 7). *Le Mariage* détourne le subterfuge du déguisement, propre à la comédie d'intrigue amoureuse et mis en place dans *Le Barbier*, pour le doter d'une valeur ontologique. Les déguisements du *Barbier* servent à se faire aimer pour soi-même, tandis que ceux du *Mariage* servent la reconquête et la séduction. C'est Figaro qui envisage le premier déguisement quand il est encore maître de l'action, en projetant de revêtir Chérubin avec des vêtements de Suzanne pour confondre le comte (« surpris par nous au rendez-vous, le comte pourra-t-il s'en dédire »), ce qui motive les scènes de prise de rôle (« coiffez-le, habillez-le ; je le renferme et l'endoctrine », II, 2). Si Suzanne cache au jeune homme le motif de la mascarade (« pour égayer la soirée », II, 5), c'est parce que le déguisement ne peut être innocent, car il est la projection de la relation amoureuse. L'apparente réconciliation entre le comte et la comtesse après la scène du cabinet de l'acte II en témoigne. Chacun des personnages accepte l'idée d'un théâtre universel, comme le montrent les termes de « comédie » et de « badinage » employés par le comte (II, 19), repris à l'acte IV (« Jouons-nous une comédie ? », IV, 6). Se déguiser, c'est pouvoir être là où on ne devrait pas être. Ainsi la scène de la délégation des jeunes filles (IV, 4) permet-elle à la fois travestissement et transgression puisque la comtesse embrasse Chérubin déguisé en jeune fille et que Fanchette, après l'intervention d'Antonio qui le coiffe de son chapeau d'officier, révèle les incartades amoureuses du comte… L'acte V porte à son point d'achèvement ce jeu de colin-maillard sublimé, fait pour charmer le spectateur. Au premier degré, c'est bien un jeu de rôles qui se déploie avec des accessoires (comme la « coiffure en plumes qui se dessine au loin dans le crépuscule », V, 6), avec des voix qui en imitent d'autres (« *La comtesse de la voix de Suzanne* », V, 7), mais qui oublient leur rôle dans l'émotion (« *Suzanne lui fermant la bouche de sa main, oublie de déguiser sa voix* », V, 8). Pourtant, le jeu masque des réalités plus graves : celles de la perte de l'amour, du plaisir des échanges (un triangle réunit le comte, la comtesse et Chérubin qui croit parler à Suzanne, et évoque la comtesse), sur fond d'affrontement social.

*La Mère coupable* délaisse déguisements et saynètes parce que le drame repose sur le secret des filiations, résultantes tragiques des amours adultères. Dans cette quête de la vérité, dont le dénouement vise à rétablir chacun dans ses droits familiaux, seul Bégearss joue un personnage. Nouveau Tartuffe, parodie dangereuse des vertueux mis à la mode par la comédie sérieuse, il trompe tous les protagonistes « subjugués par lui » (I, 2) à l'exception de Figaro, de Suzanne et du public qui, averti dès la deuxième scène, peut goûter son talent d'imitateur. Bégearss « feint » dans son habillement avec son crêpe, son vocabulaire sensible (I, 3), ses fausses tendresses pour Suzanne (I, 4), ses entremises auprès du comte et son apparent désintérêt. Les démentis ne manquent pas pour le spectateur : les apartés de Bégearss (sur l'écrin, I, 4), ses plans « froidement » énoncés (I, 4), ses trahisons successives, ses semi-révélations qui désespèrent les jeunes gens. Tout est fait pour éclairer le spectateur, lui montrer où est le Mal et lui donner un sentiment de supériorité sur les protagonistes ignorants, l'envie de voir triompher Figaro et le confort moral d'assister à la déroute de l'intrus. Celle-ci est préparée selon les règles élémentaires par une lettre compromettante qui démasque le traître en concentrant sur un objet ce que les différentes situations de communication avaient préparé grâce aux soupçons de Figaro et de Suzanne, aux apartés et aux monologues.

Dédicataire du roman de la famille Almaviva dans la dernière pièce, complice d'une intertextualité commentée, témoin privilégié des jeux de rôle, le spectateur-lecteur de la trilogie est un partenaire essentiel. À lui de retrouver la trilogie en construction à travers les préparations et les rappels, à lui de relier les motifs dramatiques, les idées, voire les mots qui parcourent les trois pièces avec leur puissance suggestive (comique sur la « précaution » ou poétique sur la dénomination de Chérubin-Léon d'Astorga). La trilogie propose à son lecteur-spectateur un rapport particulier à l'illusion théâtrale qu'il s'agisse des identités flottantes, du principe de vitesse qui régit les comédies ou de la tension entre révélation et secret du dernier drame. Au-delà du partage culturel auquel elle convie le spectateur, elle l'oblige à repousser les limites des genres. Dans *Le Barbier* et dans *Le Mariage*, le principe de la comédie d'intrigue est surévalué et commenté dans un agencement complexe pour les protagonistes et pour le spectateur. Pourtant, le principe d'« accumulement[1] », qui s'exhibe, s'annihile aussi dans une course incessante vers d'autres stratagèmes. Le spectateur participe moins affectivement à

1 Lettre à M. Martineau, 14 Messidor, an V, citée par J. Scherer, *op. cit.*, p. 143.

la réussite des héros qu'il n'arbitre une joute événementielle et verbale, ou témoigne du hasard qui régit la vie. Et c'est encore sur une forme de participation sensible, une connivence morale que se fonde *La Mère coupable*, nettement inscrite dans le genre dont elle se réclame. Dans chaque pièce, exercice théâtral et philosophie de la vie intimement liés s'offrent au plaisir et à la sagacité de l'auditoire et du lectorat, indissociablement liés au spectacle.

Marie-Emmanuelle PLAGNOL-DIÉVAL
Université Paris-Est – Créteil –
Val-de-Marne, LIS (EA 4395)

TROISIÈME PARTIE

# MUTATIONS SOCIALES ET IDÉOLOGIQUES

# TROIS MARIAGES ET UNE TRILOGIE[1]

En 1797, dans « Un mot sur *La Mère coupable* », Beaumarchais désigne sa trilogie comme « le roman de la famille Almaviva[2] » : et de fait, ce sont bien les tribulations de cette famille au sens étroit du terme, de ce couple, qui en assurent la continuité. Le couple Almaviva se forme dans *Le Barbier de Séville*, dans un climat d'euphorie apparemment durable : « Je suis à ma Rosine pour la vie », s'exclame le Comte[3]. Nous le retrouvons « trois ans[4] » plus tard, selon le temps de la fiction, dans *Le Mariage de Figaro* où il se défait et se reconstruit : trois ans, assez longtemps donc pour que le désir conjugal s'émousse, mais pas assez pour qu'il ne puisse être ranimé. Ce même couple reparaît dans *La Mère coupable* plus de « vingt ans[5] » après, toujours selon la chronologie fictive. Vingt ans qui signifient d'abord son vieillissement : ceux que Charles Péguy appelait des « professionnels de la jeunesse[6] » sont parvenus à l'âge, si j'ose dire, de la retraite sexuelle, alors que simultanément arrive à l'âge adulte une nouvelle génération. Génération maudite, puisque le fils légitime du couple a été tué en duel « deux ans[7] » plus tôt, et que ne subsistent que deux enfants naturels : Léon, légalement le second fils, en réalité celui de la Comtesse et de l'ex page Chérubin, né « neuf ou dix mois[8] », terrible incertitude, après le départ du Comte comme vice-roi du

1 Cet article avait paru une première fois dans la *Revue d'Histoire du Théâtre* (2007, n° 1, p. 29-44). Nous le reproduisons ici avec l'autorisation de son auteur.

2 Beaumarchais, *Théâtre*, éd. J. P. de Beaumarchais, Paris, Livre de Poche, coll. « Pochothèque », 1999, p. 590.

3 *Le Barbier de Séville*, I, 6.

4 *Le Mariage de Figaro*, V, 7.

5 *La Mère coupable*, I, 6.

6 *Clio* (1914), dans : *Œuvres en prose, 1909-1914*, Paris, Gallimard, coll. « Bibliothèque de la Pléiade », 1961, p. 171.

7 *La Mère coupable*, IV, 13.

8 *Ibid.*, I, 8.

Mexique ; Florestine, « filleule et pupille » du Comte, en réalité la fille qu'il a eue d'une inconnue que Beaumarchais dans une lettre de 1797 nommera la marquise del Pizzaro[1], du nom d'un célèbre conquistador du XVIe siècle, laissant ainsi entendre que le Comte a pu la ramener de son séjour mexicain long à nouveau de « trois années[2] ». Mais ces trois ans-là, lourds de conséquence, sont apparemment fatals à un couple Almaviva désormais au bord de l'implosion définitive. Les deux époux parviendront pourtant à faire, selon le mot de la Comtesse, « l'échange de [leur] indulgence[3] » et à établir entre eux un « doux attachement[4] » qu'on peut supposer définitif. Opération douloureuse mais bénéfique, puisqu'elle aura abouti à mettre au jour, comme on le verra, un nouveau modèle familial plus adapté aux temps modernes : Bégearss, l'ignoble parasite attaché à dévorer ce qui reste de la « famille Almaviva », est certes un « autre Tartuffe » (second titre de *La Mère coupable*) donc l'héritier d'une longue tradition littéraire, mais aussi et surtout, par ses liens avec les « mécontents[5] », l'incarnation toute contemporaine de la Révolution en sa face noire, celle des aventuriers et des profiteurs issus du désordre ambiant : car la pièce, Beaumarchais le précise bien, se déroule « à la fin de 1790 ». Et c'est Bégearss, paradoxalement, qui en cherchant à détruire le couple, va lui permettre de se reconstruire. Du même coup les deux époux, affranchis de leur passé libertin, pourront faire retour par le cœur et l'esprit, sinon par le corps, au temps d'avant la faute, antélapsaire, disent les théologiens : « Rosine, c'est le nom que votre époux vous rend » déclare Almaviva à sa femme[6] – qui pour un peu l'appellerait Lindor ! Le temps linéaire, dont les terribles échéances, trois ans, neuf ou dix mois, deux ans, vingt ans, scandaient la trilogie et semblaient devoir tout emporter, s'est mué en une heureuse circularité. Mais à quel prix ? « La gloire » est « le deuil éclatant du bonheur », écrira Mme de Staël[7] ; le nouveau bonheur du Comte et de la Comtesse est aussi pour eux le deuil éclatant du plaisir.

1 Lettre à Martineau, dans : Beaumarchais, *Œuvres*, éd. P. Larthomas, Paris, Gallimard, coll. « Bibliothèque de la Pléiade », 1988, p. 1176.

2 *La Mère coupable*, I, 8.

3 *Ibid.*, III, 2.

4 *Ibid.*, V, 8.

5 *Ibid.*, II, 8.

6 *Ibid.*, V, 8.

7 *De l'Allemagne* (1813), III, chap. 19.

Ce couple n'est pas le seul, loin de là, que nous présente la trilogie. Chaque pièce en effet se termine par la célébration, ou sur l'imminence d'un mariage. Dans *Le Mariage de Figaro*, celui de Figaro et de Suzanne, mis en exergue par le titre de la pièce, et qui prend place au centre d'une extraordinaire fermentation amoureuse : Bazile aime Marceline, qui ne l'aime pas, qui aime Figaro, qui ne l'aime pas, mais qui est épris et aimé de Suzanne ; celle-ci est aimée par le Comte, qu'elle n'aime pas, qui est aimé par la Comtesse, qu'il n'aime plus, qui est aimée par Chérubin, qu'elle ne veut pas aimer, qui est aimé par Fanchette, qui est trop jeune. Mais cette chaîne apparemment linéaire tourne à l'écheveau si l'on y intègre les vagabondages extraconjugaux du Comte, sans parler des initiatives brouillonnes de Chérubin, le « page infernal »... Dans *La Mère coupable*, le dénouement laisse espérer le mariage des deux enfants naturels, Léon et Florestine, qui, malgré leur statut juridique quasiment fraternel, sont, « par la nature et la loi, [...] étrangers l'un à l'autre », comme le fait remarquer Figaro[1]. Cependant ces couples connaîtront en mineur les mêmes tribulations que la « famille Almaviva » : on apprend en effet dans *La Mère coupable* que Suzanne, la chaste Suzanne aura eu, après son mariage, des bontés non pour son maître, comme on aurait pu s'y attendre, mais pour l'ignoble Bégearss (« Je t'ai vu autrefois lui rendre plus de justice », dit la Comtesse à sa « camariste », qui du coup « baisse les yeux[2] ») ; quant à Léon, il devra faire face au retour d'un rival que l'on croyait éliminé, puisque Beaumarchais envisageait, semble-t-il, d'ajouter un quatrième volet à sa trilogie : *La Vengeance de Bégearss ou le Mariage de Léon*, dont on ne trouve, il est vrai, aucune trace dans ses manuscrits[3].

Comment se forment tous ces couples ? Selon le schéma actantiel classique, hérité notamment de Molière, figure tutélaire de l'« ancienne et franche gaieté[4] », référence omniprésente dans les préfaces des deux premières pièces avant de fournir à la troisième la moitié de son titre. L'amour, ou ce qui en tient lieu, est acquis dès le début de l'action. Trois objets désirés, respectivement Rosine, Suzanne et Florestine ; trois sujets, Almaviva alias Lindor, Figaro, Léon ; trois opposants, Bartholo,

1 *La Mère coupable*, V, 8. Voir aussi la préface de la pièce (*Théâtre*, éd. citée, p. 594).
2 *Ibid.*, III, 1.
3 Lettre à Martineau, dans : *Œuvres*, éd. citée, p. 1176.
4 *Théâtre*, éd. citée, p. 297.

Almaviva, Bégearss. Une progression identique, chaque opposant perdant successivement tous ses adjuvants initiaux qui désertent pour rallier le camp adverse. Dans le *Barbier*, Bartholo perd successivement Figaro, son allié naturel comme peuvent l'être un docteur et son chirurgien (I, 2) lorsque celui-ci par amusement et par intérêt, revient à son ancien maître ; puis ses valets L'Éveillé et La Jeunesse, neutralisés par Figaro (II, 7) ; enfin Bazile, « retourné » en deux temps par l'or d'Almaviva (III, 11 et IV, 8). Figaro et Bazile fournissent au futur couple, directement ou indirectement, tout ce qui lui est nécessaire pour se constituer en fait et en droit : un langage, le chant ; des passeports, le déguisement et la clef de la jalousie ; enfin des témoins de mariage : « Je suis assisté de ces deux messieurs », dit le notaire au dénouement[1]. Dans le *Mariage*, le camp de Figaro s'enrichit dès la première scène de Suzanne, dont les révélations démontrent l'inébranlable fidélité ; ensuite de la Comtesse, d'abord enfermée dans une triste neutralité avant de soutenir le plan de Figaro (II, 2) puis de le prendre entièrement à son compte afin de « ramener » son mari (II, 24) ; de Marceline, ralliée à Figaro après la scène de la « reconnaissance » (III, 16) ; de ces foules de justiciables, qui périodiquement envahissent le plateau, d'abord acquises à leur « grand corrégidor » (« Vivat ! », crient-ils à la fin de l'acte I) mais qui le prennent ensuite en flagrant délit d'erreur judiciaire (III, 15 et V, 12). Quant à Chérubin, il semble d'abord un facteur de nuisance en piquant la jalousie d'Almaviva (I, 9), mais en même temps, comme dit Beaumarchais dans la Préface, il « dérange dix fois, sans le vouloir, les coupables projets du Comte[2] ». Dans *La Mère coupable*, effectivement construite sur le modèle moliéresque, le Comte et la Comtesse, qui d'abord et pour des motifs différents, soutenaient les prétentions de Bégearss sur Florestine, changent de camp et se rallient au mariage de leurs enfants après la découverte des turpitudes du major irlandais, de surcroît trahi par un valet imbécile. Rien de très original, comme on voit, dans ces schémas. Sinon dans celui du *Mariage*, où l'opposant est désigné dans la Préface comme un « maître tout-puissant[3] », ce qu'il paraît être effectivement par sa fortune et par ses charges. Mais Beaumarchais a pris soin de triplement l'affaiblir : le Comte a renoncé officiellement au « droit du

1 *Le Barbier de Séville*, IV, 8.
2 *Théâtre*, éd. citée, p. 307.
3 *Ibid.*, p. 301.

seigneur », il ne dispose donc plus d'aucun moyen de contrainte légale sur Suzanne ; « grand corrégidor », donc grand juge de la province, il ne peut assumer publiquement des comportements contraires au droit commun ; rival de Figaro, il n'a cependant à offrir que son or, sous la forme d'un contrat clandestin qui serait en fait, pour Suzanne, un véritable marché de dupes, et que celle-ci demeure formellement libre de refuser.

Ce qui, en revanche, appartient en propre à la trilogie, est la diversité des motifs, ainsi que la fragilité de ces trois mariages. Ils constituent peut-être des dénouements, mais ce ne sont pas des fins, qui témoigneraient avec éclat d'un retour à l'ordre après la neutralisation d'un élément perturbateur : ils ne conduisent qu'à un équilibre instable, toujours menacé par un « après » périlleux. Trilogie oblige, dira-t-on, puisque les préfaces des deux comédies envisagent explicitement des suites, et qu'il faut bien préparer l'avenir. Il reste qu'à les regarder de près, ces mariages apparemment d'amour sont aussi bien autre chose, et associés soit à un malentendu dans *Le Barbier de Séville*, soit à une ambiguïté dans *Le Mariage de Figaro*, soit à une contradiction interne dans *La Mère coupable*. Ce qui nous conduit à poser la question : pourquoi se marie-t-on ?

Dans le *Barbier*, Figaro tire de la pièce une conclusion rassurante, qui pourrait aussi bien s'appliquer à *L'Avare* ou à *L'École des femmes* : « Quand la jeunesse et l'amour sont d'accord pour tromper un vieillard, tout ce qu'il fait pour l'empêcher peut bien s'appeler à bon droit la précaution inutile[1] ». Mais ce triomphe conjugué de la nature et de la loi engage-t-il vraiment l'avenir ? Relisons la préface, la « Lettre modérée », rédigée quelques semaines après la pièce : « Ce qu'on nomme passion, écrit Beaumarchais, n'est autre chose que le désir irrité par la contradiction », et le Comte, « qui n'eût peut-être eu qu'un goût de fantaisie pour cette beauté s'il l'eût rencontrée dans le monde, en devient amoureux parce qu'elle est enfermée, au point de faire l'impossible pour l'épouser[2] ». Autrement dit : point d'amour sans ces obstacles que précisément le mariage aplanit, ni sans désir, donc sans une jeunesse que l'on sait provisoire. De façon plus surprenante encore, la préface du *Barbier* nous apprend que Rosine, devenue comtesse Almaviva, désormais vit « comme un ange avec son mari, quoiqu'elle ne l'aime plus[3] ». Or en juillet 1775, date de

1 *Le Barbier de Séville*, IV, 8.
2 *Théâtre*, éd. citée, p. 114.
3 *Ibid.*, p. 119.

la « Lettre modérée », Beaumarchais est bien loin encore d'imaginer une suite, ou du moins celle-là, à son *Barbier.* Il convient donc de relire la pièce à la lumière de cette préface, et aussi peut-être de son avant-texte, *Le Sacristain.* Dans *Le Sacristain*, Rosine, d'abord nommée Pauline, était déjà mariée à Bartholo, et Almaviva cherchait donc, tout simplement, à faire d'elle sa maîtresse. Au début du *Barbier*, avant que Figaro ne lui ait appris qu'elle était seulement la pupille du docteur, tel est encore son projet, qu'il exprime par un délicat euphémisme : « J'étais résolu de tout oser pour lui présenter mes regrets[1] ». Mais l'on constate, au fil des manuscrits de la pièce, que l'option conjugale, si j'ose dire, ne s'impose au Comte que progressivement. On le voit en particulier au début de la pièce à travers l'ironie de Figaro, peu convaincu par les protestations matrimoniales de son maître. Un exemple, tiré du manuscrit F : « Elle sera ma femme, j'en jure sur mon épée », déclare Almaviva à son valet, qui lui réplique « *en riant* » : « Par bonheur, vous ne l'avez pas[2] ». Mais ce ton de moquerie cynique n'a pas disparu du texte final, et quand Almaviva s'exclame « C'en est fait, je suis à ma Rosine pour la vie », Figaro remarque : « Vous oubliez, monseigneur, qu'elle ne vous entend plus[3] ». Cet amour qui, chez Almaviva, se nourrit de l'ivresse du combat, est-il plus authentique du côté de Rosine ? Ce « Lindor » qu'elle a tout juste entraperçu et avec lequel elle se mariera après avoir échangé avec lui deux parties chantées (I, 6 et III, 4) semble être avant tout pour elle une échappatoire à Bartholo, son repoussant geôlier : « Seule, enfermée, en butte à la persécution d'un homme odieux, est-ce un crime de tenter à sortir d'esclavage ? », ou encore : « Je donnerai mon cœur et ma main à qui pourra m'arracher de cette horrible prison[4] ». Enfin, au dénouement, alors que le Comte lui a révélé son identité, Rosine persiste à l'appeler « Lindor », comme si leur amour ne devait pas survivre aux conditions si particulières qui l'avaient fait naître. Il y avait donc bien, malgré la conclusion euphorique de Figaro, un malentendu à la base de ce mariage : d'un côté un rêve de prouesse, de l'autre un rêve de liberté qui poussaient l'un vers l'autres deux êtres mus par le désir – celui de jouir, de plaire, de vaincre. Avec, du côté de « Lindor », le piment

1 *Le Barbier de Séville*, I, 4.

2 E.-J. Arnould, *La Genèse du* Barbier de Séville, Dublin / Paris, Dublin University Press / Minard, 1965, p. 201.

3 *Le Barbier de Séville*, I, 6.

4 *Ibid.*, I, 3 et III, 12.

supplémentaire, évoqué dans tant de romans libertins, d'« être aimé pour soi-même[1] », et du côté de Rosine, celui de risquer son honneur : car sa situation ressemble par moments à celle de la mièvre et crédule Eugénie, l'héroïne du premier drame de Beaumarchais (1767), séduite et enceinte après un faux mariage. Mais Rosine, énergique et rusée, n'est pas de celles qu'on trompe facilement, et Beaumarchais, après Diderot, le précise bien dans la « Lettre modérée » : « Le genre d'une pièce [...] dépend moins du fond des choses que des caractères qui les mettent en œuvre[2] ».

À la même question – pourquoi se marie-t-on ? – *Le Mariage de Figaro* donne une réponse qui, cette fois, prend une valeur de conquête sociale. Se marier, pour Suzanne et Figaro, c'est inscrire leur relation dans l'espace du droit, et non plus seulement du fait : sans doute au XVIII^e siècle les domestiques commencent-ils à se marier entre eux, mais leur union, comme chez Lesage, prend souvent la forme d'une association de malfaiteurs, ou apparaît, dans *Le Jeu de l'amour et du hasard* de Marivaux par exemple, comme un double parodique de celle de leurs maîtres. Mais il n'est guère question de faire de leur mariage en bonne et due forme l'enjeu principal d'une pièce. On n'imagine pas Molière (ou ses successeurs) écrivant « Le Mariage de Scapin ». Au début du XIX^e, le critique Geoffroy, très conservateur et déjà scandalisé par les audaces du texte, opposera *Le Mariage de Figaro* aux « autres comédies », où, normalement, « l'intérêt porte sur le mariage des maîtres », alors qu'« ici les maîtres se tourmentent pour rompre ou faire réussir le mariage des valets. Et que m'importe à moi qu'un valet fripon épouse une femme de chambre coquette[3] ! » C'est à cette vision archaïque, féodale, de la société que renvoie telle bouffée de colère d'Almaviva contre ses domestiques, qu'il voudrait, par vengeance, vouer à s'accoupler comme des bêtes : « Soyez amis, soyez amants, soyez ce qu'il vous plaira ; mais parbleu, pour époux[4]... ».

1 *Ibid.*, I, 1.

2 *Théâtre*, éd. citée, p. 109. *Cf.* Diderot, *Entretiens sur « Le Fils naturel »* (1757), III : « C'est moins le sujet qui rend une pièce comique, sérieuse ou tragique, que le ton, les passions, les caractères et l'intérêt ». *Œuvres*, IV, éd. L. Versini, Paris, Robert Laffont, coll. « Bouquins », 1996, p. 1169.

3 *Théâtre complet* de Beaumarchais, éd. G. d'Heylli et F. de Marescot, Paris, Académie des bibliophiles, 1869-1871, t. 3, p. LXIX.

4 *Le Mariage de Figaro*, III, 8.

Se marier, c'est donc devenir sujet de droit : symboliquement, l'« anonyme » Figaro trouve dans la pièce à la fois une épouse et des parents, et s'inscrit dans une lignée qu'il aura la charge à son tour de perpétuer. C'est ici qu'interfère fâcheusement le « droit du seigneur », auquel Almaviva a certes formellement renoncé, mais qu'il entend rétablir sous la forme moderne et clandestine de la corruption. Plusieurs historiens contemporains[1] ont tordu le cou à la légende d'un tel « droit », et Voltaire, par souci de vraisemblance, dans sa pièce homonyme de 1762 (d'abord titrée *L'Écueil du sage*) a reporté l'action sous le règne de Henri II. Bien entendu, Beaumarchais n'y croit pas davantage. Mais l'expression est l'exact synonyme d'un mot qui est, lui, tout à fait d'actualité : celui de *privi-lège*, de loi privée, de droit réservé à quelques uns en vertu de leur naissance. Ce droit, qui vaut à ses bénéficiaires une fortune, un rang et des places comme celle de grand corrégidor (« tout cela rend si fier ! », dit Figaro dans son grand monologue) devient insupportable lorsqu'il porte atteinte au droit commun, dont l'expression la plus sacrée, pour Figaro comme pour Beaumarchais, est le droit de propriété. Or, en matière conjugale, le droit du seigneur, quelles qu'en soient les modalités pratiques, met en cause ce droit de propriété en réduisant le mari à n'être que le nu-propriétaire de son épouse, tout en l'obligeant à en partager l'usufruit. Cette métaphore financière me semble en ligne avec la comparaison monétaire dont use le Comte, lui-même *bourgeoisement* obsédé par l'argent, dans le Vaudeville de la pièce : « Vive la femme aux bons airs ! / Semblable à l'écu du Prince, / Sous le coin d'un seul époux / Elle sert au bien de tous ». De fait, il s'agit d'un véritable vol, et la rime « seigneur »/« voleur » glissée par Beaumarchais au détour d'une scène[2] n'est pas là par hasard. Pas plus de hasard dans les présents de noce promis par Almaviva : une « dot » considérable (dix années de gages !), conçue comme ticket d'entrée pour séducteur en maraude (« Tu croyais, bon garçon, que cette dot qu'on me donne était pour les beaux yeux de ton mérite ? », demande ironiquement Suzanne à Figaro), et un « beau lit » (« le beau lit que Monseigneur nous donne[3] ») pour partager confortablement Suzanne avec l'époux titulaire. Il n'y a donc aucune

1 Notamment A. Boureau, *Le Droit de cuissage. La fabrication d'un mythe*, Paris, Albin Michel, 1995.

2 *Le Mariage de Figaro*, I, 4.

3 *Ibid.*, I, 1.

misogynie dans le fait, pour Figaro, de considérer les femmes comme les « possessions » de leurs maris[1], ni pour Beaumarchais en son nom propre, de désigner par deux fois Suzanne, dans la Préface, comme la « propriété » de son futur époux : ce Figaro qui « tout en défendant Suzanne, sa propriété », ne ruse avec son seigneur « que pour garantir ce qu'il aime et sauver sa propriété[2] ».

Mais cette propriété, comment la défendre ? « Ma femme et mon bien mis à part », claironne Figaro dans la dernière réplique de la pièce. À part, oui, mais où ? Comment construire une sphère privée, inaccessible aux prédateurs de passage, dans un espace qui appartient précisément au plus redoutable d'entre eux ? Figaro a beau toiser la future chambre conjugale (« dix-neuf pieds sur vingt-six[3] »), on sait bien, et lui le premier, que mesurer n'est pas clore. Dans cette revue de détail du château d'Aguas Frescas à laquelle nous fait assister *Le Mariage de Figaro*, seuls les appartements privés du Comte ne nous seront pas montrés, au motif évident qu'il est partout chez lui et donc maître de troubler l'intimité de ses domestiques (acte I), de sa femme (acte II), de son jardinier le père de Fanchette, des pavillons du parc (acte V), et même d'« un lièvre qui n'en peut mais[4] ».

D'une part, dans l'immédiat, il importe de détourner les appétits de ce chasseur vers d'autres objets propres à les assouvir : tel est, dans la pièce, l'apport majeur de la Comtesse au plan de Figaro. Celui-ci visait à berner et escroquer le Comte grâce à une fausse Suzanne qui eût été Chérubin déguisé. Projet dangereux, car il risquait de susciter en retour la fureur du maître, « confondu » et dépouillé sans avoir recueilli la moindre compensation érotique : au vol (manqué) de Suzanne, c'était tout simplement répondre par un autre vol, consistant à « donner le change » au « grand trompeur[5] » et à « empocher [son] or » sans lui rien donner en échange. Tandis que la seconde version du plan, celle de la Comtesse, qui suppose qu'elle prenne elle-même l'apparence de Suzanne, lui permet de séduire et de « ramener » son mari, donc de rétablir l'ordre conjugal tout en donnant satisfaction aux fantasmes ancillaires

1 *Ibid.*, II, 1.
2 *Théâtre*, éd. citée, p. 303 et 307.
3 *Le Mariage de Figaro*, I, 1.
4 *Ibid.*, II, 2.
5 *Le Mariage de Figaro*, I, 1 et 2.

d'Almaviva : « Mais quelle peau fine et douce, et qu'il s'en faut que la Comtesse ait la main aussi belle[1] ! », dira-t-il en caressant… sa femme. Échange cette fois parfaitement réussi, puisqu'une Suzanne imaginaire a prouvé *in vivo* qu'elle pouvait procurer le même plaisir que la vraie.

D'autre part, et pour le long terme, la défense du couple passe par la constitution d'un capital qui permette aux domestiques d'échapper à tout chantage ultérieur et d'aller éventuellement s'établir à distance respectueuse du maître. D'où ces dots que Figaro accumule et énumère avec satisfaction, et qui feront de lui au dénouement un « *bene nanti* ». De même que l'argent représente pour le Comte la forme moderne de la suzeraineté, il est pour Figaro l'instrument moderne de la liberté : un bien mobile, liquide, exempt de toute servitude seigneuriale et grâce auquel chacun peut installer où bon lui semble son petit jardin de Candide. Mais cet argent ne saurait être acquis au prix du déshonneur : Figaro refuse tout « marché » sur ce point. Comme disait déjà en 1734 le Jacob du *Paysan parvenu* de Marivaux, placé par son maître dans une situation semblable, « les pauvres gens n'aiment pas à être cocus ». « Ma femme et mon bien mis à part » : *et* mon bien, mais non pas *ou* mon bien. Pour parler comme Figaro dans la scène du procès, ne confondons pas la « conjonction copulative » *et* avec la « conjonction alternative » *ou*.

Se marier, pour Figaro, c'est donc avant tout devenir un sujet de droit et un propriétaire. Selon l'idéologie bourgeoise des Lumières, l'un ne va pas sans l'autre : c'est la propriété qui fait le citoyen. « Tout homme qui a de quoi subsister honnêtement du fruit de sa possession » est un « citoyen[2] », écrit d'Holbach, opposant ainsi le « peuple » à ce qu'il nomme la « populace imbécile ». Bien entendu, Beaumarchais prend soin de ménager quelques tête-à-tête sentimentaux (ou plutôt sensuels) à ses deux domestiques, mais sans véritablement dissiper l'impression d'ambiguïté que laisse une pièce au titre finalement déceptif, puisqu'elle s'achève sans que le mariage ait été célébré. Dans certains manuscrits apparaissaient un notaire et un contrat, ce qui permettait d'ultimes plaisanteries sur une « plume fourchue comme un y grec » : mais l'auteur les a supprimés. Si bien que la seule « cérémonie » à laquelle il nous aura été donné d'assister ici est celle, à l'acte IV, de l'abandon solennel par le Comte du « droit du seigneur », qui marque l'entrée au moins

1 *Ibid.*, V, 7.
2 *Système social* (1773), II, 4.

formelle d'Aguas Frescas dans l'espace du droit commun – et qui fait de Suzanne et de Figaro des pionniers plus que des amoureux.

Troisième réponse à la question : celle que donne *La Mère coupable.* Quel est le sens du mariage de Léon et de Florestine, pourquoi cette endogamie quasi incestueuse et aussi étouffante que le huis-clos dans lequel vit désormais la « famille Almaviva » cernée par les « mécontents » parisiens ? Cette fois, Beaumarchais ne prête à ses tourtereaux aucune arrière-pensée : ils ne se marient pas par désir de liberté, par défi ou par ambition patrimoniale, mais par un amour né de leur longue cohabitation auprès de leurs parents respectifs. Mais la pièce, et plus encore leur mariage, conduit à une incroyable intrication des rapports familiaux : Florestine, déjà pupille, filleule et fille naturelle du Comte, sera légalement sa belle-fille par son mariage avec Léon ; celui-ci, fils naturel de la Comtesse et fils du Comte selon la loi, deviendrait, si Florestine était de surcroît « adoptée » par la Comtesse comme celle-ci en manifeste l'intention (« Ma Florestine, je t'adopte[1] »), le fils et le gendre de sa propre mère… Les deux jeunes gens demeurant malgré tout, comme on sait, « étrangers l'un à l'autre », et donc susceptibles de s'épouser ! On comprend qu'il ait fallu vingt ans à Beaumarchais, selon ses propres dires, pour composer cette situation effectivement « épineuse[2] », et qui est surtout en contradiction avec la tradition aristocratique du mariage, destinée à étendre les cousinages et à redistribuer les patrimoines entre grandes familles. Car le mariage de Léon et de Florestine n'enrichira la « famille Almaviva » d'aucune alliance, ni d'aucune ressource nouvelles.

Une didascalie significative mérite d'être relevée. À l'acte V de *La Mère coupable*, alors que la famille réconciliée s'apprête à chasser Bégearss, ce corps moralement et même culturellement étranger (puisque Beaumarchais l'a voulu Irlandais), « *Tous se serrent dans les bras l'un de l'autre*[3] ». Le Comte, la Comtesse, Léon, Florestine, Suzanne, forment ainsi un groupe fusionnel, fermé sur l'extérieur, où s'abolissent les différences sociales, où les conflits, les équivoques, sinon les interdits du passé, se résorbent dans une effusion sentimentale et physique (mais non plus sexuelle) égalitairement partagée. Seul Figaro manque à la fête, retenu en coulisses par les ultimes péripéties de son combat contre le

1 *La Mère coupable*, IV, 9.
2 Lettre à Martineau, dans : *Œuvres*, éd. citée, p. 1177.
3 *La Mère coupable*, V, 3.

monstre. C'est ce groupe-là dont la pièce prétend assurer la survie. Au début de la pièce, Léon persécuté par Almaviva se préparait à partir pour Malte ; puis, après avoir appris le secret de sa naissance, il envisage de s'engager dans l'armée de sa « nouvelle patrie », tandis que la Comtesse ira au couvent. Mais une fois la crise passée, il n'en est plus question. « Ma mère et moi, nous nous bannissons de chez vous », lance Léon à Almaviva, lequel, après avoir prononcé le « Léon !... Mon fils ! » tant attendu, s'oppose violemment à une telle dispersion : « Jamais ! Vous n'en sortirez point ». Avant d'ajouter, quelques répliques plus loin : « De combien de vertus je privais ma triste vieillesse[1] ! ».

C'est ici, en fait, et dans la douleur, une nouvelle conception de la famille qui se fait jour : ce qu'on appellera la famille sociétale, fondée sur un rapport *in praesentia*, où les seules relations qui vaillent sont celles que l'on noue avec ceux qui vous entourent ici et maintenant, dans un échange vivant de services et, pourquoi pas, de « vertus » – cette vertu dans laquelle le XVIIIe siècle voyait précisément avant tout une qualité sociale : « Qu'est-ce que vertu ? Bienfaisance envers le prochain. Puis-je appeler vertu autre chose que ce qui me fait du bien ? », demande Voltaire[2]. Dans cette perspective, le mariage de Léon et de Florestine est un moyen de renforcer la cohésion du groupe en y introduisant un lien supplémentaire. Ce modèle familial était déjà proposé explicitement dans *Le Mariage de Figaro*, à travers l'injonction de Marceline à son fils : « Ne regarde pas d'où tu viens, vois où tu vas ; vis entre une épouse, une mère tendre qui te chériront à qui mieux mieux[3] ». Et dans cette perspective, qu'importe la consanguinité des partenaires ? Marceline épousera Bartholo, mais le Vaudeville final laissera planer un doute sur sa paternité : « Chacun sait la tendre mère / Dont il a reçu le jour, / Tout le reste est un mystère, / C'est le secret de l'amour ». L'« anonyme » Figaro acceptait sans difficulté cette conception pragmatique de la famille ; mais on conçoit qu'elle ait été plus difficile à admettre par le « seigneur comte Almaviva ». Car à ce modèle sociétal, qu'on peut dire horizontal, s'oppose le modèle dynastique, vertical, fondé, lui, sur un rapport *in absentia* avec des ancêtres ou des descendants dont l'appartenance au même sang fait tout le mérite. D'où, pour une

1 *Ibid.*, IV, 18.
2 *Dictionnaire philosophique* (1764), article « Vertu ».
3 *Le Mariage de Figaro*, III, 16.

part, le refus obstiné du Comte de considérer les qualités éminentes de Léon, et son attachement aveugle au fils légitime, libertin et querelleur, aujourd'hui disparu. Ce fils a été tué en duel, nous dit la pièce, « deux ans » plus tôt, au moment, là encore « deux ans » plus tôt, où la France entrait en Révolution : cette simultanéité, dûment soulignée (IV, 4 et IV, 13), noue l'histoire individuelle à la grande histoire, le drame privé à la chute de l'Ancien Régime, et constitue une fatalité familiale en métaphore d'une nécessité historique. Mais la rupture ne sera pas totale : Léon et Florestine réuniront en effet par leur union le sang du Comte et celui de la Comtesse, formant ainsi une nouvelle « famille Almaviva », purifiée moralement sinon génétiquement : car le sang en question aura subi, entre temps, quelque métissage…

Ce troisième mariage signifie donc la volonté d'adaptation de la famille au nouveau cours des choses, mais aussi, d'une certaine manière, son refus. Désir de rebondir, tentation du repli (« *dans les bras l'un de l'autre* », dirait la pièce) : deux comportements apparemment contradictoires, mais qui seront exactement après 1789 ceux de Beaumarchais lui-même, se lançant dans la rocambolesque équipée des « fusils de Hollande » pour témoigner publiquement de son patriotisme, tout en s'enfermant dans un rejet crispé du temps présent. À l'occasion d'une lecture de *La Mère coupable*, il écrit en 1791 à son hôtesse la Comtesse d'Albany : « Admettez donc qui vous voudrez à la lecture de mardi, mais écartez les cœurs usés, les âmes desséchées : ces gens-là ne sont bons qu'à parler révolution[1] ». Curieusement, dans la pièce même, Almaviva et Figaro se partagent les rôles, mais en quelque sorte à fronts renversés : c'est Figaro qui peste contre une Révolution qui remue la France « de fond en comble » et y fait régner un jargon incompréhensible, tandis que le Comte, lui, se fait appeler « Monsieur[2] » – encore un effort, et il sera le « citoyen Almaviva » ! – et déclare benoîtement que « Quand on veut vivre dans un pays, il n'en faut point heurter les préjugés[3] ».

Ces trois mariages qui scandent la trilogie ont donc une signification qui ne saurait se réduire à celle d'anodines ou commodes conclusions de trois histoires d'amour. Ils s'inscrivent dans une réflexion globale de

1 G. et M. von Proschwitz, *Beaumarchais et le « Courier de l'Europe »*, II, Oxford, Studies on Voltaire, t. CCLXXIV, 1990, p. 1103.

2 *La Mère coupable*, I, 2.

3 *Ibid.*, I, 5.

Beaumarchais d'une part sur la fragilité du désir et du sentiment, sur l'inconstance et ses conséquences sur la paix des familles, et d'autre part sur les aspects juridiques du lien conjugal.

La trilogie exprime un pessimisme alors traditionnel dans la littérature libertine sur l'incapacité du désir, fruit du « moment », de jamais se « fixer » durablement : « Comment vous fixer[1] ? », demande Mme de Tourvel à Valmont deux ans avant *Le Mariage de Figaro.* L'infidélité conjugale est la chose la mieux partagée dans la trilogie : le Comte, la Comtesse, Suzanne y succombent tour à tour. Deux responsables : le temps, et ce que les libertins nomment l'« occasion ». Le temps, ce sont par exemple ces « trois ans » qui, dit le Comte du *Mariage*, « rendent l'hymen si respectable[2] », c'est-à-dire éteignent le désir entre époux ; l'occasion, c'est celle qu'a offerte la Comtesse à Chérubin dans l'entre temps fictif des deux dernières pièces de la trilogie, en allant s'installer dans un château dont il connaissait les détours. Un Chérubin que ses treize ans au moment du *Mariage de Figaro* rendaient « sans conséquence[3] » alors que quelques années de plus le rendront capable de procréer. Le temps agit par une sorte de nécessité anthropologique, créant une « satiété[4] » contre laquelle se brisent les plus belles résolutions : à la fin du *Mariage*, alors que le couple Almaviva semble à nouveau conforté par le lien du désir partagé, la Comtesse prend un engagement solennel : « Ah oui, cher Comte, et pour la vie, je vous le jure[5] ». Mais quelques instants plus tard, dans son couplet du Vaudeville, elle reviendra sur son serment : « Telle autre, presque infidèle, / Jure de n'aimer que [son mari]. / La moins folle hélas, est celle / Qui se veille en son lien, / Sans oser jurer de rien ». Changement vertigineux. On comprend que dès l'année suivante, dans la Préface de la pièce, Beaumarchais se dise déjà en train de travailler à *La Mère coupable* ! Le Comte, de son côté, que son épouse semblait avoir durablement « ramené », n'en chante pas moins, toujours dans le Vaudeville, les plaisirs de l'adultère…

---

1 Laclos, *Les Liaisons dangereuses* (1782), lettre 50.

2 *Le Mariage de Figaro*, V, 7.

3 *Le Mariage de Figaro*, I, 7. P. Larthomas (éd. citée, p. 1387) rappelle judicieusement le sens alors donné à cette expression par le *Dictionnaire de l'Académie* : « On dit aussi en matière de galanterie qu'un homme est *sans conséquence* lorsqu'il est d'une réputation et d'un âge qui mettent à l'abri du soupçon les femmes avec lesquelles il est lié ».

4 *Le Mariage de Figaro*, V, 7.

5 *Ibid.*, V, 19.

Si, pour citer encore d'Holbach, l'homme, « par sa nature », cherche le bonheur dans chaque instant de son existence, et que ce bonheur n'est que le « plaisir continué[1] », comment gérer ce plaisir pour qu'il demeure le plus strictement possible dans le cadre conjugal, et n'entraîne pas les fâcheuses « conséquences » que l'on sait ? Curieusement, c'est d'Almaviva que vient la solution, avidement écoutée par tous les assistants : les femmes, dit-il, « n'étudient pas assez l'art de soutenir notre goût, de se renouveler à l'amour, de ranimer pour ainsi dire le charme de leur possession par celui de la variété[2] ». Bref, l'épouse prudente saura donner à son époux l'illusion qu'il la trompe avec elle-même. « Se renouveler à l'amour », c'est ce que la Comtesse, innocemment, a su faire en endossant les habits de Suzanne ; c'est aussi ce que, en l'espace d'une nuit et avec plus de rouerie, Mme de Merteuil accomplit avec son amant, toujours dans *Les Liaisons dangereuses*, en lui offrant la stimulante illusion de posséder, avec elle seule, un « sérail » tout entier : « Ses hommages réitérés, quoique toujours reçus par la même femme, le furent toujours par une maîtresse différente[3] ». La bonne épouse doit être aussi une bonne comédienne.

Sinon, comme on l'a vu, la « conséquence » ne se fait pas attendre : l'enfant naturel, sanction inévitable du vagabondage sexuel. Ce personnage, certes omniprésent dans la littérature du temps, de Prévost à Diderot, revient chez Beaumarchais avec une fréquence obsessionnelle. Déjà dans *Le Barbier de Séville* Figaro se voit pourvu d'une « petite Figaro[4] » aux origines incertaines (car rien n'indique que le barbier possède une épouse), mais dont nul, pas même le soupçonneux Bartholo, ne met l'existence en doute. Dans le *Mariage*, l'« anonyme » Figaro est issu d'un couple non marié, et qui ne l'a pas reconnu ; il se félicite d'avoir engrossé naguère la femme du juge Brid'oison, dont « le cadet est un bien joli enfant, je m'en vante[5] », motif de fierté plutôt incongru le jour même où il va en épouser une autre ; quant au Comte, il en a « tant fait dans le pays », dit Antonio[6] par un prudent euphémisme : mais les manuscrits étaient plus explicites en évoquant ses « petits bâtards

1 *Système social*, I, 6.
2 *Le Mariage de Figaro*, V, 7.
3 Lettre 10.
4 *Le Barbier de Séville*, II, 11.
5 *Le Mariage de Figaro*, III, 13.
6 *Ibid.*, V, 14.

paysans ». Enfin bien sûr, dans *La Mère coupable*, Léon et Florestine. On notera que les autres pièces de Beaumarchais en font également grand usage : ses joyeuses et libertines parades, mais aussi ses premiers drames : *Eugénie* en 1767, dont l'héroïne est enceinte sans être mariée ; *Les Deux Amis* en 1770, où Pauline est la fille naturelle du négociant Aurelly bien que cette circonstance soit absolument inutile à l'intrigue. En 1773-1774, dans la terrible affaire Goëzman, Beaumarchais va fouiller dans les poubelles pour dénoncer son adversaire le juge Goëzman comme père d'un enfant adultérin dont il s'est déclaré le parrain sous un faux nom. Curieusement, il paraît lui-même prendre goût à la chose : père en 1777 d'une petite Eugénie, il n'épousera sa mère que neuf ans plus tard, en 1786… Mais, par un heureux hasard, ce fruit du désordre est l'instrument du retour à l'ordre : Figaro provoque le mariage de ses parents ; Léon et Florestine reproduisent, sur le mode vertueux, le couple Almaviva. « Ta grâce est dans mon sein[1] », disait Eugénie en accordant sa main au séducteur, désormais bourrelé de remords, qui l'avait engrossée.

Plus surprenant encore, il semble que sa naissance illégitime dote l'enfant naturel de toutes les qualités. Celles de Figaro ne sont pas à démontrer. Léon est un « jeune homme plein de mérite[2] » alors que son frère légitime n'était qu'une canaille titrée ; antithèse également du « machinateur » Bégearss, il incarne, lui, la « bonne » Révolution porteuse de liberté, admire Washington et disserte dans les clubs sur « l'abus des vœux monastiques[3] ». De même la vertueuse et prudente Pauline des *Deux Amis* était-elle décrite par l'auteur comme une « jeune personne au-dessus de son âge ».

On notera aussi la diversité des cas de figure envisagés par Beaumarchais dans cette trilogie qui s'étend sur une durée fictive de vingt-trois ans et plus, et où les enfants légitimes sont soit absents (« quel bonheur qu'aucun gage d'une union aussi détestée… », s'exclame l'Almaviva du *Mariage*[4]), soit morts. Tandis que se succèdent un enfant naturel apparemment conçu hors mariage (la « petite Figaro »), un autre issu d'un concubinage (Figaro), des enfants adultérins : Brid'oison cadet,

---

1 *Eugénie*, V, 9.

2 *La Mère coupable*, I, 6.

3 *Ibid.*, II, 12. Le thème est à la mode, depuis *La Religieuse* de Diderot jusqu'aux *Victimes cloîtrées*, drame à succès de Monvel en 1791.

4 *Le Mariage de Figaro*, V, 14.

les « bâtards paysans » du Comte, puis Florestine et Léon – Florestine se voyant « adoptée » par la Comtesse et Léon étant à la fois adultérin et posthume, puisque Chérubin s'est fait tuer après l'avoir conçu ! On pense à ce conte de Tristan Bernard, « Le Collectionneur[1] », dont le héros s'arrange pour devenir père d'un enfant légitime, d'un enfant adultérin, d'un enfant incestueux, d'un enfant adoptif, et finit par se suicider pour disposer d'un enfant posthume…

Comme chez Rétif de La Bretonne, cette fois, la prolifération des enfants naturels d'origine secrète ou inconnue fait peser le risque permanent de l'inceste, réel ou supposé. L'inceste vertical, celui de la mère et du fils, menace dans *Le Mariage de Figaro*, où la mutation de Marceline de vieille fille amoureuse en mère aimante ne va pas sans quelque ambiguïté : « ma mère, embrassez-moi… le plus maternellement que vous pourrez », lui demande Figaro[2]. Quant à l'inceste horizontal, entre frère et sœur, Bégearss en agite le spectre dans *La Mère coupable* pour détourner Léon de Florestine, puis pour annoncer sa vengeance : « Vous aurez l'impudeur de conclure un mariage abominable, en unissant le frère avec la sœur : mais l'univers saura votre infamie[3] ! ». Chérubin et la Comtesse, eux, consommeront cet inceste, certes spirituel, puisqu'il unira le filleul et sa marraine. Ainsi, sous l'ordre apparent de trois pièces conclues par un mariage, s'entrechoquent des « machines désirantes » incapables d'accorder le plaisir et la loi, l'instant et la durée, l'amour et l'« occasion ».

En tant qu'institution régie par la loi, le mariage fait l'objet d'une constante interrogation dans la trilogie. À quelles conditions un mariage est-il légal ? Il comporte deux interdits majeurs, l'un et l'autre envisagés par Beaumarchais : l'inceste, évidemment, que reconnaît le stupide Brid'oison lui-même à propos de Figaro et de sa mère (« C'est clair, i-il ne l'épousera pas[4] »), et la bigamie, à laquelle se disposait Bégearss : « Marié en Irlande, il épousait ma fille ! », s'exclame avec effroi Almaviva[5]). *Le Sacristain* y ajoutait, traitée sur le mode bouffon, l'impuissance sexuelle de Bartholo, lequel sera encore qualifié

1 *Contes de Pantruche et d'ailleurs*, Paris, 1897.
2 *Le Mariage de Figaro*, III, 16.
3 *La Mère coupable*, V, 7.
4 *Le Mariage de Figaro*, III, 16.
5 *La Mère coupable*, V, 1.

dans un manuscrit du *Barbier* de « vieux coq usé[1] ». Le mariage peut être « inégal » par l'âge ou par le rang social, mais doit respecter des procédures précises. Dans *Le Barbier de Séville*, Bartholo veut épouser secrètement sa pupille : deux empêchements qui imposent le recours à un « homme de loi » complaisant. « Dites-moi seulement si vous êtes content de l'homme de loi », demande Bartholo à Bazile[2]. Le mariage de Rosine et d'Almaviva n'est-il pas, lui aussi, illégal ? Toute la dernière scène du *Barbier* est occupée par un débat juridique entre le Comte et Bartholo. Celui-ci commence par accuser son rival de violation de domicile (« la supériorité du rang est ici sans force. Ayez la bonté de vous retirer »), puis lui oppose pied à pied divers moyens de droit : « Plaisant mariage ! où sont les témoins ? », « J'userai de mon autorité, la demoiselle est mineure », etc. Si bien que le Comte se trouverait en mauvaise posture sans l'intervention de l'alcade, menaçant Bartholo de poursuites pénales pour « la mauvaise administration des biens de sa pupille »… dont personne n'avait songé à l'accuser jusque là ! De même *Le Mariage de Figaro* oppose deux obstacles juridiques à l'union légale des domestiques : il y a la promesse de mariage signée par Figaro à Marceline, bien sûr, mais également le problème du consentement d'Antonio, que celui-ci refuse à sa nièce, ce qui obligerait le couple à attendre « quelques mois », jusqu'à la majorité de Suzanne : « Irai-je donner l'enfant de not'sœur à sti qui n'est l'enfant de personne[3] ? ». Pour échapper du moins à Marceline soutenue par le « grand corrégidor » Almaviva, Figaro se prétend « gentilhomme », évoque ses « nobles parents[4] » : pourquoi ? Parce que les nobles disposent d'un privilège de juridiction (Beaumarchais en savait quelque chose, depuis sa malheureuse affaire de coups et blessures avec le duc de Chaulnes) et qu'il échapperait ainsi à la justice du Comte : par une plaisante ironie du sort, Figaro réclame ainsi pour lui-même un « droit du seigneur » contre lequel il ferraille par ailleurs ! Mais la « reconnaissance » du fils et de la mère viendra tout régler, comme par un décret de la loi naturelle suprême, celle de la prohibition de l'inceste, autre nom de la « nature sage », cette Providence laïque célébrée par Suzanne dans le Vaudeville,

1 E.-J. Arnould, *op. cit.*, p. 375.
2 *Le Barbier de Séville*, III, 11.
3 *Le Mariage de Figaro*, III, 18.
4 *Ibid.*, III, 16.

qui « conduit » le monde et fonctionne comme une juridiction d'appel face à la folie des hommes ou à la malignité des juges. Dans *La Mère coupable* enfin, il faudra, dit le Comte, « consulter des gens de loi discrets, éclairés, pleins d'honneur[1] » pour permettre le mariage de Léon et de Florestine : car on peut penser que c'est à rendre ce mariage juridiquement impossible qu'aurait travaillé Bégearss dans le quatrième volet, si l'on peut dire, de la trilogie. En attendant, dans un monde révolutionné devenu littéralement sans foi ni loi[2], la « vertu » permettra de restaurer et perpétuer l'harmonie du groupe.

Trois mariages, donc, mais qui, contrairement à la tradition littéraire classique, n'achèvent rien puisque, ici, la clôture fonctionne en réalité comme un élément à la fois médiateur et disjoncteur. Le mariage entérine l'action passée en même temps qu'il la brise et ouvre sur la suite : ce n'est qu'une étape dans le mouvement d'éternel devenir qui constitue pour Beaumarchais l'essence même du vivant. Rien de plus étranger à la trilogie que l'optimisme conjugal d'un Marivaux, dont les couples, une fois formés, ne donnent prise à aucun soupçon de fragilité future. L'homme – entendons l'être humain – a déjà suffisamment de bonnes ou de mauvaises raisons de se marier, sans qu'en plus on exige de lui d'être fidèle ! Ces fins postiches, qui tirent vers le feuilleton le « roman de la famille Almaviva », comportent ainsi une leçon philosophique qui vient en écho du Diderot de *Jacques le Fataliste* : « Le premier serment que se firent deux êtres de chair, ce fut au pied d'un rocher qui tombait en poussière ; ils attestèrent de leur constance un ciel qui n'est pas un instant le même ; tout passait en eux et autour d'eux, et ils croyaient leurs cœurs affranchis de vicissitudes. Ô enfants toujours enfants[3] ! » Comment oublier ou arrêter l'effet de ce temps destructeur ? En affirmant bien haut que l'on y voyage comme dans l'espace, c'est-à-dire en pouvant toujours revenir sur ses pas : telle est l'illusion que tente de nous faire partager *La Mère coupable*, en nous présentant un couple Almaviva arrivé à la fois en France et à la vieillesse, comme

1 *La Mère coupable*, V, 8.

2 Cette anomie est probablement ce qui inquiète le plus Beaumarchais dans la tourmente révolutionnaire : « Ô ma patrie en larmes ! Ô malheureux Français ! [...] Joignez-vous à mes cris, et demandons des LOIS aux députés qui nous les doivent », écrit-il en 1793. *Œuvres*, éd. citée, p. 1118.

3 *Contes et romans*, éd. dirigée par Michel Delon, Paris, Gallimard, coll. « Bibliothèque de la Pléiade », 2004, p. 753.

si l'Espagne, le lieu des « folles journées » de jadis, s'offrait toujours à un éventuel retour, telle une promesse d'éternelle jeunesse. Mais Aguas Frescas est bel et bien perdu, et ne peut revivre que dans le souvenir. Se serrer « *dans les bras l'un de l'autre* », c'est tourner le dos à la réalité : celle de la Révolution, mais aussi celle de la vie, tout simplement. Ou de la mort.

Jean-Pierre de BEAUMARCHAIS

# LE RÔLE DU MARI DANS LA TRILOGIE DE BEAUMARCHAIS

## Un « sot métier » ?

Le traitement que Beaumarchais propose de la thématique conjugale dans l'ensemble de son œuvre excède manifestement le réemploi des *topoï* que constituent le mariage des jeunes amants – issue convenue de la comédie – et le conflit entre les époux que l'on retrouve dans l'ensemble des genres dramatiques. D'une pièce à l'autre, l'auteur de la trilogie explore ces motifs traditionnels et, en les soumettant à un jeu de variations génériques qu'il revendique dès la « Lettre modérée sur la chute et la critique du *Barbier de Séville*[1] », instaure chez le spectateur un effet de distanciation ironique et critique. Omniprésente, la figure du mari est au cœur de ce dispositif. À première vue, il s'agit d'un rôle ingrat : de Bartholo, le barbon impuissant du *Sacristain*, ou de Clarendon, l'époux fictif d'*Eugénie*, à l'« époux suborneur[2] » qu'est le Comte Almaviva, rien ne semble démentir le verdict de Figaro qui, croyant surprendre le Comte et Suzanne sous les grands marronniers, raille « le sot métier de mari[3] ». Pourtant, le public sait que Figaro, dans le dernier acte de *La Folle Journée*, a tort de mettre en doute la vertu de sa femme et peut-être voit-il en lui l'ébauche d'une alternative à la figure du mari abusif et jaloux.

---

1 « Un vieillard amoureux prétend épouser demain sa pupille ; un jeune amant plus adroit le prévient, et ce jour même en fait sa femme, à la barbe et dans la maison de son tuteur. Voilà le fond, dont on eût pu faire, avec un égal succès, une Tragédie, une Comédie, un Drame, un Opéra, *et cætera*. *L'Avare* de Molière est-il autre chose ? Le genre d'une pièce, comme celui de toute autre action, dépend moins du fond des choses que des caractères qui les mettent en œuvre. » (Beaumarchais, « Lettre modérée sur la chute et la critique du *Barbier de Séville* », *Le Barbier de Séville*, Paris, Gallimard, coll. « Folio classique », 1982, p. 31).

2 Beaumarchais, *Le Mariage de Figaro*, Paris, Gallimard, coll. « Folio classique », 1984, « Préface », p. 28.

3 *Ibid.*, V, 3.

L'originalité du traitement du personnage du mari dans l'œuvre de Beaumarchais tient sans doute à l'expérience même de l'auteur, libertin, époux volage mais champion déclaré de la cause des femmes trompées (sa sœur « Lisette » dans l'affaire Clavijo) ou malheureuses en ménage (Camille Kornman). Mais elle tient avant tout à la transition qui se manifeste dans la seconde moitié du dix-huitième siècle entre un idéal galant et libertin, entretenant un mépris très ancien pour le cocu potentiel qu'incarne le mari, et la mise en place d'un nouvel idéal familial, centré sur le couple conjugal, et valorisant les qualités de l'époux. L'évolution des esthétiques dramatiques accompagne cette déstabilisation progressive des schémas comiques d'origine farcesque – encore très présents chez Molière – au profit de représentations plus touchantes de la conjugalité dans les divers avatars du genre sérieux mais aussi dans des pièces où s'expriment de manière légère et fantaisiste les aspirations populaires qui triompheront sous la Révolution.

L'analyse de la figure du mari dans la trilogie nous confronte à la polyphonie qu'instaure la coexistence d'esthétiques et de points de vue contrastés au sein des différentes pièces. Afin de démêler les enjeux de cette imbrication et de son évolution dans le temps, nous partirons de l'appropriation plaisante et virtuose que Beaumarchais propose du traitement farcesque du rôle du mari jusque dans *La Mère coupable.* Nous verrons ensuite comment la connivence libertine que suscite ce traitement comique est contrebalancée par la dénonciation morale et politique de la « tyrannie » du mari, déjà présente dans *Le Barbier de Séville* et vouée à constituer un puissant ressort du pathétique et de l'édification du spectateur dans les pièces plus sérieuses. Enfin nous verrons comment s'ébauche, à partir du *Mariage de Figaro*, en partie sous la pression de l'opinion, une réhabilitation de l'époux, dont le point de vue devient audible, voire légitime, à la veille de la Révolution.

## « PUNIR UN FRIPON EN SE RENDANT HEUREUX »

La galanterie recouvre opportunément au dix-huitième siècle toutes les déclinaisons de l'art d'aimer, de l'amour le plus délicat au libertinage le plus cynique. Comme le rappelle le « divertissement français » offert par Atar à Astasie dans le troisième acte de *Tarare*[1], le rituel galant s'exerce toujours en marge – et de préférence aux dépens – du mariage non seulement parce que le mari, sacré chef et maître de sa femme par les lois civiles et religieuses, n'a nul besoin d'y recourir mais parce que le principe même d'un asservissement de la femme est nié par l'idéalisation – réelle ou tactique – dont celle-ci fait l'objet dans la longue tradition érotique initiée par la courtoisie médiévale.

Beaumarchais, qui a commencé sa carrière de dramaturge en composant des parades pour les habitués du château d'Étiolles, connaît le goût de la grande aristocratie et des financiers pour le libertinage et les divertissements les plus délurés. Son traitement de la figure du mari témoigne encore de la connivence qui soude la bonne société aux dépens des conventions bourgeoises mais cette connivence apparaît de plus en plus ambiguë à mesure que l'on s'éloigne de la matrice que constitue *Le Sacristain*. Dès l'ouverture de cet « Intermède imité de l'espagnol », composé vers 1765, Bartholo est présenté par sa jeune épouse comme un vieillard impuissant qui « [l']enferme toute la journée, et ne [lui] a encore montré du mariage que les horreurs d'un odieux asservissement[2] ». Le rêve érotique dont s'éveille Pauline annonce l'irruption de son amant Lindor, venant lui donner une leçon de musique déguisé en sacristain, sur laquelle se termine le manuscrit.

La filiation évidente qui lie le Bartholo du *Sacristain* et celui du *Barbier de Séville*, représenté dix ans plus tard, nous autorise à envisager le tuteur de Rosine comme un avatar de la figure du mari, d'autant que le vieux médecin se présente comme l'époux de la jeune fille[3] et qu'il est considéré comme tel par le Comte jusqu'à ce que Figaro le détrompe. « Brutal, avare, amoureux et jaloux à l'excès de sa pupille, qui le hait à la mort[4] », Bartholo incarne le mari typique de la comédie farcesque, que son rival cocufie avec jubilation et qui ne saurait trouver de défenseurs dans le public :

1 « Peuple léger, mais généreux, / Nous blâmons les mœurs de l'Asie. / Jamais, dans nos climats heureux, / La beauté ne tremble asservie. / / Chez nos maris, presque à leurs yeux / Un galant en fait son amie, / La prend, la rend, rit avec eux, / Et porte ailleurs sa douce envie. » (Beaumarchais, *Tarare*, III, 4, dans : *Œuvres*, Paris, Gallimard, coll. « Bibliothèque de la Pléiade », 1988, p. 553).

2 Beaumarchais, *Le Sacristain*, dans : *Théâtre*, Paris, Classiques Garnier, 1980, p. 4.

3 « Doucement, doucement, Seigneur soldat, je n'aime point qu'on regarde ma femme de si près. » (*Le Barbier de Séville*, II, 14).

4 *Ibid.*, I, 4.

> LE COMTE. – [...] Punir un fripon en se rendant heureux...
> FIGARO. – C'est faire à la fois le bien public et particulier : chef-d'œuvre de morale, en vérité, Monseigneur[1] !

De fait, le barbon est grotesque. Sa prétention à séduire alors qu'il ne maîtrise aucun des codes de la galanterie est rendue plus ridicule encore par une jalousie déjà toute conjugale et par l'insolent pouvoir de séduction du Comte. Beaumarchais a bien compris qu'il y avait dans l'antinomie que recouvre encore pour une grande partie du public l'idée même d'un mari amoureux une source de franc comique, qu'il exploite à merveille dans la scène 5 de l'acte III, où Bartholo chante à Rosine son couplet : « *Veux-tu, ma Rosinette, / Faire emplette / Du roi des maris*[2] *?* ».

Ce qui est plus original et intéressant, c'est la manière dont Beaumarchais s'approprie ce *topos* comique à partir du *Mariage de Figaro* et lui fait subir une série de distorsions qui font naître un rire plus subtil, plus dérangeant, aussi, chez les spectateurs. Une telle évolution est évidemment favorisée par le principe de la trilogie et les effets de surprise que la dilatation temporelle de l'action rend possible.

La plus spectaculaire de ces distorsions est la transformation du Comte en mari jaloux. Le potentiel comique de cette métamorphose est souligné à plusieurs reprises dans la pièce, d'abord par Bartholo, qui trouve savoureux de se voir vengé de la trahison de Rosine par son propre rival :

> Ah ! le digne époux qui me venge[3] !

Beaumarchais nous donne ainsi à voir l'impact du statut conjugal sur le caractère du jeune seigneur galant : désormais « libertin par ennui, jaloux par vanité[4] », le Comte Almaviva apparaît, par son comportement désaccordé, presque aussi antipathique et ridicule que Bartholo, le mari amoureux. Le dramaturge s'amuse à exploiter le paradoxe de cette « disconvenance » en détournant systématiquement les manœuvres de séduction du Comte au profit de la Comtesse[5]. La posture de soumission galante – dont l'artifice était déjà dénoncé par Rosine dans le quatrième

---

1 *Ibid.*
2 *Ibid.*, III, 5.
3 *Le Mariage de Figaro*, I, 4.
4 *Ibid.*
5 « [...] il naît dans ma pièce un jeu plaisant d'intrigue, où l'époux suborneur, contrarié, lassé, harassé, toujours arrêté dans ses vues, est obligé, trois fois dans cette journée, de

acte du *Barbier de Séville*[1] – lui est imposée comme aveu de l'échec public de ses entreprises libertines et, comble du ridicule, avant de tomber une dernière fois, honteux et vaincu, aux pieds de son épouse, le Comte Almaviva vient lui conter fleurette sous les grands marronniers, suscitant l'hilarité rétrospective des témoins :

> SUZANNE, *en riant.* – Ah ! ce pauvre Comte ! quelle peine il s'est donnée…
> FIGARO *se relève sur ses genoux.* – Pour faire la conquête de sa femme[2] !

Puni par son libertinage, l'« époux suborneur » l'est également par une jalousie maladive qui le ravale au rang des vulgaires maris qu'il a bernés, comme le souligne l'insolente réplique d'Antonio au moment où le comte lui demande d'être témoin de l'infidélité de la comtesse[3]. De fait, les scènes de séduction entre Rosine et Chérubin, jugées particulièrement suggestives et immorales par les contemporains[4], évoquent en filigrane l'imaginaire érotique sur lequel jouait *Le Sacristain.* Le page, incarnation gracieuse et troublante de la frustration de la comtesse, suscite chez le comte une fureur d'autant plus comique qu'elle ne peut qu'accentuer, par contraste, le pouvoir de séduction du sigisbée :

> LA COMTESSE. – […] N'en croyez pas un injuste soupçon, de grâce ! et que le désordre, où vous l'allez trouver…
> LE COMTE. – Du désordre !
> LA COMTESSE. – Hélas oui ; prêt à s'habiller en femme, une coiffure à moi sur la tête, en veste et sans manteau, le col ouvert, les bras nus ; il allait essayer…
> LE COMTE. – Et vous vouliez garder votre chambre ! Indigne épouse ! ah ! vous la garderez… longtemps […][5].

Le comte Almaviva n'est pas le seul personnage aux dépens duquel s'exerce la malicieuse combinatoire que constitue la trilogie. Figaro,

---

tomber aux pieds de sa femme, qui, bonne, indulgente et sensible, finit par lui pardonner : c'est ce qu'elles font toujours. » (*Le Mariage de Figaro*, « Préface », p. 31).

1 « LE COMTE, *à ses pieds.* – Ah ! Rosine ! je vous adore !… » (*Le Barbier de Séville*, IV, 6).

2 *Le Mariage de Figaro*, V, 8.

3 « L'y a, parguenne, une bonne Providence : vous en avez tant fait dans le pays… » (*ibid.*, V, 14).

4 « Il est trop certain, écrit La Harpe, que personne ne pense à s'apitoyer sur l'abandon de la comtesse, qui passe son temps à faire l'amour avec son page. » (cité par Pierre Larthomas, dans : Beaumarchais, *Œuvres*, éd. citée, p. 1360).

5 *Le Mariage de Figaro*, II, 16.

décrit dans la « Lettre modérée sur la chute et la critique du *Barbier de Séville* » comme « la terreur des maris, la coqueluche des femmes[1] » éprouve un sort analogue. Cet habile entremetteur[2], capable à l'occasion d'œuvrer pour son propre compte si l'on en croit son persiflage à l'égard de Brid'Oison[3], se voit à son tour entravé dans ses projets matrimoniaux et poussé à épouser Marceline, ce qui réjouit, une fois encore, Bartholo, qui lui-même cherche à échapper à ses responsabilités conjugales :

> Parbleu ! c'est un bon tour que de faire épouser ma vieille gouvernante, au coquin qui fit enlever ma jeune maîtresse[4].

Le mariage de Figaro et de Suzanne est pour Beaumarchais l'occasion de mettre en branle, dans les deux derniers actes de *La Folle Journée*, une machine infernale (un feu d'artifice ?) qui systématise le schéma fondamental de l'intrigue, c'est-à-dire la réversibilité comique de l'amant trompeur et du mari cocu. Victime de préjugés misogynes qu'il a lui-même contribué à accréditer[5], Figaro endosse immédiatement le rôle ingrat d'époux berné mais, sitôt rassuré, se venge du stratagème de Suzanne en feignant à son tour de séduire la comtesse.

Même dans le drame qu'est *La Mère coupable*, Beaumarchais ne renonce pas à jouer de ce motif à la faveur de parodies grinçantes. Begearss, dont on apprendra au début de l'acte V qu'il est déjà marié en Irlande[6], endosse en effet le rôle d'« époux suborneur » qui, tout en projetant d'épouser la jeune Florestine, prétend courtiser une Suzanne vieillissante[7]. Il apparaît également comme un avatar monstrueux de Chérubin dans la scène 7 de l'acte III, lorsque sa connivence avec la comtesse prend des apparences équivoques :

> LE COMTE, *les surprenant en cette posture.* – Qu'est-ce donc que je vois, Madame ! d'où vient ce désordre ? quel est ce feu, ce coffre, ces papiers ? pourquoi ce débat et ces pleurs ? *(Bégearss et la Comtesse restent confondus)*[8].

---

1 *Le Barbier de Séville*, « Lettre modérée sur la chute et la critique du *Barbier de Séville* », p. 34.
2 Il fait la preuve de ses talents à l'acte II, scène 2 du *Barbier de Séville*.
3 Voir *Le Mariage de Figaro*, III, 13.
4 *Ibid.*, I, 4.
5 « SUZANNE. – Je n'entends pas toutes ces finesses ; mais je n'aimerai que mon mari. / FIGARO. – Tiens parole, et tu feras une belle exception à l'usage. » (*ibid.*, IV, 1).
6 *La Mère coupable*, V, 1.
7 « Tu sens que l'amour n'est pour rien dans un pareil arrangement. *(L'air caressant)* Je n'ai vraiment aimé que toi. » (*ibid.*).
8 *Ibid.*, III, 7.

Ces variations comiques ou tragi-comiques sur le thème de l'adultère alimentent une perception satirique du mariage mais aussi de la galanterie, le mari et l'amant, dont les rôles apparaissent finalement réversibles, étant renvoyés dos à dos comme les deux facettes d'une institution matrimoniale arbitraire et perverse.

## « AH ! VOILÀ MON TYRAN »

Que ce soit dans *Le Sacristain*, *Le Barbier de Séville* ou *Le Mariage de Figaro*, le comique contribue puissamment à disqualifier la figure du mari mais la signification de ce discrédit évolue clairement entre 1765 et 1784. Le triomphe du gentilhomme galant, encore patent dans *Le Barbier*, se voit en effet remis en cause dans *La Folle Journée* non seulement par le traitement parodique du motif farcesque – source de distanciation critique – mais aussi par l'importance croissante accordée au point de vue féminin et au registre pathétique.

Le contrepoint que la veine sentimentale instaure à l'égard du traitement comique traditionnel de la figure du mari apparaît certes comme l'expression des convictions d'un dramaturge qui se compare à Rousseau pour revendiquer « le cœur brûlant d'une femme[1] » mais également comme une concession probable aux goûts d'une partie du public et, en particulier, d'un public féminin qui ne se reconnaît pas dans le rôle d'épouse soumise et revendique une considération accrue. Bartholo suggère d'ailleurs à quel point la prétention de tyrans domestiques à exercer une domination effective à l'égard de leur épouse pouvait apparaître archaïque aux spectateurs lorsque, confronté à la révolte de Rosine au deuxième acte du *Barbier de Séville*, il lui rappelle qu'ils ne sont « pas ici en France, où l'on donne toujours raison aux femmes[2] ». Si la remise en cause du modèle libertin reste plus qu'ambiguë dans le paratexte du *Mariage de Figaro*[3], comédies

1 Beaumarchais prétend avoir composé son drame « avec la tête froide d'un homme et le cœur brûlant d'une femme, comme on l'a pensé de Rousseau » (*ibid.*, « Un mot sur *La Mère coupable* », p. 272).

2 *Le Barbier de Séville*, II, 15.

3 Beaumarchais feint de présenter ce libertinage aristocratique comme archaïque : « Mais ne voulant qu'amuser nos Français et non faire ruisseler les larmes de leurs épouses, de

touchantes et romans à succès ont, dès cette époque, valorisé une image beaucoup plus positive du mariage, compatible avec l'épanouissement affectif et social des conjoints, et cette aspiration nouvelle apparaît dans la trilogie comme la norme implicite à partir de laquelle les personnages féminins invitent le public à apprécier leurs déboires conjugaux.

Dans cette perspective, la trilogie constitue un véritable réquisitoire à l'encontre de personnages masculins dont la conduite ne fait plus rire mais, pour reprendre les propos de Marceline, « fait horreur ou pitié[1] ». Conformément à la stratégie explicitée dans l'« Essai sur le genre dramatique sérieux », le mari y est l'objet d'une dénonciation qui mise sur l'adhésion du public au discours pathétique des personnages féminins : en compatissant avec les victimes d'époux fuyants et / ou agressifs, le spectateur est amené à prendre en charge la condamnation morale d'une « disconvenance » et, le cas échéant, à faire retour sur sa propre situation conjugale.

Le premier grief qui s'exprime à l'encontre du mari, concerne son incapacité à satisfaire les aspirations de son épouse : si l'impuissance sexuelle de Bartholo était un motif comique dans *Le Sacristain*, l'absence du comte Almaviva – comme celle du comte Clarendon au début d'E*ugénie* –, suscite l'inquiétude et les plaintes de l'héroïne délaissée. Devant le grand lit conjugal vide, Rosine se rend à l'évidence au début de l'acte II du *Mariage de Figaro* :

> Il ne m'aime plus du tout. [...] Ah, je l'ai trop aimé ! je l'ai lassé de mes tendresses, et fatigué de mon amour ; voilà mon seul tort avec lui [...]. Les hommes sont bien coupables[2] !

Figaro[3], puis Marceline, dans la célèbre tirade de l'acte III, censurée par les comédiens-français, viendront relayer une dénonciation que même

mon coupable amant j'ai fait un jeune seigneur de ce temps-là, prodigue, assez galant, même un peu libertin, à peu près comme les autres seigneur de ce temps-là » (*Le Mariage de Figaro*, « Préface », p. 30). L'expression est reprise en italique dans les « Caractères et habillements de la pièce », p. 49. Mais l'auteur réaffirme p. 31 une connivence avec les « seigneurs » qui ne manqueront pas de se reconnaître dans le comte Almaviva.

1 *Ibid.*, III, 16.

2 *Ibid.*, II, 1. Voir aussi II, 19 : « Je ne la suis plus, cette Rosine que vous avez tant poursuivie ! Je suis la pauvre Comtesse Almaviva ; la triste femme délaissée, que vous n'aimez plus. »

3 « Vous lui donnez, mais vous êtes infidèle. Sait-on gré du superflu à qui nous prive du nécessaire ? » (*ibid.*, III, 5).

le dénouement de la pièce ne pourra pas démentir. De fait, la situation conjugale de la comtesse Almaviva, dans *La Mère coupable*, n'a guère évolué : la présence du comte dans le cabinet de sa femme est perçue par Suzanne comme une anomalie stupéfiante[1] et l'hypothèse, sinon du divorce – dont la publicité déplaît au comte[2] – du moins d'une relégation de la comtesse dans quelque couvent apparaît comme une menace récurrente.

Telle la Constance du *Préjugé à la mode* (1735) de Nivelle de La Chaussée, subissant avec une angélique patience la morgue d'un mari jugeant ridiculement bourgeois de manifester son amour pour elle, la comtesse a, dans le troisième volet de la trilogie, renoncé à revendiquer un statut conjugal et cohabite timidement avec le Comte, écrasée par la culpabilité de sa « faute ». Or cette faute – née de la « surprise nocturne » que Chérubin a « osé » lui faire vingt ans plus tôt[3] – renvoie précisément à la violence que Beaumarchais présente comme caractéristique du rapport entre les sexes. La réversibilité comique du séducteur et du cocu s'abolit en effet dans une même pratique de l'abus de pouvoir à l'égard des femmes, manifestation la plus spectaculaire d'une virilité perverse. La trilogie orchestre ainsi une série de tableaux où se joue de manière plus ou moins distanciée un viol symbolique, toujours justifié par la référence à l'autorité du mari, mais dont le spectateur perçoit de toute évidence le caractère odieux.

Au deuxième acte du *Barbier de Séville*, la scène est traitée sur le mode comique : feignant de se trouver mal, Rosine est *renversée* dans un fauteuil où Bartholo, tout en « *lui tât[ant] le poul*[4] », dérobe la lettre qui dépasse un peu de la pochette de la jeune fille et la lit. Le barbon est puni de son indélicatesse puisqu'il est manipulé par sa pupille qui le laisse à dessein s'emparer d'un billet qu'elle a substitué à celui de Lindor. Mais cette situation fournit la matrice d'une séquence qu'on retrouve au deuxième acte du *Mariage de Figaro*, lorsque le comte, en dépit de la résistance désespérée de son épouse, prétend obtenir de force l'ouverture de son cabinet privé[5], et surtout dans la célèbre scène de l'acte IV de *La Mère coupable*, dans laquelle le Comte, rendu furieux

1 *La Mère coupable*, IV, 10.
2 *Ibid.*, III, 9.
3 *Ibid.*, II, 1.
4 *Le Barbier de Séville*, II, 15.
5 *Le Mariage de Figaro*, II, 13.

par les revendications de son épouse en faveur de son fils adultérin, « la clou[e] sur son fauteuil[1] » et l'humilie par la lecture d'une de ses lettres à Chérubin, qu'il lit très fort. Si les alarmes de Rosine, au deuxième acte du *Mariage de Figaro*, servent avant tout à faire monter la tension dramatique de cet acte époustouflant, elles n'en contribuent pas moins à la dénonciation d'un époux dont la jeune femme dénonce « l'horrible humeur[2] » et « la tyrannie[3] ». Dans *La Mère coupable*, la confrontation paroxystique des deux époux est une crise qui manque de faire basculer la comtesse dans la folie mais ouvre la voie à une rédemption du comte, touché par les souffrances de sa femme. On peut cependant se demander si l'horreur et la pitié que suscite cette confrontation – quoique La Harpe affirme qu'elle a provoqué « de longues risées[4] » – ne paralyse pas la capacité du spectateur à interpréter ce qui lui est donné à voir.

En effet, peut-être parce qu'elle est plus ambivalente – nous y reviendrons – la figure du mari se prête moins dans cette pièce que dans les deux premières de la trilogie à une lecture politique et c'est clairement un tiers – le « Tartuffe de la probité » – qui s'y voit désigné en priorité à la vindicte du public. *A contrario*, dans *Le Barbier de Séville* et *Le Mariage de Figaro*, le traitement satirique et les éléments plus pathétiques du motif conjugal accréditent conjointement cette lecture, qu'encourage l'assimilation récurrente du mari à un « tyran[5] ». La métaphore est filée dès la première pièce de la trilogie en parallèle avec le motif des « jalousies », des grilles et des portes destinées à assujettir Rosine. Bartholo, tuteur véreux, qui prétend exercer sur sa pupille l'autorité de mari quoique celle-ci ne soit pas encore sa femme et ne souhaite pas l'épouser, n'exerce son autorité tyrannique qu'en vertu du « droit le plus universellement reconnu, celui du plus fort[6] ». Lorsqu'il s'oppose à sa révolte légitime en la menaçant de « faire sceller [la] grille[7] » de la fenêtre, Rosine le provoque :

> Faites mieux ; murez les fenêtres tout d'un coup. D'une prison à un cachot, la différence est si peu de chose[8] !

1 *La Mère coupable*, IV, 13.
2 *Le Mariage de Figaro*, II, 16.
3 *Ibid.*, II, 13.
4 Cité par Pierre Larthomas, dans : Beaumarchais, *Œuvres*, éd. citée, p. 1480.
5 « Ah ! voilà mon tyran [...]. » (*Le Barbier de Séville*, II, 3).
6 *Ibid.*, II, 15.
7 *Ibid.*, II, 4.
8 *Ibid.*

Beaumarchais prolonge le même jeu dans *Le Mariage de Figaro* où l'assimilation du mariage à un régime tyrannique persiste en marge de la dénonciation des privilèges de la noblesse, comme en témoigne le vaudeville final[1]. Mais c'est dans le final de *Tarare* que le parallèle est le plus explicite entre la condition des femmes et celle du peuple, l'autorité politique et conjugale de Tarare étant légitimée par le choix explicite qu'Astasie et le peuple font de leur mari et roi. Le capitaine Urson et l'eunuque Calpigi dans la dernière version du final, substituée durant l'été 1790 à celui de 1787, formalisent un contrat dont la valeur est aussi bien domestique que publique et qui définit la norme à partir de laquelle peut désormais se construire une représentation positive de l'autorité :

URSON ET CALPIGI, *au nom du peuple, duo.*

Roi, nous mettons la liberté
Aux pieds de ta vertu suprême.
Gouverne ce peuple qui t'aime,
Par les lois et par l'équité.
Il dépose en tes mains lui-même
Sa redoutable autorité[2].

Ce final glorieux constitue une issue possible à l'entreprise de démolition de la figure du mari à laquelle concourent toutes les pièces antérieures de Beaumarchais. Ridiculisé, raillé, dénoncé pour l'assemblage bizarre de traits disparates qui le caractérisent, le mari ne peut échapper à la satire qu'à la faveur d'une redéfinition radicale des fondements de son autorité. À la tyrannie d'un pouvoir univoque et absolu, s'opposent les « tendres liens » qui doivent désormais prévaloir entre des époux appelés au bonheur conjugal et parental[3].

---

1 « SUZANNE, 2e couplet. – Qu'un mari sa foi trahisse, / Il s'en vante, et chacun rit ; / Que sa femme ait un caprice, / S'il l'accuse on la punit. / De cette absurde injustice / Faut-il dire le pourquoi ? / Les plus forts ont fait la loi… (Bis) » (*Le Mariage de Figaro*, « Vaudeville », p. 265).

2 Beaumarchais, *Tarare*, « Couronnement de Tarare », scène première, éd. citée, p. 591.

3 L'opposition des articles « Mari (Jurisprudence) », rédigé par Boucher d'Argis, et « Mariage (Droit naturel) » rédigé par le chevalier de Jaucourt dans l'*Encyclopédie* est à cet égard édifiante.

## LA REVANCHE DU MARI ?

On peut penser que la revalorisation de la figure du mari, perceptible dans *Tarare* et, dans une moindre mesure, dans *La Mère coupable*, a été encouragée par les remous qui ont accompagné l'affaire Kornman. Beaumarchais a conté dans le *Mémoire* de 1787 *en réponse au libelle diffamatoire signé Guillaume Kornman*, comment il a été amené à prendre, en 1781, la défense de Camille Kornman, l'épouse d'un magistrat strasbourgeois qui avait obtenu contre elle une lettre de cachet destinée à mettre fin à sa liaison publique avec le critique d'art Daudet de Jossan. Mère de deux enfants, enceinte du troisième, la riche héritière bâloise s'était retrouvée dans la maison disciplinaire des dames de Douai, où l'on enfermait des femmes de mauvaise vie et des aliénées. Faute de pouvoir déposer plainte, elle avait écrit un mémoire dont Beaumarchais avait eu connaissance lors d'un dîner chez la Princesse de Nassau Siéghen. L'avocat de Lisette, qui avait poursuivi le lâche Clavijo jusqu'à Madrid avec la bénédiction de Mesdames les filles du roi[1], reprend sans surprise du service, tant les encouragements du beau monde et la détresse de la belle épouse persécutée font vibrer chez lui une corde sensible. Le récit qu'il compose de cette affaire renchérit sur la charge qu'il avait brossée du mari dans ses pièces : Tartuffe ridicule et odieux, Kornman est accusé d'avoir cherché à prostituer sa femme à un homme qu'il croyait assez influent pour lui procurer de substantiels avantages.

> [...] il la vend, pour l'espoir bien vil d'une Caisse ! Et sitôt que l'espoir s'enfuit, par la retraite d'un Ministre, mon tartuffe change de ton, cherche querelle à celui qu'il attirait bassement, lui ferme la porte, & punit de son propre crime, l'infortunée qui n'avait pu se garantir de tant de pièges[2].

Mais le champion de la belle « prisonnière[3] », qui jouit de l'appui du lieutenant de police Le Noir, est confronté à l'avocat de Kornman, Nicolas Bergasse, jeune orateur doué, ambitieux et bien décidé à donner

1 Beaumarchais, *Mémoire contre Goëzman*, dans : *Œuvres*, éd. citée, p. 900.
2 Beaumarchais, *Mémoire de P. A. Caron de B. en réponse au libelle diffamatoire signé Guillaume Kornman*, 1787, s. n., p. 38.
3 *Ibid.*, p. 12.

à cette scabreuse histoire conjugale une publicité extrême en prêchant, selon le bon mot d'un ami de Beaumarchais, « la morale monté sur les cornes de son client[1] ». Les *Mémoires* qu'il rédige en 1787-1788 tandis que se poursuit l'instruction du double procès que Kornman intente contre son épouse – pour adultère – et contre Daudet de Jossan, Beaumarchais et Le Noir – pour diffamation et complicité d'adultère – présentent les faits sous un tout autre jour : l'odieux tartuffe y apparaît comme un mari modèle, humilié par une épouse que son amant a dépravée au point de lui faire perdre de vue ses responsabilités sociales, conjugales et maternelles les plus élémentaires. Et la lecture politique que Bergasse propose de ce conflit accable les appuis de cette femme adultère, incarnation de la corruption de la monarchie au pouvoir[2]. Rappelons que ces mémoires eurent un succès retentissant : tandis que la Cour et les ministères se gaussaient des déboires du mari cocu, l'opinion publique en épousait la cause, Bergasse se vantant d'avoir reçu plus de vingt mille lettres d'encouragement[3]. L'acquittement de Camille Kornman et de ses alliés, le 2 avril 1789, fut accueilli par des huées, comme le triomphe du libertinage et de l'arbitraire sur la vertu.

La décennie qui voit la création du *Mariage de Figaro*, de *Tarare* et de *La Mère coupable* correspond donc à une période d'intenses débats autour du statut du couple conjugal, débats dans lesquels Beaumarchais comme Bergasse jouent leur image et leur crédibilité publique. Ce contexte éclaire sans doute l'atténuation progressive que connaît la critique du mari dans ces pièces : l'interprétation politique de la « tyrannie » conjugale, susceptible d'être interprétée comme un encouragement au libertinage aristocratique, devient plus prudente et fait place à une dénonciation du libertinage lui-même (*Le Mariage de Figaro*), des mauvais conseillers

1 Cité par Maurice Lever, *Pierre-Augustin Caron de Beaumarchais*, tome III : *Dans la tourmente (1785-1799)*, Paris, Fayard, 2004, p. 140.

2 « Et quels complices ! Le prince de Nassau-Siegen, aristocrate corrompu et criblé de dettes, qui se croit tout permis et se joue de la vertu des femmes. Daudet de Jossan, intrigant, escroc, sans foi ni loi, néanmoins homme de confiance du prince et vivant à ses crochets. Beaumarchais, "l'affreux, le scélérat" Beaumarchais, alors dans tout l'éclat de sa gloire, incarnation de l'intelligence dévoyée, habile à flatter les vices, entremetteur de génie entre ceux qui ont besoin de licence et ceux qui la permettent, dénoncé comme la cheville ouvrière du plus abominable complot contre les lois divines et humaines. Enfin, Le Noir, expert en double jeu et trafic d'influences, toujours prompt à confondre autorité et arbitraire, soupçonné, qui plus est, d'être l'amant de l'infidèle. » (*ibid.*, p. 134).

3 *Ibid.*, p. 141.

(*La Mère coupable*) avant de disparaître purement et simplement au profit d'une apologie du « bon mari » (*Tarare*).

Que Beaumarchais, en septembre 1789, suspect d'« être lié avec les oppresseurs[1] », cite abondamment *Tarare* dans sa *Réponse à MM les Représentants de la Commune de Paris* pour montrer qu'il a été en réalité un promoteur des idées nouvelles est révélateur de ce qui apparaît comme un ralliement tactique à l'idéologie désormais dominante, tout comme la volonté de reprendre l'opéra, pour la fête de la Fédération, avec un final louant la suppression des vœux monastique, le droit au divorce et les vertus familiales :

TARARE, *se levant.*

> [...]
> Peuple heureux ! les vrais citoyens,
> Ce sont les époux et les pères[2].

Cette définition que Tarare propose de la citoyenneté correspond en effet parfaitement à celle que la Révolution consacre dès la loi électorale de décembre 1789. Comme l'a bien montré Anne Verjus[3], le grand vainqueur de la Révolution, plus que le père – détenteur traditionnel de l'autorité sous l'Ancien Régime – c'est le mari, sacré chef de la famille aux dépens de la femme, dont l'influence en dehors de la sphère familiale est jugée corruptrice et dont l'ambition doit se borner à être l'auxiliaire zélée d'un époux chéri, dans les soins du ménage et l'éducation des enfants.

La trilogie de Beaumarchais ne manifeste pas de réel engouement pour cet idéal bourgeois. Certes, on peut voir dans Figaro l'esquisse d'un homme nouveau, protégeant « [sa] femme et [son] bien[4] » contre la menace que constitue l'arbitraire politique et le libertinage mais l'auteur de *La Folle Journée* refuse précisément de donner à ce motif toute la dignité qu'il appelle déjà en son temps, comme il le souligne dans la préface de sa pièce[5]. Ce n'est que dans *Tarare*, représenté au plus fort de l'affrontement qui l'oppose à Bergasse, que le dramaturge se résoudra

1 Pierre Larthomas dans : Beaumarchais, *Œuvres*, éd. citée, p. 1431.
2 Beaumarchais, *Tarare*, éd. citée, p. 592.
3 Anne Verjus, *Le Bon Mari. Une histoire politique des hommes et des femmes à l'époque révolutionnaire*, Paris, Fayard, 2010, 392 p.
4 *Le Mariage de Figaro*, V, sc. 19 et dernière.
5 *Ibid.*, « Préface », p. 30.

à défendre sa moralité « dans des vers carrés, bien ronflants[1] ». Léon, le fils adultérin de Chérubin et de la Comtesse, ne constitue pas davantage une incarnation convaincante de ce mari citoyen qui s'impose sous la Révolution. Patriote convaincu, manifestant à l'égard de Florestine une affection franche qui ne correspond ni au ton galant de Lindor, ni au libertinage naissant de Chérubin, Léon apparaît certes comme la promesse d'une régénération de la sphère familiale mais Beaumarchais n'a pas jugé bon de nous donner *La Vengeance de Bégearss ou le Mariage de Léon*[2], dernier volet d'une tétralogie qui aurait permis de mesurer l'écart entre une conception archaïque du rôle de mari encore présente dans les trois premières pièces et le modèle incarné par la génération nouvelle, porteuse des idéaux révolutionnaires.

S'ils sont loin d'être glorieux, les maris de la trilogie ne sont pas pour autant irrécupérables. Ce qui pourrait n'apparaître que comme une convention imposée par la volonté de donner une issue positive non seulement aux comédies mais aussi aux drames (*Eugénie* et *La Mère coupable*), peut être interprété comme une faille dans le dispositif satirique, grâce à laquelle s'ébauche une réhabilitation possible de la figure du mari. Les personnages masculins, tels que les conçoit Beaumarchais, sont en effet des personnages ambivalents qui souffrent plus ou moins de leur propre aliénation sociale (Clarendon dans *Eugénie*[3]), érotique (le Comte dans *Le Mariage de Figaro*[4]) ou passionnelle (ressentiment du Comte à l'égard de la Comtesse dans *La Mère coupable*[5]). Leur témoignage donne à entendre les aspirations contradictoires d'une virilité plus complexe qu'une première perception, globalement négative, pourrait le laisser penser et alimente une réflexion sur les limites de l'institution conjugale. Les confidences que le Comte fait à son épouse, qu'il confond avec Suzanne dans le dernier acte de *La folle Journée*[6], retiennent d'autant plus l'attention de tous les témoins de la scène qu'elles font écho aux

1 *Ibid.*
2 Pierre Larthomas, dans : Beaumarchais, *Œuvres*, éd. citée, p. 1477.
3 « Misérable ambition !... Je l'adore, et j'en épouse une autre... » (Beaumarchais, *Eugénie*, I, 8, dans : *Œuvres*, éd. citée, p. 150).
4 « Qui donc m'attache à cette fantaisie ? j'ai voulu vingt fois y renoncer. » (*Le Mariage de Figaro*, III, 4).
5 « Ah ! perfide Rosine ! car malgré mes légèretés, elle est la seule pour qui j'aie éprouvé... » (*La Mère coupable*, I, 8).
6 *Le Mariage de Figaro*, V, 7.

dilemmes personnels de l'auteur, tels qu'il les exprime, par exemple, dans les lettres qu'il adresse à sa maîtresse Marie-Madeleine de Godeville alors que Marie-Thérèse de Willermaulaz, qu'il épousera en 1786, vient de lui donner une fille :

> Eh ! quel blasphème à moi d'oser écrire à une femme quand je me dois tout entier à une autre ! D'offrir à celle-ci des empressements qui me sont prodigués par celle-là, et de n'être à l'une ni à l'autre par la sottise de vouloir être à toutes les deux[1] !

Faillibles, les maris de la trilogie contribuent à imposer une idée qui rejoint la valorisation du rôle parental des époux dans le modèle conjugal qui se met en place à la fin de l'Ancien Régime. Seule la tendresse paternelle apparaît en effet de nature à justifier dans le temps une union que menacent la mésentente et l'ennui. Comme tant de pièces de l'époque révolutionnaire mettant en scène des époux que leurs enfants parviennent à réconcilier alors qu'ils étaient séparés ou envisageaient de divorcer[2], *La Mère coupable* est présentée par son auteur comme un spectacle propre à démontrer « que tout homme qui n'est pas né un épouvantable méchant finit toujours par être bon, quand l'âge des passions s'éloigne, et surtout quand il a goûté le bonheur si doux d'être père[3] ». À une époque où l'adoption conforte la nouvelle définition, contractuelle, du couple conjugal, l'importance accordée aux enfants adultérins que sont Léon et Florestine et les réactions antagonistes du comte et de la comtesse face à l'enfant *de l'autre*, suggèrent que la survie du couple conjugal passe par sa capacité à tirer profit de l'amour parental pour conquérir la reconnaissance et le respect du conjoint.

Le traitement de la figure du mari apparaît relativement complexe dans l'œuvre de Beaumarchais dans la mesure où ce rôle donne lieu à trois types d'approches renvoyant à des esthétiques bien distinctes mais qui coexistent pourtant non seulement à l'échelle de la trilogie mais, avec brio, au sein même de chaque pièce. À l'influence du schéma farcesque

1 Beaumarchais, lettre du 28 mars 1777 à Madame de Godeville, cité par Maurice Lever, *Pierre-Augustin Caron de Beaumarchais*, tome II, *Le Citoyen d'Amérique (1775-1784)*, Paris, Fayard, 2003, p. 297.

2 Ce thème est déjà ébauché dans *Le Mariage de Figaro* puisque Bartholo n'épouse Marceline que pour permettre à Figaro d'épouser Suzanne (IV, 1), après s'être laissé *attendrir* – surtout par Suzanne, il est vrai. Beaumarchais, *Le Mariage de Figaro*, III, 19, p. 194.

3 « Un mot sur *La Mère coupable* » (*La Mère coupable*, p. 271-272).

traditionnel, qui raille dans le mari un cocu en puissance, s'ajoute celle de la comédie touchante et du drame, qui requièrent l'intervention d'un tyran ou d'un scélérat, source d'un pathétique valorisant les victimes de négligence ou de violence conjugales. Enfin s'affirme progressivement une revalorisation du rôle de mari, bon citoyen et bon père de famille, choisi et non plus subi par sa femme. Relevant d'esthétiques contrastées, ces approches restent partiellement compatibles d'un point de vue idéologique : dans tous les cas, la figure archaïque du mari omnipotent est discréditée et des ébauches d'alternative sont esquissées sous la pression de l'opinion et l'influence de considérations intimes. La prise en compte du contexte d'élaboration des pièces qui composent la trilogie souligne le caractère central de la question conjugale dans le dernier tiers du dix-huitième siècle : l'affaire Kornman révèle de manière exemplaire combien la mésentente des époux, jugée ridicule et sans importance dans les milieux aristocratiques tant qu'elle ne se traduit pas par des violences scandaleuses, peut être prise au sérieux dans des milieux plus bourgeois, voire populaires[1]. De ce point de vue, une convergence est indéniable entre les aspirations féminines à un plus grand épanouissement conjugal, les revendications masculines à une reconnaissance de la dignité du mari et la valorisation de la famille restreinte, soudée par des liens affectifs plus que par les liens du sang. *Le Barbier de Séville*, *La Folle Journée* et *La Mère coupable* témoignent de ces débats et, sinon du triomphe du « conjugalisme[2] », au moins d'un investissement croissant de la figure d'un mari… moins sot qu'il n'y paraît.

Françoise Le Borgne
Université Blaise-Pascal –
Clermont-Ferrand
CELIS – EA 1002

1 Voir à ce sujet *La Femme infidèle* (1786) de Rétif de La Bretonne, alors ami de Beaumarchais. Dans ce roman, Rétif transpose ses déboires conjugaux en dépeignant sous un jour pathétique la figure du mari en butte aux velléités d'indépendance tapageuses de sa femme.

2 Voir Anne Verjus, *op. cit.*, p. 26 *sq.*

# LA FOLLE VITESSE DES ÉCHANGES DANS *LE MARIAGE DE FIGARO*

## L'argent, de l'accessoire à la valeur

L'argent, à la fois comme signe de la richesse et comme moyen des échanges, est un élément omniprésent dans l'intrigue de la comédie et dans le discours des personnages du *Mariage de Figaro.* Cette étude porte sur la place et le statut problématique de l'argent dans la pièce centrale de la trilogie : de la monnaie que l'on tient dans sa main, que l'on fait circuler, moyen matériel de l'échange, à des usages plus abstraits et métaphoriques de l'argent, j'aimerais explorer, à travers la diversité voire les contradictions des discours des personnages et au-delà d'eux, la grande cohérence que donne à voir le système signifiant de la pièce à l'égard du rapport des personnages avec l'argent. Je partirai d'une bizarrerie de sa fonction dans la pièce : il remplit en effet une apparente fonction classificatrice et fixatrice (générique, sociale, morale) qu'il ne cesse en même temps de miner et de désamorcer.

L'argent en tant qu'objet est véritablement un accessoire, au sens dramatique du terme, et un support, parfois du jeu scénique ou des déplacements dans l'espace, mais surtout du discours et du cadre générique de la comédie ; l'argent est la mesure aussi d'une évolution des valeurs qui sous-tendent le système socio-économique dans une association entre la prostitution des femmes comme emblème d'un fonctionnement féodal de la société d'ancien régime et le mouvement d'émancipation qui s'élabore ; l'argent enfin est l'indice d'une innovation, moins visible, mais d'une importance considérable, en ce qui concerne la manière qu'a le texte de Beaumarchais d'articuler un discours sur l'évolution des rapports entre l'individu, la place et la circulation horizontale parmi les places sociales disponibles.

## L'ARGENT : UN ACCESSOIRE DU TYPE DU VALET COMIQUE

Dans la lignée de l'intrigue du *Barbier de Séville* et de la comédie d'intrigue, *Le Mariage de Figaro* a pour sujet central une dette et un contrat de mariage accompagnés d'une dot. Certes l'originalité tient au déplacement de cette intrigue contractuelle de la sphère des maîtres, où les pièces les situent traditionnellement, vers celle des valets. Jean-Pierre de Beaumarchais[1] a bien montré à quel point le comte aurait préféré une non-contractualisation des noces de ses valets, en une réaction féodale et hiérarchique qui tient à maintenir la différence de nature entre le bas et le haut de la hiérarchie sociale (« Ah Friponne et fripon ! vous vous entendez pour me jouer ! Soyez amis, soyez amants, soyez ce qu'il vous plaira, j'y consens ; mais parbleu, pour époux », III, 9). La dot de Suzanne, donnée par le comte, le lit offert par le comte, la chambre cédée par le comte, inscrivent dès le seuil du texte cette centralité des questions matérielles et des transactions qui sont (mal) masquées sous de prétendus dons. Sur la liste complaisamment faite des présents offerts par le comte, Suzanne vient apposer des guillemets ironiques, ces « dons » étant de faux dons mais de véritables investissements :

> Tu croyais, bon garçon ! que cette dot qu'on me donne était pour les beaux yeux de ton mérite ? (I, 1)

L'échange amorcé par cette réplique, qui vient déchirer le voile d'illusion qui aveuglait Figaro, fait alors intervenir l'argent sous une forme qui semble tenir à la fois du littéral et du figuré. À propos du droit du seigneur et de sa révocation officielle, le verbe « racheter » est employé : « et c'est de ta fiancée qu'il veut le racheter en secret aujourd'hui », en un déplacement de ce qui est, de fait, « acheté », à savoir la virginité de Suzanne.

L'argent comme accessoire se présente donc, à première vue, sous la forme d'un marqueur générique et social qui fait que le spectateur, ou le lecteur, pourra reconnaître aisément le type du valet spirituel et

1 « Se marier, pour Suzanne et Figaro, c'est inscrire leur relation dans l'espace du droit, et non plus seulement du fait [...] », J-P. de Beaumarchais, « Trois mariages et une trilogie », dans ce volume, p. 77.

vénal, les deux composantes étant étroitement associées dans la personne de Figaro. C'est bien cette partition connue que reprennent Figaro et Suzanne dès que le moment de stupeur suivant la révélation est passé :

> FIGARO. – Tu ris, friponne ! Ah ! s'il y avait moyen d'attraper ce grand trompeur, de le faire donner dans un bon piège, et d'empocher son or !
> SUZANNE. – De l'intrigue et de l'argent ; te voilà dans ta sphère.
> FIGARO. – Ce n'est pas la honte qui me retient. (I, 1)

Cette présence ostentatoire de l'argent à l'ouverture de la pièce est à l'image de la petite chanson au refrain absurde qu'entonne Figaro à la scène 23 de l'acte II, à l'issue de la scène du cabinet. Cette chanson a été déplacée : elle était dans une version antérieure située à l'ouverture de la pièce[1] à laquelle elle servait en quelque sorte de diapason :

> Je préfère à richesse,
> La sagesse de ma Suzon ;
> Zon, zon, zon (4 fois). (II, 23)

L'air de séguedille et ses paroles, finalement déplacés à la fin de l'acte II, proposait dans une version antérieure, une forme de hiérarchisation, rudimentaire mais rassurante par sa netteté, entre deux systèmes de valeurs, opposés aussi radicalement qu'ils peuvent l'être dans des vers de mirliton. Déclarant préférer l'honneur (de sa femme, et donc le sien) à la richesse, Figaro se situe ici dans le cadre d'une opposition de l'argent à la morale qui reprend une énième variation sur une antichrématistique d'origine chrétienne et d'inspiration aristocratique, la même que l'on trouve par exemple dans le *Turcaret* de Lesage ou encore dans *Le Droit du seigneur* de Voltaire. Mieux vaut l'honneur, la qualité de l'âme, la moralité sans tache plutôt qu'un enrichissement synonyme de dégradation morale et de corruption.

L'argent, l'intérêt sont l'un des motifs privilégiés de la comédie du côté des valets. L'attirance du valet pour l'argent, son essentielle vénalité, sa corruptibilité naturelle font partie du patrimoine génétique du valet de comédie (qu'on songe aux dernières répliques du Sganarelle du *Dom*

1 Alain Sandrier commente (*Le Mariage de Figaro*, Paris, Gallimard, coll. « Folioplus classiques », 2008, p. 261) le manuscrit de la Comédie-Française qui portait en ouverture de la pièce une discussion de nature poétique entre Figaro, Chérubin et Bazile, chargés d'écrire une chanson pour célébrer le mariage.

*Juan* de Molière : « tout le monde est content, il n'y a que moi seul de malheureux, mes gages, mes gages, mes gages ! »). Le mépris pour l'argent est en effet l'un des axes de l'éthique aristocratique qui est étendue à tout ce qui relève de l'honorable. Ainsi, dans *Le Droit du Seigneur*, le fermier Mathurin est roturier mais riche et grossier, et il évoque son projet de s'élever dans la hiérarchie sociale en achetant une charge.

On voit à quel point la position du *Mariage de Figaro* propose une réélaboration complexe de cette détermination morale du valet ou de l'homme du peuple par rapport à la cupidité et au désir d'acquérir de l'argent : l'impression d'une reprise de discours contradictoires sans tentative de synthèse (vénalité du valet, indépendance de l'homme libre et honnête face à l'argent) se réduit cependant si l'on s'avise de ce que le comportement malhonnête du comte conduit précisément Figaro à revenir au type du valet d'intrigue, modèle dont il était proche dans *Le Barbier de Séville.* Mais déjà, dans cette pièce antérieure, Beaumarchais avait commencé à gauchir la tradition en motivant l'aide apportée par son barbier Figaro au faux « Lindor » non pas uniquement par l'appât d'un gain possible (les fameux « cent écus » qui restent encore sur le cœur de Bartholo dans *Le Mariage de Figaro*[1]) mais aussi par l'esprit du jeu et une forme de sympathie pour les jeunes amants. Ce gauchissement se poursuit, s'accentue et se prolonge dans le deuxième ouvrage de la trilogie puisque c'est l'amour, la jalousie, la fierté et l'honneur blessé qui motivent l'action de Figaro et non l'argent ou, du moins, plus que l'argent. Mais ce gauchissement n'aboutit pas à un abandon total du type du valet vénal puisque cette composante est inlassablement rappelée, notamment lors de la dernière scène (V, 19) et du vaudeville final qui concluent et clôturent sur une triple dot, celle de la comtesse à Suzanne, la remise de dette de Marceline à Figaro et enfin le prix de sa complaisance payée à Suzanne par le comte, sous la forme d'un diamant et d'une bourse donnés par erreur à la comtesse déguisée en Suzanne à la scène 7 de l'acte II (« Ma Suzanne, un Castillan n'a que sa parole. Voici tout l'or promis pour le rachat du droit que je n'ai plus sur le délicieux moment que tu m'accordes. Mais comme la grâce que tu daignes y mettre est sans prix, j'y joindrai ce brillant, que tu porteras pour l'amour de

---

1 Bartholo prolonge ainsi le portrait de Figaro lors de son échange de la scène 4 de l'acte I avec Marceline qui lui demande son appui : « Et qui m'a volé dans le temps cent écus que j'ai sur le cœur » (I, 4).

moi. / La Comtesse, *une révérence.* Suzanne accepte tout ». V, 7, p. 243). Le dénouement se clôt sur une forme de rétribution généralisée :

> LA COMTESSE. – Chacun aura ce qui lui appartient. *(Elle donne la bourse à Figaro et le diamant à Suzanne.)*
> SUZANNE, *à Figaro.* – Encore une dot !
> FIGARO, *frappant la bourse dans sa main.* – Et de trois. Celle-ci fut rude à arracher ! (V, 19)

Cette clausule est redoublée par le vaudeville final, avec cependant une forme de spécification sexuée du discours sur l'argent : les couplets du comte et de Bazile sont occupés par le thème de l'argent, ainsi que l'un de ceux de Figaro, tandis que Chérubin et les femmes font entendre dans leurs couplets respectifs des considérations sur l'amour et la morale.

Figaro continue en outre pendant la pièce d'être défini, et parfois même par ceux qui l'aiment, par le caractère intéressé de son âme, par son désir de gagner et d'accumuler une somme d'argent (il est qualifié par plusieurs personnages de « fripon »), alors même qu'il revendique une forme de moralité et d'indépendance aristocratique ou marginale à l'égard de l'accumulation d'argent et de son épargne. Mais cette apparente contradiction peut se résoudre par une forme de vraisemblance morale qui ferait que Figaro, humilié par la mauvaise action de son maître, reviendrait à son type de valet vénal par vengeance, comme cela est spécifié dans le début de l'acte I[1]. Pour Bartholo, Figaro correspond parfaitement à son type, ainsi qu'il le suggère dans un dialogue avec Marceline à propos de la possible cession provisoire de Suzanne au comte : « BARTHOLO. – De monsieur Figaro ? C'est un marché qu'on peut conclure avec lui » (I, 4). Rectifiant sa définition par le type du picaro cupide et fripon, Figaro se récrie, dans la scène 5 de l'acte III, devant l'accusation du comte d'avoir été corrompu par la comtesse pour lui cacher une intrigue d'amour qu'elle aurait avec un autre homme :

> LE COMTE. – Combien la comtesse t'a-t-elle donné pour cette belle association ?
> FIGARO. – Combien me donnâtes-vous pour la tirer des mains du docteur ? Tenez monseigneur, n'humilions pas l'homme qui nous sert bien, crainte d'en faire un mauvais valet. (III, 5)

---

1 Voir le passage déjà cité sur la honte que *ne ressent pas* Figaro à vouloir voler de l'or au comte en empochant la dot sans donner la contrepartie clandestine sur laquelle ce dernier compte et qui motive son don faussement généreux.

La référence au *Barbier de Séville* et à la lutte commune au comte et à Figaro pour arracher Rosine des mains du vieux Bartholo donne l'occasion au valet de se redresser moralement face à un maître qui le réduit et le fixe à sa vénalité. Figaro fait alors entendre une sorte de fierté du valet, affirmant un code de l'honneur du domestique fondé sur une loyauté qui ne serait pas totalement mercenaire. Et à la scène 3 de l'acte IV, on note la même réaction piquée de Suzanne face à la suggestion de la comtesse d'une complaisance de Figaro à l'égard des projets malhonnêtes du comte :

> LA COMTESSE. – Figaro n'est pas homme à laisser échapper une dot.
> SUZANNE. – Madame ! eh, que croyez vous donc ? (IV, 3)

Cependant, lors de la première scène de l'acte I, c'était Suzanne elle-même qui qualifiait Figaro par un rapport à l'argent placé sous le signe de la ruse et de la prédation :

> FIGARO. – Ah ! s'il y avait moyen d'attraper ce grand trompeur, de le faire donner dans un bon piège, et d'empocher son or !
> SUZANNE. – De l'intrigue et de l'argent ; te voilà dans ta sphère.
> FIGARO. – Ce n'est pas la honte qui me retient. (I, 1)

La fin justifie les moyens et l'attrait de l'or est dans un premier temps rendu acceptable par la vengeance qui le motive et le ravive. Comme le montre la position des références à l'or, à l'appât du gain, comme le manifestent les formes ludiques et virtuoses de ces réalisations, cette association signifiante apparaît cependant, au seuil de la pièce, de l'ordre de l'accessoire, au sens théâtral du terme[1] et du folklore attaché à une virtuosité d'intrigue de Figaro qui est en quelque sorte parachevée et confirmée par sa capacité à détourner ou à prélever de l'or au cours de l'aventure. Cependant, de même que la virtuosité de Figaro est en quelque sorte débordée et dépassée dans la pièce par l'intrigue concurrente de la comtesse, de même la signification des références à l'or déborde de leur cadre, que celui-ci soit psychologique (motivation par le désir de vengeance du valet) ou générique (motivation par la comédie d'intrigue et le type du valet picaro).

1 Voir le geste de Figaro qui consiste à « frapper la bourse dans sa main » à la scène 19 de l'acte V.

Ainsi, cela peut expliquer que les contradictions des discours sur la cupidité du valet ne posent aucun problème à l'intelligibilité de l'intrigue : dans ses monologues à tendance autobiographique, Figaro présente l'argent comme l'un des objectifs essentiels de son entreprise d'ascension sociale, tandis qu'à maintes occasions le même Figaro est présenté et se présente lui-même comme un personnage désintéressé et d'habitus noble à l'égard de l'argent, ainsi que le souligne Marceline lorsqu'elle fait de lui un amoureux portrait à Bartholo :

> MARCELINE. – Jamais fâché ; toujours en belle humeur ; donnant le présent à la joie, et s'inquiétant de l'avenir tout aussi peu que du passé ; sémillant, généreux ! généreux…
> BARTHOLO. – Comme un voleur.
> MARCELINE. – Comme un seigneur. (I, 4)

La rime « voleur »/« seigneur » peut évidemment être entendue comme une critique de la noblesse, mais, de façon aussi plausible, la double image de Figaro seigneur et Figaro voleur signale autant, et peut-être surtout, l'ambivalence de la position de Figaro, dans les mots et dans l'intrigue, à l'égard de la richesse et de l'argent.

Le personnage qui mentionne le plus l'argent dans le vaudeville final n'est de fait pas le valet picaresque (comme dans le dénouement de *Dom Juan* qui laisse à Dom Juan l'enfer et le sacré et à Sganarelle la déploration de ses gages perdus) mais le maître[1] : puisque Figaro entonne des couplets sur l'argent et sur l'amour, quand le comte ne parle que d'argent dans le vaudeville, à travers notamment la métaphore de la pièce de mauvais aloi.

Certes, on pourrait dire que, du point de vue de son caractère, Figaro reste vénal mais qu'il aspire par sa condition à dépasser sa propre vénalité. Il serait plus juste de souligner surtout que la signification de l'argent déborde l'intrigue et les personnages eux-mêmes, en une forme d'emballement qui mérite une nouvelle analyse. Une association récurrente s'impose en effet aux yeux du lecteur et du spectateur, qui vient nuancer la « folle gaieté » de cette folle journée : l'argent et la prostitution.

---

1 Jean-Pierre de Beaumarchais écrit qu'il y a une forme d'inversion des déterminations sociologiques à l'égard de l'argent : il remarque que dans le vaudeville, le comte est « *bourgeoisement* obsédé par l'argent » (art. cité, p. 78).

## LA PROSTITUTION, LE LIBERTINAGE ET LE MARIAGE : LA CIRCULATION DES FEMMES

Le brouillage repérable dans les positions respectives des personnages à l'égard des valeurs que représentent l'argent et l'honneur s'accompagne d'une multiplication des situations de prostitution, ou plus exactement d'achat de personnes, ou de leurs faveurs sexuelles contre de l'argent. La prostitution est signifiée dès les premières lignes de la pièce lorsque Suzanne révèle à Figaro les intentions du comte :

> FIGARO. – Je le sais tellement que, si monsieur le Comte, en se mariant, n'eût pas aboli ce droit honteux, jamais je ne t'eusse épousée dans ses domaines.
> SUZANNE. – Eh bien s'il l'a détruit, il s'en repent, et c'est de ta fiancée qu'il veut le racheter en secret aujourd'hui. (I, 1)

La collusion entre l'amour (ou, plus largement, le désir) et l'argent (« racheter ») est ensuite constamment maintenue. Comme l'ont souligné plusieurs critiques, dont Jean-Pierre de Beaumarchais et Suzanne Pucci[1], la deuxième pièce de la trilogie s'ouvre sur une tentative du comte de transformer l'ancien privilège sexuel féodal (bien plus fantasmatique qu'historique) en une transaction financière. Ainsi le passage d'un droit féodal à une transaction marchande confère d'emblée à la question du droit du seigneur et de son éventuelle mutation une dimension évidemment politique. Ayant aboli ce droit, ayant renoncé à ce prétendu

1 J.-P. de Beaumarchais, art. cité, et Suzanne Pucci, « The Currency of Exchange in Beaumarchais' *Mariage de Figaro* : From the "Master Trope" Synecdoche to Fetish », *Eighteenth-Century Studies*, vol. 25, no. 1 (Autumn 1991), p. 57-84. L'article de Suzanne Pucci fait songer à l'horizon herméneutique posé par la réflexion de Michel Foucault, et se réfère aux thèses de Jean-Joseph Goux qui réinterprète l'homologie entre le langage et la monnaie. Dans le chapitre « Échanger » des *Mots et les choses. Une archéologie des sciences humaines*, Michel Foucault développe longuement la thèse selon laquelle interviendrait vers la fin du XVIIIe siècle un changement d'« épistémè » (qu'il définit comme les conditions de possibilités du savoir qui caractérisent une époque) et que ce changement se manifeste, en ce qui concerne l'économie, par une modification de la constitution de la valeur et surtout par une perte de fixité en quelque sorte dans le système de représentation. Sans entrer dans les profondes discussions auxquelles a donné et donne lieu une telle histoire des idées, il est commode et éclairant de se replacer dans un cadre théorique qui a le mérite de souligner la profonde mutation qui s'opère vers la fin du XVIIIe siècle.

privilège sur les femmes vivant sous sa juridiction et dans son domaine, le comte entend en effet le transformer en une transaction marchande qui n'est autre qu'une offre de prostitution, comme l'explicite parfaitement Suzanne dans une conversation avec la comtesse :

> LA COMTESSE. – Quoi ! Suzon, il voulait te séduire ?
> SUZANNE. – Oh que non ! Monseigneur n'y met pas tant de façon avec sa servante : il voulait m'acheter. (II, 1)

Mais ce faisant, il initie une forme d'emballement et de déchaînement de la logique de substitution propre à la circulation monétaire car, contrairement au système fixe (ou de circulation lente) des privilèges de naissance, la circulation monétaire peut faire participer tout le monde et n'importe qui à la circulation des biens, des personnes et des places[1]. De fait, si le comte est le seul opérateur de « prostitution » au sens strict du terme (car c'est le seul qui propose de l'or ou des présents à Suzanne, mais aussi à Fanchette, contre des faveurs sexuelles), le seul libertin, avec Chérubin, à proprement parler (car les autres personnages – Figaro, Suzanne, Bazile, Marceline, et même Fanchette – veulent tous convoler en justes noces), il n'est en revanche pas le seul personnage à mettre sur le plan du marché faveurs sexuelles (ou amour) et prix à payer. L'ensemble des personnages fait circuler, avec une grande vitesse et en naviguant constamment du métaphorique au littéral, l'argent et le sexe ou l'argent et l'amour. Ce peut être sous la forme d'une simple contiguïté textuelle, comme lorsque Figaro énumère, non sans forfanterie, son programme d'action au début de l'acte I :

> FIGARO. – [...] Attention sur la journée, monsieur Figaro ! D'abord avancer l'heure de votre petite fête, pour épouser plus sûrement ; écarter une Marceline qui de vous est friande en diable ; empocher l'or et les présents ; donner le change aux petites passions de monsieur le Comte ; étriller rondement monsieur du Bazile et... (I, 2)

1 Suzanne Pucci le formule ainsi : *Everyone can become a player, anyone can enter into negotiation and can initiate activity previously reserved as an exclusive and innate right for a particular social-political individual and class*, art. cité, p. 60. « Chacun peut participer au jeu, n'importe qui peut prendre part à la négociation et s'engager dans une activité jusque là réservée par le droit exclusif de la naissance à une certaine catégorie socio-politique d'individus ». Je traduis.

Cela peut être sous la forme d'une expression figée (« au prix de ») qui s'insère dans l'évocation par Bartholo d'un moyen pour Marceline de se délivrer des importunes poursuites de son soupirant Bazile :

> BARTHOLO. – Je me serais débarrassé vingt fois de sa poursuite.
> MARCELINE. – De quelle manière ?
> BARTHOLO. – En l'épousant.
> MARCELINE. – Railleur fade et cruel, que ne vous débarrassez-vous de la mienne à ce prix ? ne le devez-vous pas ? où est le souvenir de vos engagements ? (I, 4)

Cela peut être sous une forme métaphorique. Dans plusieurs répliques, la femme est assimilée à une propriété privée, dans un sens d'émancipation politique du Tiers État[1]. On trouve cet emploi figuré dans les discours principalement des personnages masculins tels que Figaro ou le Comte, comme par exemple dans la bouche de Figaro à la scène 2 de l'acte II : « Tempérons d'abord son ardeur de nos possessions en l'inquiétant sur les siennes » ; ou encore à la toute fin de la pièce, les derniers mots de Figaro, avant que tous les personnages n'entonnent le vaudeville : « FIGARO, *saluant les spectateurs.* – Ma femme et mon bien mis à part, tous me feront honneur et plaisir » (V, 19).

Cela peut être aussi au niveau de l'intrigue à travers le montage juridique qui est au centre de tout le début de la pièce, puisque l'acte II est aimanté par le procès que Marceline intente à Figaro, procès qui occupera les scènes 12 à 16 de l'acte III. Le contrat passé entre Marceline et Figaro formalise une prostitution légale puisque Figaro doit se donner en mariage s'il ne peut rembourser la dette contractée envers Marceline, en un réaménagement comique du contrat proposé par l'usurier Shylock au marchand Antonio[2]. La composante sexuelle de ce marché ne fait aucun doute, Marceline faisant elle-même entendre son goût pour le

---

1 J.-P. de Beaumarchais n'interprète pas cette équivalence entre la femme et la propriété privée comme la trace d'une misogynie de la part de Beaumarchais mais plutôt comme une revendication de droit : « De même que l'argent représente pour le comte la forme moderne de la suzeraineté, il est pour Figaro l'instrument moderne de la liberté : un bien mobile, liquide, exempt de toute servitude seigneuriale et grâce auquel chacun peut installer où bon lui semble son petit jardin de Candide. » (art. cité, p. 80).

2 Dans *Le Marchand de Venise*, le contrat soumis par l'usurier Shylock au marchand Antonio est directement lié à un mariage, celui de Bassanio, ami d'Antonio, avec Portia. Et chez Shakespeare, l'argent d'une femme, celui de Portia, est également proposé pour racheter la dette et la vie d'Antonio.

pétillant Figaro et Figaro mentionnant la « friandise » qu'il sait constituer aux yeux de la matrone. Le projet de mariage de Marceline légalise l'échange de l'assouvissement d'un désir (celui de Marceline) contre de l'argent (celui de Marceline), Figaro se trouvant ici dans la position de la marchandise vendue :

> LE COMTE. – De quoi s'agit-il, Marceline ?
> MARCELINE. – D'une obligation de mariage.
> FIGARO. – Un billet, voilà tout, pour de l'argent prêté.
> MARCELINE, *au Comte.* – Sous condition de m'épouser. Vous êtes un grand seigneur, le premier juge de la province… (II, 22)

La situation de marchandage sexuel et conjugal est un motif littéraire ancien, retravaillé au XVIIIe siècle[1], mais chez Beaumarchais sa dimension comique est accentuée par le fait qu'elle vient contrecarrer une transaction concurrente dans laquelle c'est l'homme qu'on achète et dont on achète le corps et la personne[2]. Cette situation comique d'un homme acheté par une femme plus âgée est dénouée plusieurs fois, répétant un schéma d'attente et de déception, de montée de la tension et de sa chute. Ainsi le mariage de Figaro et Marceline, conséquence du contrat conclu entre eux autour d'une reconnaissance de dette, n'est repoussé pas moins de trois fois au cours de l'acte III. Il l'est une première fois à la scène 9 de l'acte III. À la suite du projet ourdi par la comtesse aidée de Suzanne à la fin de l'acte II, cette dernière fait entendre au comte qu'elle accepte d'acheter Figaro, en payant de sa virginité qu'elle cède au comte :

> LE COMTE. – Une fiancée bien éprise, et qui perd son futur…
> SUZANNE. – En payant Marceline avec la dot que vous m'avez promise… (III, 9)

1 On songe à *Cosi Sancta* de Voltaire ou encore à *L'Ingénu*, contes qui reposent sur des transactions dans lesquelles des femmes amoureuses se donnent à des hommes puissants pour sauver leur bien aimé ou leur époux légitime, devenant ainsi adultères par vertu, ce qui amuse beaucoup Voltaire (Cosi Sancta est canonisée pour son vertueux adultère) mais peut aussi le conduire à imaginer le personnage sensible et non ridicule de Mademoiselle de Saint-Yves dans *L'Ingénu*.

2 Cette inversion se trouve chez Marivaux et l'on pense à Jacob suscitant la gourmandise de la vénérable Mademoiselle Habert dans *Le Paysan Parvenu* ou encore aux pièces dont l'intrigue repose sur une certaine passivité et disponibilité masculine, telle que *Le Triomphe de l'amour* par exemple, où la princesse déguisée en homme vient séduire un jeune homme, ou encore, au tout début de l'œuvre, à *Arlequin poli par l'amour* où la puissante fée enlève un jeune homme qui lui plaît.

Le comte surprenant une parole échangée entre Suzanne et Figaro maintiendra cependant le procès de Marceline en ne donnant pas la dot dont il est question ici.

La conclusion de la transaction dont la personne de Figaro est la marchandise est repoussée une seconde fois, par la révélation dans la scène 16 de l'acte III du lien de parenté entre Marceline et Emmanuel-Figaro, enfant trouvé, enfant perdu « ou plutôt enfant volé » (III, 16). Enfin, la transaction est annulée une troisième fois par l'intervention de Suzanne qui accourt immédiatement après la révélation de parenté entre Figaro et Marceline et entend secourir son fiancé en proposant de le racheter à la scène 17 de l'acte III :

> SUZANNE. – Monseigneur, arrêtez ; qu'on ne les marie pas : je viens payer Madame avec la dot que ma maîtresse me donne. (III, 17)

Situation éminemment comique en effet que celle d'une transaction dont les trois participants sont des femmes (la comtesse qui donne à Suzanne, Suzanne qui rembourse Marceline) tandis que le seul homme de l'histoire est dans la position de la marchandise que l'on achète, que l'on vend ou que l'on rachète. La fin de la scène 17 voit un Figaro en position de destinataire des deux sommes d'argent qui étaient mises en circulation. À Marceline qui se reporte à une bien douteuse « voix du sang » pour justifier de sa vive attirance pour Figaro, celui-ci répond en repoussant le scénario du mariage incestueux tout en s'appuyant curieusement sur le lien d'argent qu'il avait consenti à nouer entre lui et Marceline pour justifier de son absence de haine envers elle :

> FIGARO. – Et moi le bon sens, ma mère, qui me servait d'instinct quand je vous refusais ; car j'étais loin de vous haïr, témoin l'argent…
> MARCELINE. – Il est à toi : reprends ton billet, c'est ta dot.
> SUZANNE *lui jette sa bourse.* – Prends encore celle-ci.
> FIGARO. – Grand merci. (III, 18)

Cette entreprise d'achat d'un homme par Marceline fait figure de compensation pour un passé de fille séduite et abandonnée, passé dont l'évocation pathétique donne lieu à un passage que les Comédiens-Français ont refusé de jouer lors des représentations parisiennes. Le passage où s'enflamme Marceline (ponctué de deux didascalies prescrivant l'« échauffement » progressif de la comédienne) suit immédiatement la reconnaissance de Figaro-Emmanuel et le refus de reconnaissance de paternité de Bartholo et précède le geste théâtral qui fait de Figaro le bénéficiaire de la dot de Suzanne et de la reconnaissance de dette de Marceline (les deux mille piastres). Or, les deux longues répliques de Marceline évoquent le sort des filles séduites et abandonnées, quasiment vouées à la prostitution et à l'opprobre :

> [...] J'étais née, moi, pour être sage, et je la suis devenue quand on m'a permis d'user de ma raison. Mais dans l'âge des illusions, de l'inexpérience et des besoins, où les séducteurs nous assiègent pendant que la misère nous poignarde, que peut opposer une enfant à tant d'ennemis rassemblés ? Tel nous juge ici sévèrement, qui, peut-être, en sa vie a perdu dix infortunées ! (III, 16)

Et dans la réplique suivante :

> Hommes plus qu'ingrats, qui flétrissez par le mépris les jouets de vos passions, vos victimes ! c'est vous qu'il faut punir des erreurs de notre jeunesse ; vous et vos magistrats, si vains du droit de nous juger, et qui nous laissent enlever, par leur coupable négligence, tout honnête moyen de subsister. Est-il un seul état pour les malheureuses filles ? Elles avaient un droit naturel à toute la parure des femmes : on y laisse former mille ouvriers de l'autre sexe. (III, 16)

Les répliques de Marceline provoquent un brusque changement de tonalité, après la pause mi-pathétique, mi-parodique de la scène de reconnaissance, et l'on conçoit que les comédiens aient pu les juger trop éloignées de l'esprit de la comédie. Marceline se réfère ici à un arrière-plan socio-économique qui fait que, pour les femmes du peuple, la prostitution, occasionnelle ou régulière, reste une source de revenu et un moyen de subsistance[1]. On conçoit que les inversions dans la

1 « Ainsi, voit-on la corporation des tailleurs par exemple interdire longtemps à celle des couturières de coudre autre chose que des "dessous", les fripiers dénoncer la concurrence des revendeuses à la toilette, les merciers s'opposer aux brodeuses, etc. » (Annette Rosa, *Citoyennes. Les femmes et la Révolution française*, Paris, Messidor, 1998). Dans son article « Comestiques et entreprises féminines à la fin du XVIII^e siècle d'après les archives de la Société royale de médecine » (dans : *Artisans, industries : nouvelles révolutions du Moyen Âge à nos jours*, éd. Natacha Coquery, Liliane Hilaire-Pérez, Line Sallmann et Catherine Verna, Paris, ENS éditions, 2004), Catherine Lanoë explique que depuis l'édit d'août 1776, les corporations qui ont été rétablies sont toutes en principe ouvertes aux femmes. Dans les faits, les femmes n'ont pas accès à ces corporations et obtiennent difficilement des patentes

place occupée par les femmes dans les schémas de transaction aient pu dérouter les contemporains, en ce qu'elles constituent une perturbation majeure dans une société hiérarchique, fondée sur la fixité des places, tant sexuelles que sociales.

## L'ARGENT, LA SUBSTITUTION, LA VITESSE

De manière plus générale, l'argent est le signe pur d'une structure de substitution qui s'emballe et se dénude. Cet emballement et cette dénudation des mécanismes de substitution et de glissement donnent l'une des clés de lecture de la pièce. Une lecture de la pièce par les structures de substitutions pourrait apparaître tautologique dans la mesure où la substitution est l'un des ressorts habituels de la comédie comme du jeu verbal. Dans le cas du *Mariage de Figaro* cependant, la structure de la substitution est profondément signifiante et son étude vertigineuse, parce la pièce est fondée sur l'emballement même d'une structure de substitution dans la plupart des cas associée au thème de l'argent. J'évoquerai rapidement et de manière non exhaustive trois domaines thématiques ou formels dans lesquels on peut observer l'orchestration par Beaumarchais d'une accélération des déplacements et des glissements d'un signe à l'autre.

L'accélération de la vitesse des changements de place s'observe en premier lieu sur le plan des substitutions sexuelles qui font l'essence de la collection libertine, avec la particularité que, dans la pièce, celles-ci restent toujours virtuelles : de Suzanne à la place de la comtesse, de Chérubin à la place du comte, de Fanchette à la place

qui feraient d'elles des professionnelles. Dans *Le Tableau de Paris*, Louis-Sébastien Mercier argumente aussi en ce sens en dénonçant le fait que la prostitution est de fait l'une des seules voies de subsistance disponibles pour certaines femmes du petit peuple, du moins en tant qu'activité complémentaire : « N'est-il pas ridicule de voir des coiffeurs de femmes, des hommes qui tirent l'aiguille, manient la navette, qui sont marchands de linges et de modes, et qui usurpent la vie sédentaire des femmes ; tandis que celles-ci dépossédées des arts qu'elles pourraient exercer, faute de pouvoir soutenir leur vie, sont obligées de se livrer à des travaux pénibles ou de s'abandonner à la prostitution ? » (*Le Tableau de Paris*, Amsterdam, 1782-1788, tome IX, chapitre DCCXIX, cité par Catherine Lanoë, art. cité p. 270, note 5 et Annette Rosa, *op. cit.* p. 25).

de Suzanne, de Figaro à la place de Bazile. Christiane Mervaud a bien montré comment les mouvements et déplacements du ruban, de la parure de la comtesse au bras de Chérubin puis revenant au sein de la comtesse, étaient là pour signifier de manière indirecte des contacts physiques qui ne peuvent se dire directement ou explicitement[1]. De la même manière indirecte, les substitutions libertines sont constamment évoquées, discutées, rêvées et aussi constamment désamorcées, accentuant l'effet de vitesse et de tournoiement des combinaisons possibles entre les partenaires amoureux et/ou sexuels. Beaumarchais n'est pas Sade, ni même Crébillon, et les substitutions ne seront actualisées que dans l'ellipse représentée par l'écart temporel entre *Le Mariage de Figaro* et *La Mère coupable*, puis incarnées dans les fruits illégitimes de ces permutations adultères que sont Florestine et Léon[2].

Les substitutions spatiales opérées par les jeux de scènes inscrivent aussi dans l'espace scénique la vitesse de permutation, les glissements successifs rapides des individus sur différentes places qui caractérisent la « folie » de la journée. Le jeu autour du fauteuil des scènes 7 à 9 de l'acte I montre ainsi aux yeux du spectateur une démultiplication des places, le fauteuil se métamorphosant et offrant successivement puis simultanément deux cachettes, derrière et dessus, à Chérubin et au Comte[3]. Aux scènes 10 à 18 de l'acte II, les scènes du cabinet jouent cette fois sur les déplacements d'au moins deux personnages (Chérubin, Suzanne) sur les deux compartiments de l'espace scénique que sont le cabinet fermé à clé et l'alcôve du fond de scène, dans l'appartement de la comtesse. D'une manière hybride, dans la mesure où elle associe déplacements effectifs et déplacements fictifs, les scénarios de l'homme qui tombe sur les couches de giroflées entre les scènes 15 et 21 de l'acte II, dessinent une sorte de silhouette, un

1 Christiane Mervaud, « Le "ruban de nuit" de la comtesse », *Revue d'Histoire Littéraire de la France*, sept-oct. 1984, n° 5, p. 722-733.

2 Je renvoie à l'analyse suggestive du personnage de Chérubin comme opérateur d'échange et en lien avec la mort, à l'échelle de la trilogie, que Jacques Seebacher propose dans « Chérubin, le temps, la mort, l'échange », *Europe*, avril 1973, p. 59-71.

3 Pour une étude magistrale de l'emploi du fameux fauteuil protéiforme, on se reportera à l'analyse qu'en donne Jacques Scherer (*Le Mariage de Figaro. Édition avec analyse dramaturgique*, Paris, SEDES, 1966, p. 85 *sq.*, et *La Dramaturgie de Beaumarchais* [1954], Paris, Nizet, 1989, p. 172 *sq.*).

moule où viennent s'adapter (avec plus ou moins de vraisemblance) et se loger trois personnages distincts (Chérubin, qui se jette pour de bon, un homme inconnu inventé pour l'occasion, Figaro vêtu d'une veste blanche, par une fiction qui tente d'intégrer la découverte du brevet tombé de la poche du petit page). Enfin, la scène des grands marronniers organise, avec ses deux cabinets latéraux, un ballet de glissements (non seulement l'interversion entre les habits et les personnes de Suzanne et de la Comtesse, mais aussi les jeux de substitution farcesques comme lorsque le Comte reçoit un baiser de Chérubin destiné à la Comtesse déguisée en Suzanne ou que Figaro reçoit un soufflet du Comte, soufflet qu'il croyait administrer au page libertin). Il serait fastidieux ici de faire le relevé des très nombreuses substitutions de costumes ou des innombrables mentions de ces substitutions et permutations de costumes et d'habits mais on notera qu'à partir d'un scénario traditionnel de travestissement et de permutation des habits entre maîtres et valets (que l'on trouve fréquemment chez Marivaux mais, et la différence est de taille, une seule fois par pièce), l'effet obtenu par sa démultiplication et sa systématisation est fortement signifiant.

> FIGARO. – Point du tout. Je fais endosser un habit de Suzanne à quelqu'un : surpris par nous au rendez-vous, le Comte pourra-t-il s'en dédire ?
> SUZANNE. – À qui mes habits ?
> FIGARO. – Chérubin. (I, 2)

> SUZANNE. – Prenons sa place au plus tôt. (II, 16)

Après la scène du cabinet de l'acte II :

> LA COMTESSE. – Il faut qu'il parte. Après ce qui vient d'arriver, vous croyez bien que je ne suis pas tentée de l'envoyer au jardin à votre place.
> SUZANNE. – Il est certain que je n'irai pas non plus. Voilà donc mon mariage encore une fois…
> LA COMTESSE *se lève.* – Attends… au lieu d'un autre, ou de toi, si j'y allais moi-même ! (II, 24)

Enfin, les substitutions se multiplient dans les répliques avec des enchaînements comiques de répliques qui substituent des personnes à d'autres, faisant se succéder différents personnages sur différentes places. Le « mouvement ludique » des dialogues trouve ainsi une fonctionnalité autre que celle de pur plaisir spirituel, il joue le rôle également d'un opérateur de glissement, en faisant tourner, par le jeu des mots et de la pensée, les individus sur des places qui restent fixes. On relève ainsi plusieurs jeux d'échanges de répliques ou à l'échelle d'une seule réplique sur l'opposition entre « la jeune » et « la vieille », comme si les personnages se succédaient sur des places données une fois pour toutes. Ainsi du jeu sur le couple de la « jeune » et la « vieille » qui revient constamment, tant dans le discours du Comte et de Figaro que des autres personnages. La personne correspondant par exemple à « la jeune » étant Rosine pour Bartholo et désormais Suzanne pour le Comte dans la temporalité du *Mariage de Figaro*, donnant à penser une forme de défilé des individus sur des places qui, elles, sont immuables :

> BARTHOLO. – Elle a raison. Parbleu ! c'est un bon tour que de faire épouser ma vieille gouvernante au coquin qui fit enlever ma jeune maîtresse. (I, 4)

> LE COMTE. – … S'il en sait par elle un seul mot…
> FIGARO, *à part.* – Je m'en suis douté.
> LE COMTE. – … Je lui fais épouser la vieille.
> FIGARO, *à part.* – Les amours de monsieur Bazile ?
> LE COMTE. – Et voyons ce que nous ferons de la jeune. (III, 5)

> LE COMTE, *à part.* – Je vois qu'on lui a tout dit ; il épousera la duègne. (III, 8)

Ce jeu verbal sur les effets de substitution de personnes sur des places se retrouve aussi dans les mots d'esprit prêtés aux personnages (même à des personnages de sots) à l'égard des rapports hiérarchiques entre maîtres et valets :

> LE COMTE. – Les domestiques ici… sont plus longs à s'habiller que les maîtres !
> FIGARO. – C'est qu'ils n'ont point de valets pour les y aider. (III, 5)

> LE COMTE. – Réponds-moi donc, ou je te fais chasser.
> ANTONIO. – Est-ce que je m'en irais ?
> LE COMTE. – Comment donc ?
> ANTONIO, *se touchant le front.* – Si vous n'avez pas assez de ça pour garder un bon domestique, je ne suis pas assez bête, moi, pour renvoyer un si bon maître. (II, 21)

La démultiplication effrénée des schémas substitutifs entre en résonance avec la circulation intrinsèquement substitutive de l'argent en tant que signe de toute richesse et donc substitut de toute chose et moteur d'infinies circulations. Ces substitutions ou ces permutations font également écho à ce que l'on pourrait reconstituer d'un discours sur l'individu et l'identité, notions extrêmement sensibles dans l'évolution des mœurs et des structures socio-économiques qui est en cours. L'effet de sens global de ces chaînes et enchaînements qui font circuler, réellement ou virtuellement, les individus sur des places, chacun pouvant occuper plusieurs places possibles dans des combinatoires successives, est d'ébranler, de miner et de pulvériser la notion d'identité. De cette circulation sur les places, largement thématisée dans les célèbres monologues « pré-révolutionnaires » de Figaro, on peut déduire une profonde redéfinition de la notion d'identité individuelle. Ainsi, la perte identitaire formulée par Figaro à la fin de son très long monologue de l'acte V scène 3 (« Encore je dis ma gaieté sans savoir si elle est à moi plus que le reste, ni même quel est ce *moi* dont je m'occupe : un assemblage informe de parties inconnues [...] », p. 233-234) n'est sans doute pas propre à l'enfant trouvé comme page blanche mais à tout individu prenant conscience de l'effritement de la société de castes dans laquelle il est né.

Ainsi, *Le Mariage de Figaro* ne formule pas un jugement de type argumentatif sur l'évolution de l'identité, dans le sens d'une labilité qui serait source d'inquiétude ou au contraire d'une exaltation individualiste ou égalitariste, mais, comme bien d'autres œuvres de la même époque, donne à réfléchir sur l'identité, sur le rôle de l'argent dans ses rapports à la place et aux changements de place qui deviennent en théorie possibles. Comme l'ont montré les analyses de l'anthropologue Louis Dumont, l'argent, l'économie capitaliste sont des forces majeures qui contribuent au passage de sociétés hiérarchiques, dont les places sont fixées par la naissance, à des sociétés régies par les notions d'égalité et d'individualisme[1]. Selon un mode particulièrement diffracté et selon des modalités multiples, le thème de l'argent dans *Le Mariage de Figaro* renvoie à un moment d'avènement conjoint de l'individu et de la société de type démocratique et capitaliste. Rien d'étonnant donc que *Le Mariage de Figaro*[2] fasse retentir, comme les autres fictions de l'époque, romanesques et théâtrales, de multiples et contradictoires discours sur

1 Louis Dumont, *Homo aequalis. Genèse et épanouissement de l'idéologie économique*, Paris, Gallimard, 1977, et notamment l'introduction, pages 11 à 40.

2 Une étude plus complète devrait inclure les deux autres pièces de la trilogie et surtout *La Mère coupable* qui donne la clé, en quelque sorte, de l'évolution en portant à son comble la logique de substitution, dans divers domaines et à divers niveaux.

l'argent, parfois objet d'un mépris et d'un jugement moral plongeant ses racines à la fois dans un christianisme anti-chrématistique et dans une éthique aristocratique de la générosité, parfois objet d'une fascination en tant qu'instrument d'émancipation de l'individu à l'égard d'une logique de castes oppressive et injuste. Une telle oscillation ne caractérise pas seulement une indécision qui serait propre à l'individu Beaumarchais, en tant que représentant d'une catégorie culturelle, économique et sociale mais, plus profondément, elle marque toute une époque qui perçoit à la fois les possibilités et les dangers de la substitution, de la mobilité des individus et des places, possibilités dont *Le Mariage de Figaro* choisit de montrer l'emballement, à travers une folle accélération des glissements, des circulations et des échanges entre les places fixes et les individus, accélération dont l'argent est un moteur privilégié. La « folle journée » ou l'inquiétant vertige de la vitesse des échanges.

Florence MAGNOT-OGILVY
Université Paul-Valéry –
Montpellier III, UMR IRCL

QUATRIÈME PARTIE

# BEAUMARCHAIS ET L'ÉCRITURE COMIQUE

# GENÈSE DU COMIQUE

## Du *pathos* à « *l'archiethos* »

Beaumarchais a commencé par écrire des parades[1] farcesques faites pour le théâtre de salon si florissant au XVIIIe siècle. Il a ensuite produit deux drames, *Eugénie* en 1767 et *Les Deux amis* en 1770, avant de composer sa fameuse trilogie espagnole : un drame succédant à deux comédies. Or, même s'il est surtout connu comme l'auteur de deux chefs-d'œuvre comiques, *Le Barbier de Séville* et sa suite, *Le Mariage de Figaro*, sa véritable prédilection allait au genre sérieux par lequel il clôt sa trilogie avec *La Mère coupable.* Or les drames, excepté *La Mère coupable* qui jouit d'être la suite des deux chefs d'œuvre comiques, n'ont pas rencontré la postérité. Et ce, en dépit de la passion de notre auteur pour ce genre sérieux, telle que la révèle Béatrice Didier[2]. Le drame peut même être considéré comme la matrice de l'ensemble de sa création théâtrale. Un texte théorique comme l'*Essai sur le genre dramatique sérieux* donné comme préface[3] à *Eugénie* témoigne de cette prédilection pour le drame dit aussi « bourgeois », dont Beaumarchais partage l'engouement et la conception avec Diderot[4]. Pour tous deux, le drame n'est pas né pour occuper une position intermédiaire entre la comédie et la tragédie. Ce nouveau genre théâtral procède plutôt du refus de la tragédie, à laquelle ils reprochent d'être trop aristocratique. Ils décrient sa morgue et sa grandiloquence, insupportables aux fils du coutelier de Langres et de l'horloger Caron, tous deux roturiers et partisans d'une nouvelle esthétique théâtrale qu'ils croient

1 *Parades* de Beaumarchais, éditées par P. Larthomas, Paris, SEDES et CDU réunis, 1977. Ces courtes saynètes sont regroupées sous le titre *Théâtre de société* dans l'édition établie par P. et J. Larthomas en 1988 pour les *Œuvres* de Beaumarchais, Paris, Gallimard, coll. « Bibliothèque de la Pléiade ».

2 *Beaumarchais ou la passion du drame*, Paris, PUF, coll. « Écrivains », 1994.

3 À la deuxième édition de la pièce.

4 Diderot théorise le drame dans ses *Entretiens sur Le Fils naturel*, datés de 1757 et dans *De la Poésie dramatique*, daté de 1758.

indissociable de leur aspiration à un nouvel ordre social. Le drame est en fait destiné à prendre la place qu'occupait la tragédie, mais dans un autre milieu social, celui de la bourgeoisie qui jusqu'alors devait se contenter de peupler les comédies. Il est aussi tenu d'inspirer au public des sentiments de pitié, pour convertir les spectateurs à une nouvelle morale, celle qui allie bons sentiments et profit. Son intention est donc édifiante à tel point qu'on peut se demander si son projet éthique ne lui tient pas lieu d'esthétique. Face à ce drame de tonalité pathétique, porteur d'une intention moralisatrice et de toute une espérance sociale, la comédie peut sembler rester fidèle à elle-même, apte à faire éclore des sentiments euphoriques. Toutefois, cette ligne de partage entre genre comique et genre sérieux ne semble pas rester bien tracée dans la trilogie espagnole. Dans les deux dernières pièces, Beaumarchais semble plutôt tenter l'hybridation des deux sous-genres qui se sont jusqu'alors partagé sa création. Tout en paraissant en respecter les conventions les plus voyantes, le dramaturge rénove la grande comédie en la faisant naître sur fond de drame. Le pathétique, en effet, affleure en permanence et confère à *La Folle journée* gravité et profondeur. Symétriquement, *La Mère coupable* serait née, si l'on en croit Beaumarchais lui-même, d'une « intrigue de comédie fondue dans le pathétique d'un drame », l'auteur ayant tenté de renouveler le genre sérieux en l'activant par une structuration de l'action comparable à celle de ses comédies. Nous essaierons d'abord de comprendre comment s'opposent les deux sous-genres en réfléchissant aux principes esthétiques qu'ils mettent en œuvre et aux positions philosophiques qu'ils proclament ou présupposent. Dans un second temps, nous observerons les effets de l'interaction entre drame et comédie dans *Le Mariage de Figaro* et dans *La Mère coupable*.

## SOUS-GENRE ET CARACTÈRE

Dans « Un mot sur *La Mère coupable* », Beaumarchais met au jour le projet novateur qui a été à l'origine de sa pièce ; il a voulu écrire un drame à partir d'une « intrigue de comédie » :

> Les hommes de lettres qui sont voués au théâtre, en examinant cette pièce, pourront y démêler une intrigue de comédie fondue dans le pathétique d'un drame. Ce dernier genre, trop dédaigné de quelque juges prévenus, ne leur paraissait pas de force à comporter ces deux éléments réunis[1].

Plus loin encore :

> [...] la comédie d'intrigue, soutenant la curiosité, marche tout au travers du drame dont elle renforce l'action sans en diviser l'intérêt qui se porte tout entier sur la mère[2].

On pourrait déduire de ces affirmations que l'action est différemment structurée selon la tonalité générique visée : que Beaumarchais ait prétendu avoir écrit *La Mère coupable* à partir d'une « intrigue de comédie fondue dans le pathétique d'un drame » présuppose qu'il puisse exister des « intrigues de comédies », et que celles-ci soient différentes de celles des drames. Pour Beaumarchais, une intrigue de comédie est ce qu'il appelle une « imbroille » et qu'on nomme plus volontiers un *imbroglio.* L'action comique doit nouer habilement plusieurs fils et ne surtout pas respecter la règle classique de l'unité d'action. Beaumarchais, dans « Un mot sur *La Mère coupable* », prétend que le drame était censé être peu « intrigué » : « *L'intrigue* disent (quelques juges prévenus), est le propre des sujets gais, c'est le nerf de la comédie[3] ».

Or cette conception de ce qui fait une bonne intrigue de comédie et peut renouveler le drame en le dynamisant s'est forgé grâce à l'expérience de l'écriture comique. Lorsque plus jeune Beaumarchais abandonne le drame pour écrire sa première comédie espagnole, il se fait une tout autre idée de ce qui fonde la tonalité générique d'une pièce et oppose sérieux et comique. Voici ce qu'il en dit dans la « Lettre modérée sur la chute et la critique du *Barbier de Séville* » :

> Quant à moi, ne voulant faire, sur ce plan, qu'une pièce amusante et sans fatigue, une espèce d'*imbroille*, il m'a suffi que le machiniste, au lieu d'être un noir scélérat, fût un drôle de garçon, un homme insouciant, qui rit également

1 « Un mot sur *La Mère coupable* », dans : *Le Mariage de Figaro* et *La Mère coupable*, P. Larthomas éd., Paris, Gallimard, coll. « Folio classique », 1984, p. 273. C'est à cette édition que nous renverrons tout au long de cet article.

2 P. 274.

3 P. 344.

> du succès ou de la chute de ses entreprises, pour que l'ouvrage (*Le Barbier*), loin de tourner en drame sérieux, devînt une comédie fort gaie[1].

La métaphore du « machiniste[2] » est empruntée à la technique des coulisses, au théâtre à machines. Selon que ce machiniste ou meneur de jeu est gai ou sombre, selon son caractère, la tonalité de la pièce et son positionnement générique s'en suivront. Avec sa première comédie, Beaumarchais invente une nouvelle façon de fonder le théâtre sur le caractère, non pas pour refaire des « comédies de caractères », mais pour mettre en continuité l'humeur du public avec celle du héros de sa pièce, un héros qui ne sera plus, conformément à la convention, le jeune premier, mais son valet. Valet qui, d'ancillaire et adjuvant qu'il devait se contenter d'être pour rester conforme à son type, en vient à occuper le devant de la scène. Et il y déploie, non seulement ses stratagèmes, mais sa verve, jusqu'à devenir, par son brio verbal et sa maîtrise des situations, le représentant du dramaturge sur la scène, son double.

En fait, lorsqu'il abandonne le drame pour écrire une comédie, Beaumarchais est convaincu que la structuration de l'intrigue est indifférente au positionnement générique, lequel ne dépend que du caractère du meneur de jeu. C'est pourquoi il insère, toujours dans *La Lettre modérée*, un horoscope attribué à Figaro et qui parodie clairement le mythe d'Œdipe :

> Après avoir versé le sang dont il est né
> Ton fils assommera son père infortuné :
> Puis, tournant sur lui-même et le fer et le crime,
> Il se frappe et devient heureux et légitime[3].

Beaumarchais choisit délibérément de partir d'une trame dont l'enchaînement destinal ressortit par excellence au tragique pour former son intrigue de comédie. Il montre ainsi que pour lui le comique

---

1 « Lettre modérée », dans : *Le Barbier de Séville*, J. Schérer éd., Paris, Gallimard, coll. « Folio classique »,, 1982, p. 31. C'est à cette édition que nous renverrons tout au long de cet article.

2 D'après le *Dictionnaire historique de la langue française* du Robert (Paris, Dictionnaires Le Robert, 1995) sous la direction d'A. Rey, le terme « machiniste » « est surtout usité au théâtre » depuis 1678, « au spectacle ». Il n'est pas impossible que Beaumarchais joue avec d'autres sens de « machines » qui peut désigner toutes sortes d'inventions et signifier la ruse, le stratagème.

3 « Lettre modérée », p. 32.

n'est pas événementiel et que, par conséquent, ce n'est pas la situation théâtrale engendrée par l'intrigue qui le crée. Le comique est une question d'humeur, de complexion, de tempérament : une certaine façon de voir le monde, en noir ou en couleurs. Telle est l'idée forte de la « Lettre modérée sur la chute et la critique du *Barbier de Séville* » qui sert de préface au *Barbier de Séville* :

> Le genre d'une pièce, comme celui de toute action, dépend moins du fond des choses que des caractères qui les mettent en œuvre[1].

On pourra distinguer cet usage du caractère de celui que présentent les comédies de Molière : pour ce dernier, le caractère des héros négatifs se rigidifie autour de leur défaut majeur constitutif de leur type, l'avarice, la maladie imaginaire, l'aspiration d'un bourgeois à devenir aristocrate… Cette monomanie constitutive s'oppose au bonheur des autres protagonistes et peut se concevoir comme une force centrifuge, recentrant en permanence le comique de la pièce. Chez Beaumarchais, le caractère est plutôt une force centripète, puisqu'elle rayonne dans toute la pièce dont elle définit le registre. La gaieté de Figaro irradie dans les deux comédies. Cependant, dans la troisième et dernière pièce espagnole, c'est un Figaro vieilli que nous retrouvons. Le véritable meneur de jeu est en fait Bégearss, un « noir scélérat », de sorte que la pièce tourne au drame. Le caractère grave, plein de feinte componction, de ce nouveau Tartuffe diffuse dans *La Mère coupable* le sérieux propre au drame.

## DU CARACTÈRE À L'*ETHOS*[2]

Cet ancrage du genre dans le caractère m'a conduite à recourir à la notion d'*ethos*, pourtant peu utilisée pour réfléchir sur la psychologie des personnages de théâtre et les modalités de leur constitution. Il fait du caractère du personnage de théâtre une construction discursive

1 « Lettre modérée », p. 31.

2 *Ethos* signifiant « mœurs oratoires » ou « caractère » dans la *Poétique* (1378) d'Aristote. L'*ethos* est l'une des trois preuves du discours oratoire avec le *logos* et le *pathos*.

que la finalité du discours, en l'occurrence comique ou pathétique, justifie. Utilisé par Aristote avec le sens de « mœurs oratoires » pour définir le caractère que se donne l'orateur pour mieux convaincre, *l'ethos* est aujourd'hui employé par les linguistes pragmaticiens[1] et par les analystes du discours[2]. Ce concept sert alors à distinguer le caractère que l'énonciateur se donne par son discours de celui qu'il aurait en réalité. L'*ethos*, ou caractère discursif, évolue selon la finalité du discours, en fonction de sa visée pragmatique. On peut le définir comme une construction de l'image de soi dans le discours, en remarquant que cette construction a une implication pragmatique ; l'*ethos* est lié à l'énonciation, et non à un savoir extra-discursif sur l'énonciateur. Ainsi, dans les comédies espagnoles, c'est du même mouvement que se constitue *l'ethos* singularisant le personnage de Figaro et que le comique s'installe. Si tout texte laisse deviner une voix et cette voix des qualités, et ces qualités un caractère, ce qui amène à conceptualiser l'*ethos*, les comédies de Beaumarchais ont besoin d'une voix, celle du valet de comédie, pour porter la gaieté de la pièce, laquelle explose en traits d'esprit, bons mots et formules bien frappées. L'*ethos* du « machiniste » est ainsi rendu nécessaire par le positionnement comique de la pièce qui l'impose et le justifie. Or, cet *ethos* de Figaro n'est pas différent de celui que prend Beaumarchais dans ses discours préfaciels où il recourt volontiers à l'humour et à l'ironie, par exemple lorsqu'il s'amuse de la chute de son *Barbier* dans sa « Lettre modérée » en empruntant à Voltaire quelques images comiques :

> Ce pauvre Figaro, *fessé* par la cabale *en faux-bourdon*, et presque enterré le vendredi ne fit point comme Candide ; il prit courage, et mon héros se releva le dimanche avec une vigueur que l'austérité d'un carême entier et la fatigue de dix-sept séances n'ont point encore altérée[3].

On voit que Figaro se substitue à Beaumarchais lui-même pour être la victime de la cabale, nouvelle preuve, s'il en était besoin, de la collusion entre l'auteur et son valet : il est clairement son représentant, son double,

---

1 Par exemple par O. Ducrot : « Dans ma terminologie, je dirai que l'ethos est attaché à L, le locuteur : c'est en tant qu'il est source de l'énonciation qu'il se voit affublé de certains caractères qui, par contrecoup, rendent cette énonciation acceptable ou rebutante. » (*Le Dire et le Dit*, Paris, Éditions de Minuit, 1984, p. 201).

2 D. Mainguenau, *Le Contexte de l'œuvre littéraire*, Paris, Dunod, 1993.

3 « Lettre modérée », p. 29.

son prolongement sur la scène, si bien que Beaumarchais transforme un archétype, le valet d'intrigue, en ce que j'appellerai un « prototype autobiographique » : ils partagent le même ton gai et insolent, la même aisance verbale, le même *ethos* inventé pour la polémique, un *ethos* reposant sur une même « philosophie » :

> LE COMTE. – Qui t'a donné une philosophie si gaie ?
> FIGARO. – L'habitude du malheur. Je me presse de rire de tout de peur d'être obligé d'en pleurer[1].

Cette réponse magnifiquement paradoxale en annonce une autre que Beaumarchais s'attribue dans un des dialogues théâtralisés de son *Quatrième Mémoire contre Goëzman,* alors qu'il se trouve plongé dans les malheurs et craint même d'être envoyé aux galères (pour corruption de juge et calomnie). Il y affirme conserver malgré tout sa gaieté, parce que celle-ci est « le résultat d'une philosophie aussi noble dans ses efforts que douce dans ses effets[2] ».

Cet *ethos* gai et frondeur que la polémique et l'adversité ont forgé engendre vivacité et traits d'esprit, c'est pourquoi on pourrait le caractériser comme un *ethos* spirituel. Or, dans les comédies de Beaumarchais, il n'y a pas que Figaro qui fasse de l'esprit : bien des répliques fusent, avec un bel à-propos, de la bouche des partisans du rusé valet, mais aussi, et c'est plus étonnant, de celles de ses ennemis et opposants. Même si le discours du médecin Bartholo et de l'homme de loi Brid'Oison sont placés sous le signe de la raideur pour l'un, du bégaiement pour l'autre, tous deux sont capables de lancer des répliques qui font mouche. Mieux encore, même un personnage aussi fruste que le jardinier Antonio peut se montrer soudain capable de produire un mot brillant :

> ANTONIO. – Boire sans soif et faire l'amour en tous temps, madame, il n'y a que cela qui nous distingue des autres bêtes[3].

On peut certes justifier ce bon mot en le replaçant dans la tradition du *Gracioso* espagnol ou de l'Arlequin de la *Commedia dell'arte.* Il n'en demeure pas moins spirituel parce qu'il exploite habilement la figure

1 *Le Barbier*, I, 2, p. 57.
2 *Quatrième Mémoire, Œuvres* de Beaumarchais, éd. de P. Larthomas et J. Larthomas, Paris, Gallimard, coll. « Bibliothèque de la Pléiade », 1988, p. 846.
3 *Le Mariage*, II, 21.

du zeugma pour amener la phrase vers un effet de chute. La gaieté spirituelle pénètre de la sorte dans toutes les parlures des personnages ; c'est ce qui donne au dialogue comique de Beaumarchais son extraordinaire allant, sa brillante prestesse.

## *ETHOS* ET « *ARCHIETHOS* »

Cette gaieté spirituelle, qui définit la tonalité et le genre de la pièce, doit être rapportée à une origine commune, à celui qui produit l'ensemble des énoncés qui font la pièce :

> Me livrant à mon gai caractère, j'ai depuis tenté, dans *Le Barbier de Séville*, de ramener au théâtre l'ancienne et franche gaieté, en l'alliant avec le ton léger de notre plaisanterie actuelle[1].

C'est le gai caractère du dramaturge lui-même qui fait le fond de celui de Figaro, son double sur scène. Ce dramaturge, Michel Issacharoff le désigne comme l'« archiénonciateur[2] » ; c'est pourquoi j'ai proposé dans mes travaux sur Beaumarchais d'user du terme d'« archiethos[3] » pour conceptualiser ce qui donne naissance au comique beaumarchaisien et le distingue d'autres sortes de comiques. L'*archiethos* peut, de toutes les bouches, faire jaillir des traits d'esprit ; il engendre également la vélocité avec laquelle les répliques se répondent, les personnages étant unanimement doués d'esprit d'à-propos. Pierre Larthomas considérait d'ailleurs cette tendance à mettre de l'esprit partout, qu'il appelait « tentation de l'esprit[4] », comme un défaut. L'unification des parlures par l'*archiethos* spirituel vient parfois, en effet, heurter la vraisemblance ; elle est du reste inconsciente, Beaumarchais déclarant écrire « sous (la) dictée rapide des personnages[5] » :

> De mon style, monsieur ? Si par malheur j'en avais un, je m'efforcerais de l'oublier quand je fais une comédie, ne connaissant rien d'insipide au théâtre

1 « Préface » du *Mariage de Figaro*, p. 28.
2 *Le Spectacle du discours*, Paris, Corti, 1985.
3 Violaine Géraud, *Beaumarchais, l'aventure d'une écriture*, Paris, Champion, 1999, p. 141.
4 *Le Langage dramatique*, Paris, A. Colin, 1972, rééd. PUF, 1980, p. 356.
5 « Préface » du *Mariage de Figaro*, p. 43.

> comme ces fades camaïeux où tout est bleu, où tout est rose, où tout est l'auteur, quel qu'il soit[1].

Rien ne ressemble moins, il est vrai, à un « fade camaïeu » que les deux comédies espagnoles. Rosine ne parle certes pas comme Figaro ni comme Antonio, et la parlure stéréotypée d'un personnage comme Brid'Oison est d'autant plus distincte de celle des autres personnages qu'il bégaie. Beaumarchais précise que « chacun y parle son langage[2] ». Il n'en demeure pas moins que ce qui fait le style comique de Beaumarchais, c'est un processus d'intégration de toutes les parlures par l'esprit. Dans cette perspective, on concevra Figaro comme un nécessaire relais entre l'*archiethos* et les *ethè*[3] des autres personnages, en remarquant que plus un personnage est réactionnaire, plus il demeure stéréotypé, et moins il est perméable à l'*archiethos* spirituel.

Cet *archiethos* spirituel qui rayonne à partir du « soleil tournant[4] » qu'est Figaro nous conduit à mettre au jour un étonnant paradoxe : c'est dans la distanciation engendrant le comique que Beaumarchais prête sa voix à son meneur de jeu ; alors que dans son dernier drame, *La Mère coupable*, il confie l'action à un meneur de jeu antipathique et aux antipodes de ce qu'il pense être. Tout en se mettant dans la distanciation comique, il s'investit pleinement et fait de la scène une tribune où il parle en son nom. L'esprit de ses comédies met en effet en continuité envergure politique et problématique autobiographique. *A contrario*, dans les drames où il impose à son public une adhésion émotionnelle, et où l'on aurait pu attendre une expression plus personnelle, il se retire de la scène pour rester en coulisses, comme il est d'usage au théâtre.

1 *Ibid.*
2 *Ibid.*
3 Pluriel d'*ethos*.
4 « Préface » du *Mariage de Figaro*, p. 38.

## HYPERLANGUE COMIQUE, HYPOLANGUE DU DRAME

Beaumarchais ne recourt au procédé uniformisant de l'*archiethos* que dans ses comédies. On pourrait en déduire qu'il écrit très différemment dans ses drames. Pourtant, les mêmes procédés d'écriture se retrouvent dans le genre comique et dans le genre sérieux, dans les scènes les plus drôles comme dans les plus pathétiques.

Gabriel Conesa qualifie d'« économique[1] » l'écriture comique de Beaumarchais, tant cette dernière recherche systématiquement la prestesse du *tempo* dans les dialogues. Les traits formels qui la caractérisent sont :

- des formulations lapidaires immédiatement mémorables, empruntant à la maxime une concision structurée, le recours au présent gnomique et à la détermination générique (formulation du type « Sans la liberté de blâmer, il n'est point d'éloge flatteur ») ;
- l'enchaînement syntaxique des répliques qui fait qu'une phrase commence sur une bouche et vient s'achever sur une autre ;
- la fréquente économie du thème qui réduit la réplique aux limites du seul prédicat, ce qui amène les énonciateurs à s'appuyer sur le présupposé :

> BAZILE. – Impossible ; le notaire est retenu.
> BARTHOLO. – Pour un mariage[2] ?

Tous ces procédés concourent à dynamiser et à accélérer les échanges, tout en manifestant la gaieté spirituelle propre à l'*archiethos* beaumarchaisien.

Or, dans les drames, on retrouve aussi en grand nombre les ellipses, les brachylogies et les interruptions, mais pas partout, le drame étant parfois prolixe, lourdement explicatif même, comme dans la scène 2 d'exposition où nous est pesamment décrit le caractère qui donne à la pièce son sous-titre (*L'autre Tartuffe*) sous le maladroit prétexte du radotage :

1 G. Conesa, *La Trilogie de Beaumarchais*, PUF, 1985.
2 *Le Barbier*, IV, 1.

SUZANNE. – Sais-tu, mon pauvre Figaro, que tu commences à radoter ? Si je sais tout cela, qu'est-il besoin de me le dire ?

FIGARO. – Encore faut-il bien s'expliquer pour s'assurer que l'on s'entend ! N'est-il pas avéré pour nous que cet astucieux Irlandais, le fléau de cette famille, après avoir chiffré, comme secrétaire, quelques ambassades auprès du Comte, s'est emparé de leurs secrets à tous ? Que ce profond machinateur a su les entraîner de l'indolente Espagne en ce pays, remué de fond en comble, espérant y mieux profiter de la désunion où ils vivent pour séparer le mari de la femme, épouser la pupille, et envahir les biens d'une maison qui se délabre[1] ?

Les interrogations rhétoriques en cascade, par leur essentielle facticité, redoublent celle de cette exposition maladroitement faite à Suzanne, laquelle connaît déjà les faits.

Toutefois, dans les scènes de crise pathétique de *La Mère coupable*, se met en place une écriture très différente qu'on pourrait qualifier d'« économique » :

FLORESTINE, *seule et pleurant.*

Ô ciel ! il est mon frère, et j'ose avoir pour lui … ! *Elle tombe accablée sur un siège*[2].

Les points de suspension marquent l'ellipse et plus précisément ici la figure de l'aposiopèse. La parole se trouve suspendue, et c'est le corps qui prend le relais des mots pour exprimer une émotion devenue indicible. Le goût de Beaumarchais (et de Diderot), dans leurs drames sérieux, pour les interruptions, réticences ou aposiopèses était tel que Brissot avait railleusement imaginé une *Ponctuomanie, Ouvrage dédié aux dramaturges*[3].

L'écriture « économique » de la crise pathétique intervient surtout dans la scène 13 de l'acte IV de *La Mère coupable* où l'émotion est à son comble :

LE COMTE. – Et, lorsque vous plaidez pour l'enfant de ce malheureux, vous avez au bras mon portrait !

LA COMTESSE, *en le détachant, le regarde.* – Monsieur, je le rendrai ; je sais que je n'en suis pas digne. (*Dans le plus grand égarement*) Ciel que m'arrive-t-il ? Ah ! je perds la raison ! Ma conscience troublée fait naître des fantômes ! – Réprobation anticipée ! – Je vois ce qui n'existe pas … Ce n'est plus vous, c'est lui qui me fait signe de le suivre, de le rejoindre au tombeau !

1 *La Mère coupable*, I, 2.

2 *La Mère coupable*, II, 13.

3 Jacques-Pierre Brissot de Warville, *Pot-pourri*, Londres, 1777, p. 49.

LE COMTE, *effrayé.* – Comment ? Eh bien ! non, ce n'est pas…
LA COMTESSE. – Ombre terrible, éloigne-toi[1] !…

La syntaxe se défait ; les interruptions que marquent les points de suspension déchirent le dialogue qui se rompt : les répliques entrecroisent deux discours séparés, elles ne s'enchaînent plus l'une à l'autre, chaque locuteur demeurant comme prisonnier d'un discours refermé sur lui-même. L'émotion paroxystique tend ainsi à déphaser/déphraser le dialogue, en le privant d'efficacité pragmatique : ce que dit le Comte n'a plus d'impact illocutoire sur sa destinataire qui n'est plus en mesure de recevoir le message. La rupture des liens syntaxiques fait régresser la langue vers ce mythique langage originel que Condillac nommait le « langage d'action[2] ». Un langage de l'émotion indissociable des mouvements du corps dont auraient dérivé peu à peu les différentes langues : pour Condillac, en effet, on est passé des « signes accidentels » aux « signes naturels », et enfin aux « signes d'institution ». Lors des acmés pathétiques, les « signes d'institution » semblent céder le pas aux « signes naturels » et l'expressivité passe par le corps autant que par les mots.

Aussi, à l'inverse des comédies qui sertissent des formules brillantes (venues parfois de cahiers où Beaumarchais notait ses bons mots avant de les insérer dans ses pièces) dans un langage dramatique qui ne craint pas de devenir spectaculaire, la formule ayant un éclat de citation avant même d'avoir été citée, le *pathos* du drame sérieux cherche dans l'économie linguistique le reflet d'une langue que le dramaturge croit originelle, parce qu'au plus près de l'émotion. Une similaire économie linguistique produit par conséquent dans le genre comique ce que nous pourrions dénommer une « hyperlangue », et à l'apogée des drames, ce que nous pourrions appeler une « hypolangue ».

1 P. 371-372.
2 Condillac, *Essai sur l'origine des connaissances humaines*, Amsterdam, P. Mortier, 1746, II, I.

## LA TOUTE-PUISSANCE DU SÉRIEUX

Or cette *hypolangue* propre aux moments les plus émouvants du genre sérieux ne se contente pas de défaire la syntaxe et de rompre la communication ; elle dissout aussi tout ce qui pourrait ressortir au comique, tout ce qui pourrait apporter un peu de détente et changer provisoirement la tonalité sérieuse en tonalité gaie :

> On s'amuse difficilement de ce qui touche ou de ce qui porte à conséquence, à moins de prendre suffisamment de recul pour que cela nous apparaisse tel un spectacle[1].

On prendra conscience de l'empire qu'exerce le sérieux en observant l'effet produit par la parlure de Guillaume, personnage qui, par les déformations du langage dues à son accent allemand, ressortit *a priori* à la comédie, voire à la veine des parades. Il intervient par exemple à la scène 8 de l'acte II de *La Mère coupable* où sa niaiserie devrait être burlesque :

> GUILLAUME, *reculant*. – Meingoth ! ch'attendrai pas Meissieïr, en gombagnie té vous ! Mon maître il voudrait point, jé chure[2].

Dans cette scène Guillaume recule sous les assauts verbaux de Figaro qui recourt à l'aparté pour s'attirer la complicité des spectateurs, procédé des plus récurrents dans les comédies :

> FIGARO, *à part*. – Il faut pomper le sot[3]. Tu… viens de la poste, je crois ?
> GUILLAUME. – Tiaple ! non, ché viens pas.

On trouvait l'expression « pomper le sot » dans une des variantes du *Mariage*, ce qui prouve que son registre trivial relèverait *a priori* plutôt de la comédie. Cette scène 8 de l'acte II de *La Mère coupable* se caractérise par des traits sémantiques et des jeux scéniques apparemment hérités des parades à l'origine du style comique de Beaumarchais. Pourtant, je ne suis pas sûre que cette scène prête à rire. Si la détente ne se fait

1 Jean-Marc Defays, *Le Comique*, Paris, Éditions du Seuil, coll. « Memo », 1996.
2 P. 312.
3 Il faut lui tirer les vers du nez.

pas, c'est parce que le spectateur est trop absorbé par la gravité de la situation que Suzanne vient de résumer en ces termes :

> C'est lui [Bégearss] que la pupille épouse. Il a la promesse du Comte, il guérira Léon de son amour. Il détachera Florestine. Il fera convertir Madame. Il te chasse de la maison. Il cloître ma maîtresse en attendant que l'on divorce[1].

Le sérieux, parce qu'il mise sur le *pathos*, est donc doué d'une implacable capacité d'absorption, de telle sorte qu'il dissout tout procédé d'écriture hérité du comique que le dramaturge tenterait d'y insérer.

On pourrait en déduire qu'il en va pareillement de l'intrigue dont le dynamisme se perd dans les pesanteurs pathétiques et moralisatrices, dans les explicitations gauches, comme celle que faisait Figaro dans la scène d'exposition. Le dénouement montre en outre quel est le point d'aboutissement de l'action dramatique :

> FIGARO. – [...] Un jour a changé notre état ! plus d'oppresseur, d'hypocrite insolent ; chacun a bien fait son devoir. Ne plaignons point quelques moments de trouble ; on gagne assez dans les familles, quand on expulse un méchant[2].

La pièce s'achève par un retour à l'ordre qui est aussi un retour au « devoir ». La trajectoire du drame est comme rigidifiée par l'intention édifiante sur laquelle le dénouement renchérit. Rien de comique, ni procédé d'écriture, ni intrigue, ne saurait résister à l'écrasante puissance du sérieux érigé en genre. Et s'il est vrai que *La Mère coupable* tient mieux que les deux autres drames par la force de son intrigue, son succès n'est pas dû à l'*imbroille* qu'il contient : il n'est pas dissociable de celui de la trilogie espagnole ; c'est parce que nous retrouvons, vingt ans après, les mêmes personnages que ceux que nous avons tant aimés dans la *Folle journée* que *La Mère coupable* est le plus connu des trois drames de Beaumarchais.

L'hybridation entre drame et comédie n'a pu, à mon sens, se réaliser dans *La Mère coupable :* le sérieux est comme un acide dévorant tout corps qui lui serait étranger.

---

1 II, 6.
2 P. 399.

## LA FOLLE JOURNÉE, SUR FOND DE DRAME

En revanche, l'interaction entre le comique et le sérieux fait du *Mariage de Figaro* un absolu chef-d'œuvre. La deuxième comédie espagnole impose en effet son brio spirituel sur fond de drame, un drame qui est aussi à l'horizon de la comédie, puisqu'il sera le lendemain de *La Folle journée* comme celui de l'espérance des Lumières : *La Mère coupable* a été écrite après la Révolution, c'est aussi la raison de sa tonalité générique. Le pathétique lié au sérieux ne se contente pas d'être un contrepoint au comique de la pièce : sa gravité a partie liée avec la satire politique comme avec l'implication personnelle de Beaumarchais. Le divertissement que propose *La Folle journée* n'est pas seulement léger ; car les éclats d'émotion mettent le comique à distance en contraignant le spectateur à ne pas demeurer au pied du trait d'esprit, à en rechercher l'arrière-pensée sérieuse. On sait que l'ironie a souvent pour finalité de mettre à distance le pathétique ; or celui-ci, dans *Le Mariage*, est employé de façon à mettre à distance la gaieté folâtre. Le pathétique est la voie qu'a découverte Beaumarchais pour ironiser sur l'ironie.

C'est pourquoi il reste aussi vibrant dans la deuxième comédie espagnole en général, et dans deux de ses passages surtout : le grand monologue de Figaro, bien sûr, et la diatribe de Marceline sur la misère des femmes, diatribe que les Comédiens-Français avaient retranchée lors de leur représentation. Figaro et Marceline, dans ces deux scènes de drame, ne montrent plus un gai caractère : les émotions sont alors exprimées afin de susciter la compassion. C'est d'ailleurs pour cette raison que les Comédiens-Français avaient préféré couper la diatribe de Marceline et préserver à la pièce son unité de ton :

> MARCELINE, *vivement*. – Hommes plus qu'ingrats, qui flétrissez par le mépris les jouets de vos passions, vos victimes, c'est vous qu'il faut punir des erreurs de notre jeunesse : vous et vos magistrats si vains du droit de nous juger, et qui nous laissent enlever, par leur coupable négligence, tout honnête moyen de subsister ! est-il un seul état pour les malheureuses filles ? Elles avaient un droit naturel à la parure des femmes ; on y laisse former mille ouvriers de l'autre sexe[1].

1 III, 16.

Dans les drames comme dans la tirade de Marceline, l'émotion paroxystique s'extériorise par une intonation vivement modulée, portée par les modalités phrastiques et le haut degré. L'apostrophe liminaire qu'affecte le superlatif lance ici une rhétorique hyperbolique, véhémente, dont la fonction est à la fois émotive et conative[1]. Cette tirade de Marceline n'est pas destinée à être mise à distance, elle ne saurait être dédoublée par l'ironie. Elle est faite pour toucher le spectateur masculin, l'émouvoir afin de lui inspirer une nouvelle morale ; elle exige du public qu'il suspende provisoirement sa gaieté, qu'il cesse de rire et de s'amuser pour ressentir l'émotion exprimée. Si le spectateur est un homme, cette tirade vise sa conversion éthique : une autre façon de traiter les femmes.

Par ailleurs, la tonalité pathétique qui affleure dans *Le Mariage de Figaro* est d'autant plus subtile qu'elle est instillée par la gestuelle et les attitudes que décrivent les didascalies. Dans le genre sérieux, on l'a vu, le langage du corps est presque aussi important que les mots. Or, même lorsque le dialogue reste enlevé, c'est au corps qu'il appartient de dévoiler des sentiments plus tristes ou plus graves dans *Le Mariage*. Ainsi la Comtesse est-elle souvent montrée « rêveuse » par les didascalies. De cette attitude, on peut déduire qu'elle souffre d'être une épouse délaissée et commence peut-être à penser tendrement à Chérubin. Lorsqu'elle implore la grâce du jeune homme qu'elle croit enfermé dans son cabinet, le Comte s'apprêtant à en forcer la porte :

> *(elle) se jette à genoux, les bras élevés*[2].

Il s'agit là d'un geste dramatique. Et dans la même scène, elle

> *se jette sur une bergère, un mouchoir sur les yeux.*

Le caractère stéréotypique de ces gestes n'enlève rien à l'émotion qu'ils sont destinés à donner à voir. La pantomime héritée de l'expérience des drames est d'ailleurs utilisée dans la scène 9 de l'acte IV du *Mariage* où

1 La fonction émotive ou expressive renvoie au locuteur dont elle révèle les émotions ; la fonction conative ou implicative renvoie au destinataire sur lequel le message cherche à agir (par exemple par l'impératif) : voir R. Jakobson, *Essais de linguistique générale*, I et II, Paris, Édition de Minuit, 1971.

2 II, 16.

l'on voit le Comte revêtir Suzanne de sa toque, preuve que Beaumarchais exploite, dans sa deuxième comédie, le langage du corps auquel les drames donnent une importance majeure.

Dans *Le Mariage de Figaro*, le *pathos* forme une toile de fond que vient recouvrir le brio verbal de l'*archiethos* spirituel. L'émotion y leste la griserie comique pour qu'elle ne se perde pas dans sa propre effervescence. Ainsi le drame interagit-il avec la comédie pour en renforcer l'impact : un impact tel qu'elle semblera avoir accéléré l'histoire et précipité la Révolution. Cette interaction creuse des ombres dans la pièce, en accentue les reliefs en donnant aux personnages une ambivalence : Chérubin n'est pas seulement l'incarnation joyeuse de la force du désir, c'est également un enfant qui part à la guerre au moment même où se découvrent à lui toutes les promesses de la vie ! Marceline est la plus odieuse des rivales, mais aussi l'avocate des femmes et la meilleure des mères. Aucun caractère n'est d'un seul bloc, parce que la pièce est faite de tensions, la plus importance étant celle entre comique et pathétique. Même Almaviva est parfois émouvant, par exemple dans le monologue de la scène 4 de l'acte III où il s'interroge, avec une étonnante lucidité, sur sa « fantaisie » pour Suzanne : « si je la voulais sans débat, je la désirerais mille fois moins ». Si l'interaction entre drame et comédie est réussie dans le *Mariage*, il n'en va pas de même dans *La Mère coupable.* Peut-être est-il dans la nature du sérieux d'être obstinément compact. Toujours est-il que ce sérieux définitoire du drame est si dense qu'il écrase toute forme comique et va jusqu'à glacer le mouvement de l'intrigue. Cette prégnance du sérieux pourrait expliquer l'échec de ce genre. Leur intrigue a beau être aussi bien construite, ils ne se laissent pas traverser par l'intelligence émancipatrice qui a porté les deux comédies espagnoles jusqu'à nous, faisant de Beaumarchais, pour l'éternité, un « voltigeur des Lumières[1] ». Le drame exhibe le malheur sans exciter la pensée à remettre en cause les « disconvenances sociales[2] » qui l'engendrent. La dramaturgie du *pathos* propre au drame semble même appauvrir le

1 Titre que donne J.-P. de Beaumarchais à son ouvrage pour la collection Découvertes Gallimard (n° 278).

2 Voir « Préface du *Mariage de Figaro* » : « J'ai pensé, je pense encore, qu'on n'obtient ni grand pathétique, ni profonde moralité, ni bon et vrai comique au théâtre, sans des situations fortes et qui naissent toujours d'une disconvenance sociale dans le sujet qu'on veut traiter » (p. 144). La note ajoutée par l'éditeur éclaire cette expression : « écart entre

*logos*[1], tandis que l'éclatante réussite esthétique du *Mariage de Figaro* pourrait s'expliquer par cette révolution que constitue l'invention de l'*archiethos*, révolution certes stylistique, mais qui en annonce, à sa façon, une autre[2].

Violaine GÉRAUD
Université Lyon III – Jean-Moulin

la conduite socialement admise et les contraintes particulières imposées à l'individu par son caractère et ses intérêts ».

1 *Logos* signifiant « langage », mais aussi « raison ».

2 Voir Anne Ubersfeld, « Un balcon sur la Terreur, *Le Mariage de Figaro* », *Europe*, avril 1973, p. 105-114.

# *LE BARBIER DE SÉVILLE* DE BEAUMARCHAIS, OU LE « BONHEUR DANS LE CRIME[1] »

Jean-Pierre de Beaumarchais, dans son introduction à la *Trilogie*[2], rappelle le contexte particulier dans lequel baigne la production théâtrale du XVIII^e^ siècle : refus, ou plutôt lassitude vis-à-vis des règles classiques jugées contraignantes, désintérêt à l'égard des sujets grandiloquents (mythologiques ou historiques), considérés comme trop sévères, éloignés du commun des mortels. On recherche au théâtre le plaisir et une certaine « facilité ». Mais on reste attaché à la bienséance et à une forme de morale qui « sauve l'honneur », héritière du *castigat ridendo mores* classique : on ne renie pas brutalement un siècle d'absolutisme esthétique. C'est ce qui justifie la formule plutôt leste du critique : « Au XVIII^e^ siècle le plaisir est à la fois une valeur et un crime ». Esthétiquement, on valorise ce qui, dans la littérature, au théâtre, donne du plaisir : le rire, la légèreté du propos, un érotisme discret, un *tempo* rapide ; dans le même temps, ce plaisir est ressenti comme un crime dont le spectateur aime à se sentir disculpé par un bénéfice moral.

Le siècle abonde alors en procédés qui amortissent le plaisir, l'excusent, ou l'allègent : c'est, en peinture, le procédé du voile ou de la gaze, qui dissimule (à peine) les nudités ; dans le roman, les préfaces qui

1 Allusion au titre de la longue nouvelle de Jules Barbey d'Aurevilly, publiée en 1874 dans le recueil *Les Diaboliques.* Le texte qu'on va lire a été conçu comme une dissertation sur *Le Barbier de Séville*, à destination des candidats à l'agrégation. Il est fondé sur la réflexion de Jean-Pierre de Beaumarchais selon lequel : « Au XVIII^e^ siècle le plaisir est à la fois une valeur et un crime : cette ambiguïté explique sans doute le caractère composite de la production dramatique de Beaumarchais » (Beaumarchais, *Théâtre*, édition de Jean-Pierre de Beaumarchais, Paris, Classiques Garnier, 1980, p. II (contenant *Le Sacristain*, *Le Barbier de Séville*, *Le Mariage de Figaro*, *La Mère coupable*). Dans la perspective de cet exercice académique, on a mis en valeur les éléments didactiques pouvant aider les candidats et réduit volontairement les notes d'érudition à leur plus simple expression.

2 Beaumarchais, *Théâtre*, « Introduction », éd. citée.

prétendent que l'on a affaire à d'authentiques lettres ou à des récits rapportés, sans que l'auteur (simple éditeur) y ait pris part ; au théâtre, c'est par exemple, l'alternance du drame sérieux et de la comédie la plus débridée, à moins qu'une seule pièce ne parvienne à contenir les deux aspects, comme on peut le prétendre à propos du *Barbier de Séville* de Beaumarchais, ce que soulignerait son caractère « composite ». C'est ce que l'on tâchera d'examiner dans un premier temps. Toutefois, s'il est vrai que Beaumarchais a fait alterner dans sa carrière, le sérieux et le comique, cette « bigarrure » ne va pas jusqu'à lui refuser son statut de comédie. Ancienne parade, formée sur le canevas du *Sacristain*, *Le Barbier* est une franche comédie, chose dont Beaumarchais ne s'est pas jamais défendu. Il faut alors sans doute retrouver ailleurs les éléments de ce « composite » et surtout, réaffirmer cette unité et cette harmonie qui continuent de faire son succès.

## *LE BARBIER DE SÉVILLE* : DU DRAME SÉRIEUX À LA COMÉDIE DÉBRIDÉE : UNE PIÈCE « COMPOSITE »

La volonté de Beaumarchais de se distinguer, en rénovant le théâtre de son temps, passe par son intérêt pour les idées de Diderot en matière de révolution générique et dramaturgique (idées développées, par exemple, ses *Entretiens sur le Fils naturel*, et sa lettre à Mme Riccoboni, actrice et romancière). Dans son *Essai sur le genre dramatique sérieux*, Beaumarchais se révèle son disciple direct en prônant un théâtre proche de la tragédie par sa grandeur morale, mais adapté à un nouveau public par sa forme « comique », voire légère : pièce en prose, personnages auxquels on puisse s'identifier, présence d'un *happy-end*, intrigues tirées d'une réalité bourgeoise quotidienne (questions familiales, économiques, juridiques). On connaît sa célèbre formule : « Que me font à moi, sujet paisible d'un état monarchique du dix-huitième siècle, les révolutions d'Athènes et de Rome ? Quel véritable intérêt puis-je prendre à la mort d'un tyran du Péloponnèse, au sacrifice d'une jeune princesse en Aulide » (*Essai sur le genre dramatique sérieux*).

Cette revendication se manifeste déjà dans *Eugénie* (1767), son premier « drame » (terme générique désignant une « comédie sérieuse »), inspiré par l'intrigue du roman peut-être le plus célèbre du siècle, *Clarisse Harlowe* (1748) de Samuel Richardson, lu par les Français dans la traduction de l'abbé Prévost, ainsi que par un autre « best-seller », *La Nouvelle Héloïse* de Rousseau (1761). Clarisse, cette jeune Anglaise issue d'une famille de riches bourgeois parvenus à la noblesse, se voit séduite et enlevée, enfin violée par un jeune libertin fougueux, rejeton d'une vieille famille aristocratique, qui en est amoureux. Dans ce roman-fleuve se jouent et se nouent plusieurs conflits à caractère moral, certains traditionnels, d'autres plus contemporains : la vertu de la jeune fille contre la tentation d'une aventure hors-mariage ; mais aussi la revendication nouvelle d'un mariage d'amour (les parents de Clarisse voudraient lui faire épouser un vieux et répugnant propriétaire terrien) ; enfin la lutte d'une noblesse déchue, aux valeurs héroïques persistantes, contre une classe enrichie, arrogante, prête à vendre ses filles au plus offrant. Dans *Eugénie*, on retrouve tous ces traits (l'orpheline Eugénie épouse secrètement un comte libertin mais, bientôt enceinte, se voit abandonnée par lui : son frère vertueux ramènera le jeune homme à de meilleures dispositions). Ces traits lus dans les romans parlent fortement à un enfant de la bourgeoisie enrichie tel Beaumarchais, qui revendique, bien que de façon ambiguë, tant l'amour libre que le droit de cette classe à tenir tête à la noblesse, lorsque ses « mérites » sont reconnus. L'intrigue d'*Eugénie* retient de ces conflits sociaux le schéma sublime, presque caricatural, en tout cas simplifié, de ces conflits qui ont gagné la France : une héroïne faible et vertueuse, persécutée tant par les pouvoirs aveugles de l'argent que par une noblesse corrompue. Elle gardera de ce schéma la double postulation sexuelle et politique, reflet de l'idéal de Beaumarchais en matière de liberté.

Mais la présence d'un *deus ex machina*, peu crédible dans ce drame (et d'ailleurs, pour le malheur de la jeune fille, absent du roman de *Clarisse*), cette invraisemblance donc, gênante dans un texte qui revendique une forme de réalisme, a pu coûter le succès de la pièce. C'est ce qui peut expliquer aussi la reconfiguration et le réemploi de ces mêmes préoccupations sous une forme résolument comique dans *Le Barbier de Séville*, où l'invraisemblance « jure » moins, où ce personnage providentiel trouve sa place au sein d'un personnel dramaturgique quelque peu stylisé, hérité de la *Commedia dell'Arte* (le barbon, la jeune amoureuse, le matamore, etc.), toujours en vigueur dans la parade, genre pratiqué par Beaumarchais. Le sauvetage et le réemploi du *deus ex machina*, la greffe d'une donnée pathétique sur un substrat comique peuvent expliquer, génétiquement et historiquement, le caractère hybride de la pièce. En tout cas, Beaumarchais, dans sa « Lettre modérée sur la chute et la critique du *Barbier de Séville* », se justifiera en ces termes d'un assemblage dramaturgique qui peut surprendre. *Le Barbier de Séville* serait même une sorte revanche pour le dramaturge, qui feint de croire à l'insuccès de ses drames et à la validité de la loi des genres.

Le *Barbier* serait donc un « bricolage génial » exécuté sur mesure au goût du public parisien : entre le 23 février et le 26 février 1775, en effet, Beaumarchais retravaille sa pièce pour la réduire de cinq à quatre actes : moins foisonnante, moins graveleuse, elle sera aussi plus précise. À l'accusation d'un critique selon qui la pièce n'aurait « pas de plan », donc pas d'intrigue solide, Beaumarchais prétend se fier davantage à ses caractères qu'au fond de l'intrigue : des caractères, comme Figaro, découle tout le reste.

Si l'on s'appuie sur l'idée d'une réécriture-éclair de la pièce visant à l'adapter *in extremis* au goût du public après une première ratée (et sans préjuger du caractère approximatif de cette réécriture), on peut alors arguer d'un changement de rythme qui rapproche brutalement, dans la pièce, les passages suaves des moments de franche comédie, voire de quelques scènes grivoises. Ces rapprochements, ces télescopages produisent chez le spectateur contemporain une cacophonie heureuse, des effets burlesques savoureux ; pour une salle au goût formé par la hiérarchie des genres, ces rapprochements ont pu paraître de mauvais goût, et justifier la formule montrant la difficulté du public à jouir en toute sérénité tant de la « vertu » des personnages que du « crime » des situations.

*A posteriori*, Beaumarchais justifiera effectivement cette « hybridité » par une volonté délibérée de revanche sur l'opinion publique (insuccès d'*Eugénie*, 1767, et des *Deux Amis*, 1770), en défendant sa capacité de synthèse : alliance du comique et de la satire, du plaisir et de la morale : « J'ai tenté, dans *Le Barbier de Séville*, de ramener au théâtre l'ancienne et franche gaieté, en l'alliant avec le ton léger, fin et délicat de notre plaisanterie actuelle » (Lettre de 1784 au baron de Breteuil). Ce qui avait pu passer pour un défaut est revendiqué par l'auteur comme un effet heureux, une astuce pour réconcilier les publics et se les concilier, une invention géniale. En effet, même s'il ne parle que de « franche gaieté », d'une part, et de plaisanterie au « ton léger, fin et délicat » d'autre part, c'est-à-dire même s'il semble se situer uniquement sur le plan de la comédie et de ses nuances, qu'il aurait su rassembler dans la même œuvre, il faut comprendre qu'entre « franchise » et « délicatesse » continue de se jouer l'opposition générique entre comédie et tragédie, farce et sérieux, mauvais et bon goût (voire « grand » goût), Rabelais et Voltaire, la Foire et la Comédie-Française. De ce point de vue, Beaumarchais joue les esprits savamment novateurs, intelligemment modernes, comme si « notre plaisanterie actuelle » était un modèle déjà constitué auquel il avait su se plier (et le résultat, elle aussi, d'un « genre » reconnu) ; et non pas, précisément, le produit de ce que les auteurs dramatiques, dont il fait partie, sont capables de lui proposer. C'est là une façon habile de faire accepter une synthèse inacceptable à un public qui reste conservateur, mais qui adore être flatté.

Ce postulat justifie le « montage en parallèle » de scènes dramatiques et de scènes de pur plaisir (ainsi les intermèdes musicaux : le « maître de musique » faisant chanter Rosine, Bartholo fredonnant : III, 4 ; III, 5) et de pure comédie (le trio Figaro-Almaviva-Rosine). Jacques Scherer analyse même le personnage de Rosine comme étant foncièrement léger et ambigu (elle ment sciemment à son tuteur, ce qui, dans la première version de la pièce, est d'autant plus choquant qu'elle y est mariée à Bartholo, ce qu'ignore Almaviva). À noter que le fait même de chanter au théâtre (l'*ariette* de Rosine, III, 4) peut être considéré, à l'époque, comme inconvenant, le chant n'ayant sa place qu'à l'Opéra-Comique, dans un tout autre genre de théâtre, indigne de la Comédie-Française.

À l'opposé, des scènes remarquables par leur contenu moral ou satirique, et rétablissant un ordre de valeur traditionnel, entre bons et méchants, ont une place fondamentale dans la pièce. Le diptyque constitué par les deux monologues (celui de Figaro, en I, 2 ; celui de Bazile, en II, 8) oppose deux personnages de « valets » ambitieux ou personnages subalternes socialement, aux moyens discutables : l'un réussissant à se présenter sous un jour sympathique, prenant une revanche sociale honorable : l'autre rendant le mal pour le mal, et se disqualifiant d'emblée par son discours sur la Calomnie – thème éminemment consensuel. Quant à Bartholo, il réunit tous les ingrédients pour faire le méchant idéal : tout le monde lui en veut : le peuple (mauvais médecin, dur et avare), les femmes (nouvel Arnolphe à la misogynie archaïque), les bourgeois (trop démodé) et la noblesse (trop bourgeois).

Certes l'attente « ambiguë » du public (du plaisir, mais aussi de la vertu) a bien contribué à l'assemblage composite du *Barbie*r. Mais cette pièce possède aussi toutes les caractéristiques d'une authentique comédie.

## UNE AUTHENTIQUE COMÉDIE

Cette pièce où Beaumarchais a mis de l'esprit de revanche consécutif à l'échec de son drame, en y faisant place, sournoisement, à des éléments mélodramatiques, reste fidèle néanmoins à son autre veine personnelle, l'authentique comédie. Ce qui constitue, presque à l'insu du dramaturge, l'ADN de la pièce, ce sont les figures moliéresques auxquelles Beaumarchais reste très attaché, ce qui n'est pas courant à une époque on l'on jure surtout par Corneille et Voltaire. *Le Barbier* est d'abord une galerie de barbons dignes des plus grandes comédies de Molière, où les vices se dessinent avec précision, mais aussi où les « âges de la vie » s'affrontent comme au XVIIe siècle. L'atmosphère surannée, développée grâce à une savante couleur locale espagnole, peuplée de duègnes et d'alcades, permet de retrouver avec aisance l'esprit du Grand siècle où le rire fonctionne encore par *types*. Le trio des « jeunes », Almaviva, Figaro, Rosine, s'affronte au clan des « vieux » (Bartholo, Bazile, le Notaire), comme à l'âge d'or des grandes comédies de cour, où les caractères s'opposaient terme à terme. Mais Bartholo cumulerait presque plusieurs *types* moliéresques : à la fois Arnolphe, Harpagon et Tartuffe, il concentre ainsi sur lui les haines non seulement d'un public prompt à reconnaître et apprécier ses classiques, mais aussi d'une classe politique montante, qui juge que le régime n'a pas encore été purgé de ses suppôts.

Par ailleurs, n'oublions pas que Beaumarchais, avant de connaître les honneurs de la Comédie-Française, s'est spécialisé un temps dans les parades, ce genre à la mode qui, socialement et culturellement, a pris peu à peu l'espace laissé vacant par la comédie moliéresque, et lui aussi inspiré de la *Commedia dell'Arte.* On trouve dans *Le Barbier* l'esprit de ce nouveau genre très populaire, qui se joue tant à la Foire, par des comédiens professionnels, que sur les théâtres privés où de grands personnages s'essaient à cet art débridé et burlesque. Celui-ci transparaît de façon assez manifeste dans le personnage central de Figaro, figure assez proche du « bateleur » qui ameute les passants à l'entrée de la baraque foraine, comme le pratiquait traditionnellement l'animateur en chef de la parade (ainsi en I, 2, la tirade de Figaro à valeur d'exposition, prononcée sur un mode hâbleur). Figaro se révèle également assez proche de Jean Bête, personnage à la fois balourd et rusé, capable, dans *Jean Bête à la foire* (écrit après 1765), de mener des intrigues efficacement sous une apparence de « mouche du coche[1] ». Et l'hypotexte du *Barbier* qui n'est autre que *Le Sacristain* (« intermède imité de l'Espagnol »), autre parade rapportée d'Espagne, met cette fois au centre de l'action un jeune noble pourvu de multiples déguisements. Beaumarchais confessera d'ailleurs, à propos des scènes montrant les personnages de *La Jeunesse* et de *L'Éveillé* (II, 6 et 7), qu'« Elles tiennent un peu de la parade. N'est-ce pas un petit moyen de gaieté que La Jeunesse soit vieux et L'Éveillé imbécile » (Lettre au baron de Breteuil) ? Enfin, là où le genre burlesque transparaît le plus, c'est dans l'art du travestissement, qui constitue presque une dénudation du procédé de la parade, où quelques comédiens seulement doivent jouer tous les rôles. Ainsi Almaviva se présentant en soldat, puis en étudiant et maître de musique (II, 12, 13, 14 ; III, 2 *sq.*), endosse le rôle habituellement dévolu au valet « homme à tout faire » de la parade, lui-même héritier du type de l'Arlequin dans la *Commedia dell'Arte.*

Enfin, ajoutons que Beaumarchais n'est pas seulement un continuateur, un héritier respectueux de traditions comiques anciennes ou récentes, mais aussi un innovateur. Jacques Scherer relève quelques-unes de ses inventions, comme la recherche d'un rythme effréné et la « péripétie-éclair », au service d'un comique particulièrement efficace[2]. En effet, dans un but de succès, le dramaturge se montre obsédé par le fait de soutenir « l'intérêt du public », qu'il définit dans son *Essai sur le genre*

---

1 *Le Barbier de Séville* et *Jean Bête à la foire* ont été réédités par Jacques Scherer sous le même volume chez Gallimard, coll. « Folio », en 2007. Une captation de *Jean Bête* existe sur http://memoire.ciclic.fr/4163-captation-de-la-piece-jean-bete-a-la-foire-de-beaumarchais-1-2.

2 Jacques Scherer, *La Dramaturgie de Beaumarchais* [1954], Paris, Nizet, 1999, p. 151, 153, 156.

*dramatique sérieux* comme une forme d'empathie avec le personnage et la situation (« Qu'est-ce que l'intérêt ? »). Ainsi, d'une part les personnages doivent évoluer plus vite, le dialogue est plus coupé, mais les fins d'actes sont soignées, remarquables par leurs effets verbaux qui doivent faire vibrer le spectateur. Enfin, Beaumarchais systématise l'emploi de la « péripétie », procédé créé au milieu du XVIIe siècle : mais cette systématisation doit obligatoirement en changer la nature, et se combiner avec une évolution accélérée de la psychologie du personnage. Ainsi en II, 15, Bartholo, reconnaissant lui-même qu'il souffre de jalousie, affronte la lecture du billet doux glissé par le Comte à Rosine : « Quelle rage a-t-on d'apprendre ce qu'on craint toujours de savoir », dit-il. Mais il découvre qu'il s'agit de la lettre d'un cousin de Rosine, que celle-ci a habilement substituée au billet : la seconde péripétie annule donc la précédente (la remise du billet, en II, 14). Bartholo se retrouve à la fois rassuré, mais aussi dépité face à la hideur d'un vice qu'il a dû dévoiler.

Si *Le Barbier* passe pour un « bricolage de génie », sa haute teneur en comique (au sens large : pièce appartenant au genre de la comédie) le met à l'abri de tout défaut de composition.

## CONTRE LE « COMPOSITE » : UNITÉ ET HARMONIE DE LA PIÈCE

Loin de nous effaroucher en effet devant la disharmonie de la comédie de Beaumarchais, il nous faut plutôt prendre le recul du temps, et observer l'art de la composition, le génie de la synthèse chez cet artiste à l'inspiration double, poursuivi par l'obsession de deux genres, de deux veines, le drame et la farce, dont aucune ne veut prendre le pas sur l'autre. Notons que cette *Trilogie* se conclura sur un authentique drame, *La Mère coupable*, dans une atmosphère crépusculaire qui ne marque pas la rupture avec les deux autres opus, mais une continuité souterraine pour ainsi dire une revanche esthétique et comme un retour du refoulé.

Comme relevant de cet art de la synthèse, soulignons d'abord la forme anti-classique du *Barbier de Séville*, et l'originalité de ses quatre actes : résultat certes d'un recadrage, d'un redécoupage du texte au profit d'un rythme plus efficace, la pièce a l'ambition de se situer entre petite et grande comédie, ou entre comédie et tragédie : c'est une farce à taille humaine (44 scènes, contre 92 pour le *Mariage*). Ce qui fait donc son « crime » fait aussi sa « vertu », et cette longueur modérée permet au public de digérer un certain nombre d'outrances de ton et d'entorses au genre.

On l'a vu aussi au début de cette réflexion, la pièce entière tourne autour du personnage de Rosine, inspiré des grands romans de l'époque et de leur figure centrale, cette touchante héroïne, vertueuse et maltraitée. Si leurs auteurs ont recherché le « remède dans le mal » (la mort tragique, mais édifiante de cette jeune fille sublime), adoptant un procédé cathartique imité de la tragédie classique, Beaumarchais, lui, prend appui sur une philosophie du bonheur bien dans l'esprit des Lumières, et cela grâce à l'ambiguïté de Rosine, personnage subtil permettant de satisfaire à la fois au vice et à la vertu. C'est d'une part, l'archétype de la femme désirable, sensuelle, celle des scènes de Fragonard plus que des tableaux de Greuze ; mais c'est aussi une femme sensible, profondément honnête, et bientôt bafouée. Convoitée tant par Almaviva que Figaro, gardée comme le fruit défendu par Bartholo, femme vertueuse, mais trompeuse avec son « jaloux », elle est trompée à son tour dans le *Mariage* (« Je ne la suis plus, cette Rosine que vous avez tant poursuivie ! Je ne suis plus que la pauvre comtesse Almaviva ; la triste femme délaissée que vous n'aimez plus », II, 19). L'ambiguïté propre à Rosine demeure, à travers son jeu de séduction auprès de Chérubin qu'elle convoite comme une allégorie d'Éros, tout en regrettant amèrement son « péché » dans *La Mère coupable*. C'est que Rosine possède aussi une dimension autobiographique. On notera, en relation avec l'itinéraire amoureux propre à Beaumarchais, la synthèse qu'il réalise autour de ses personnages de fiction : *Eugénie* signifie « bien née » en grec. Le dramaturge, après l'échec du drame éponyme, donne ce prénom à ses propres enfants (Pierre-Augustin Eugène, né en 1768 ; Eugénie, née en 1777). *Pauline* (personnage présent dans *Les Deux Amis* ; et l'ébauche de Rosine dans le *Barbier*) est la jeune fille créole qu'il a voulu mais n'a pas pu épouser. Enfin *Rosalie* (présente dans la première version du *Barbier*), est aussi le prénom d'une nièce de Beaumarchais et surtout le personnage central du *Fils Naturel* de Diderot. Jacques Scherer propose ainsi l'équation suivante[1] :

1 *Op. cit.*, p. 207-211.

Rosalie + Pauline = Rosine, femme idéale, aimée puis épousée en littérature.

L'intrigue démarre comme un projet d'adultère (puisqu'Almaviva croit Rosine mariée), et s'achève dans un *happy-end* de comédie vertueuse, exhibant le succès du jeune couple parfait.

Mais le talent de synthèse de Beaumarchais s'exprime de façon encore plus magistrale à travers la dimension politique de sa pièce. Véritable « comédie humaine », *Le Barbier de Séville* offre un espace de choix pour diffuser un message moderne sur un ton satirique. Les trois « ordres » de la société y sont présents, Bartholo le féodal, Almaviva le libéral, Figaro homme du peuple, archétype du petit bourgeois modeste, désireux de jouer un rôle dans les « affaires » et sur la scène politique. Véritable allégorie du « talent », il dévoile le rôle indispensable des compétences dans l'ascension sociale. Cette fable politique très actuelle, qui démarre comme un canevas de la *Commedia* (elle-même héritage de la comédie latine), où des personnages stéréotypés quasi millénaires (la femme, l'amant, le barbon, le valet à tout faire), sans liens précis avec les réalités sociales, nous embarque très vite dans une actualité chargée, au gré de précisions distillées par les deux tirades importantes, celle de Figaro et celle de Bazile. Un contexte très précis se dessine alors, celui d'une société à bout de souffle, corrompue par l'argent et les privilèges, où les destins sont le jouet de l'opinion et de l'arbitraire : rien que de très actuel ! Aussi Beaumarchais, parodiant dans sa scène finale celles des mystères du Moyen-âge et des comédies moliéresques, présente-t-il, non pas une société réconciliée, où les classes sociales et les âges de la vie se donneraient la main, mais des États généraux en bonne et due forme se donnant pour mission de congédier le vieil ordre féodal que symbolise Bartholo. C'est le sens du jeu de scène final où celui-ci se voit maltraité, rejeté par chacun des autres personnages, comme dans un jeu de massacre qui finirait par une sentence juridique :

> BARTHOLO. – [...] Ah je me suis perdu faute de soins.
> FIGARO. – Faute de sens (IV, 8).

Cette habile paronomase souligne la négligence de la noblesse à l'égard de ses responsabilités civiles (« soins »), mais aussi sa mésintelligence d'une situation politique explosive (« sens »). Sous couvert d'une comédie de mœurs débridée, Beaumarchais livre un habile pamphlet, un manifeste politique détonant, dénonçant les vices impardonnables d'une société par trop inégalitaire.

On a souvent reproché à Beaumarchais le « caractère composite de sa production dramatique », et notamment l'alternance (apparemment sans cohérence), dans son œuvre, du drame et de la comédie. Cette alternance s'explique en partie par l'ambiguïté qui recouvre la production théâtrale de son siècle, et les attentes d'un public contrasté dans ses goûts comme dans sa structure sociale : entre le vice et la vertu, le goût du plaisir et celui de la morale. Cette caractéristique se retrouve ainsi dans *Le Barbier*, farce morale, épisode sensuel et sensé, mais elle n'en épuise pas l'analyse.

Tourné résolument du côté du comique, par des choix tranchés et cohérents dont l'auteur s'est lui-même expliqué dans sa « Lettre modérée… », ce premier grand succès dans la carrière de Beaumarchais révèle une autre facette du personnage-écrivain, ambitieux, avide de gloire, sachant renouer avec le succès (dès lors que sa situation personnelle l'exige) auprès de l'éternelle comédie, sans pour autant renoncer aux audaces et aux colères politiques qui sont les siennes.

Sérieux dans le comique, cohérent dans ses positions idéologiques et intellectuelles, le dramaturge, qui pensa avec conviction la réforme du théâtre contre ses règles contraignantes, n'est pas la « girouette » que l'on a pu croire ; en tout cas la cohérence de chacune de ses œuvres, mais aussi l'ensemble du projet de la *Trilogie*, font bien de lui le continuateur fidèle de Diderot, et l'annonciateur de la comédie de mœurs (au théâtre et au cinéma) – qui sera féconde elle aussi en procédés contrastés comme le « rire aux larmes ».

Odile RICHARD-PAUCHET
Université de Limoges

# DES PARADES D'ÉTIOLLES À LA TRILOGIE

Lorsque Bachaumont déclare, à propos du *Barbier de Séville* : « C'est une parade fatigante, une farce insipide, indigne du théâtre François[1] », il fait resurgir tout un pan du passé de Beaumarchais : celui d'auteur de théâtre de société. En effet, avant de s'illustrer à la Comédie-Française, Beaumarchais avait pratiqué le théâtre, d'abord chez lui, puis chez son ami, Charles-Guillaume Le Normant d'Étiolles. C'est ainsi que pour divertir la compagnie d'Étiolles, il a écrit des pièces de théâtre appelées *parades* : ces petites formes burlesques, bien que largement méprisées par les gens de goût et reniées par Beaumarchais lui-même, ont cependant constitué la première expérience d'écriture théâtrale du dramaturge. À ce titre, quelles ont pu être les influences du théâtre de société sur l'écriture de la trilogie ? Peut-on en effet affirmer, à la suite de Pierre Larthomas, que « si Beaumarchais n'avait pas écrit les parades, ni le *Barbier* ni le *Mariage* ne seraient ce qu'ils sont[2] ? » Pour déterminer ce que la trilogie doit aux parades de société, il sera d'abord question du contexte littéraire et culturel qui voit naître le théâtre de société, puis des éléments stylistiques, thématiques et dramaturgiques hérités des parades et présents dans la trilogie. Enfin, il s'agira de montrer en quoi les pièces de la trilogie se démarquent des premières pièces écrites pour Le Normant d'Étiolles, par le travail d'approfondissement dont elles ont fait l'objet.

---

1 L. Petit de Bachaumont, *Mémoires*, le 23 février 1775, cité par G. von Proschwitz, *Introduction au vocabulaire de Beaumarchais*, Stockholm, Almqvist &Wiksell, 1956, réimpression Slatkine, 1981, p. 27.

2 P. Larthomas, Introduction de l'édition critique des *Parades* de Beaumarchais, Paris, SEDES, 1977, p. 38.

## LA THÉÂTROMANIE DU XVIII^e SIÈCLE

Le fait de donner des divertissements privés, de lire des pièces de théâtre, voire d'en jouer chez soi, n'est certainement pas une invention du XVIII^e siècle ; pourtant, c'est bien dans les années 1730 qu'apparaît réellement ce qu'il est convenu d'appeler la *théâtromanie* du siècle. En effet, comme l'indique Dominique Quéro dans son article consacré aux débuts de la future marquise de Pompadour à Étiolles, la « mode du théâtre de société [...] se répand surtout à dater du printemps 1732[1] ». D. Quéro cite ensuite un extrait très éclairant du *Mercure de France* :

> Jamais le goût pour la déclamation et les représentations théâtrales n'a été si fort ni si général [...]. À Paris et dans quelques belles maisons de campagne des environs, on compte plus de cinquante théâtres, fort bien ajustés et ornés proprement, où des sociétés particulières se font un plaisir de jouer des pièces tragiques et comiques, avec beaucoup d'intelligence et de finesse ; et les gens de la première qualité s'en mêlent comme les bourgeois[2].

Plusieurs éléments sont à retenir dans ce témoignage : on notera tout d'abord que ce que l'on désigne par l'expression « théâtre de société » recouvre une réalité culturelle bien éloignée de ce que l'on imagine en pensant à un théâtre d'amateurs[3] : il ne s'agit pas de pièces plus ou moins bien jouées au moyen d'accessoires de fortune. Certes, il y a eu des maisons et des salons qui ne présentaient pas de scène et où l'on était contraint de monter un spectacle dans des lieux *a priori* peu propices à la représentation (on sait par exemple qu'un perron pouvait servir pour donner la comédie à Choisy-Mademoiselle, chez un magistrat, Thomas-Simon Gueullette, qui a écrit et joué des parades[4]), mais le plus souvent de vrais théâtres privés étaient érigés pour les plaisirs du maître de maison. Quant aux pièces représentées, elles étaient jouées par

1 D. Quéro, « Les débuts de la future marquise de Pompadour sur les théâtres d'Étiolles », *Les Théâtres de société au XVIII^e siècle*, vol. composé par M.-E. Plagnol-Diéval et D. Quéro, Éd. de l'Université de Bruxelles, « Études sur le 18^e siècle », 33, 2005, p. 36.

2 *Mercure de France*, avril 1732, p. 775.

3 Voir P. Larthomas, *op. cit.*, p. 14.

4 Th.-S. Gueullette, « Préface pour les parades. 1740-1742. », dans : J. Ruimi, *La Parade de société, une forme dramatique oubliée*, Paris, Champion, coll. « Les 18^e siècles », 2015, p. 492.

les membres des sociétés eux-mêmes. Il ne faudrait toutefois pas penser que ce théâtre privé a donné lieu à de piètres productions : la mention que fait le *Mercure de France* de l'« intelligence » et de la « finesse » du jeu de ces participants témoigne de la qualité de ces représentations. En outre, le répertoire joué en société semble avoir été assez vaste : les parades n'en constituent qu'une petite partie, et comme le rappelle le *Mercure*, on y jouait à la fois « pièces tragiques et comiques ».

Dans son ouvrage *Le Théâtre de société, un autre théâtre ?*, Marie-Emmanuelle Plagnol-Diéval revient justement sur la nature de cette production privée : elle explique ainsi que celle-ci « s'organise autour de trois grandes notions : le mimétisme avec les théâtres officiels [...], le divertissement de circonstance [...] enfin ce que nous appellerons dans un premier temps "l'encanaillement" faute d'un terme plus exact, dont la parade fournit un support textuel exemplaire et la plaisanterie à double sens le procédé rhétorique le plus courant[1]. » On sait en effet que *le beau monde* aimait parfois jouer des pièces du répertoire de la Comédie-Française, interprétant pour une après-midi les rôles du *Bourgeois Gentilhomme*[2] ou ceux de pièces de Voltaire[3] par exemple ; ces personnes des bonnes compagnies pouvaient aussi écrire des pièces en s'inspirant du répertoire : les membres de ces sociétés, connaisseurs et amateurs de théâtre, fréquentaient assidûment les théâtres privilégiés, comme la Comédie-Française, et en connaissaient parfaitement la production. Mais s'ils applaudissaient les comédies de Destouches ou les tragédies de Voltaire, ces membres critiquaient aussi beaucoup l'évolution du théâtre, ou plutôt sa non-évolution ; ils considéraient le théâtre comme emprisonné dans un ensemble de règles issues du XVII^e^ siècle et dépassées au XVIII^e^ siècle. À cet égard, les parades ou ce que Jacques Schérer appelle « l'anti-théâtre » jouent un rôle de contestation de ce théâtre « figé dans sa noblesse[4] » et constituent un aspect de l'entreprise de rénovation théâtrale, à laquelle Beaumarchais a participé.

Pour mieux comprendre ce qu'est la parade, précisons un peu les choses. À l'origine, la parade désigne un spectacle d'annonce donné dans

1 M.-E. Plagnol-Diéval, *Le Théâtre de société, un autre théâtre ?*, Paris, Champion, coll. « Les 18e siècles », 2003, p. 22.

2 Voir le *Recueil manuscrit des spectacles joués au château de Berny*, Bibliothèque de l'Arsenal (Paris), ms. 3112.

3 P. Larthomas, *op. cit.*, p. 14.

4 J. Scherer, *Théâtre et anti-théâtre au XVIIIe siècle*, Oxford, Clarendon Press, 1975, p. 11.

les foires, présenté soit sur une estrade pour vendre un produit, soit sur le balcon des théâtres forains, pour attirer les passants et les inciter à voir la pièce (payante) donnée à l'intérieur du bâtiment. Les pièces jouées sur ces balcons, improvisées, étaient en grande partie inspirées des canevas de la tradition italienne : on y retrouve donc des personnages-types de la *Commedia dell'arte*, comme le barbon, les amoureux, Arlequin et d'autres valets. Les plaisanteries, volontiers grossières, qui émaillaient ces spectacles connaissaient un succès considérable : une foule de badauds assistait aux parades foraines. Parmi ces spectateurs se trouvaient non seulement des ouvriers et des hommes du peuple, des étudiants, des bourgeois, mais aussi des seigneurs venus à la Foire incognito. Or si l'on en croit les témoignages de Thomas-Simon Gueullette et de Charles Collé[1], ces petites pièces plurent tellement aux gens du monde que ceux-ci décidèrent de les imiter et d'en jouer chez eux. Dès les années 1710, Gueullette et ses amis magistrats s'amusèrent ainsi à improviser à partir de canevas invariables ; dans les années 1730, certains grands personnages, comme le duc d'Orléans ou le comte de Maurepas, engagèrent des auteurs pour écrire des parades imitant les spectacles forains. Parmi les caractéristiques les plus importantes figuraient des équivoques graveleuses, rompant avec la bienséance, un parler populaire ou plutôt *pseudo-populaire*[2], et des formulations confuses, parfois absurdes, prenant le contrepied des critères classiques de vraisemblance et de clarté.

Les parades écrites par Beaumarchais pour la compagnie de Le Normant s'inscrivent dans cette lignée, et l'analyse stylistique des parades de Beaumarchais montre à quel point cet auteur s'est inspiré des parades des années 1730-1750. L'esprit, surtout, était le même : il s'agissait de rire, entre gens du beau monde – en l'occurrence des grands seigneurs et quelques célèbres comédiens, comme Préville, Dugazon ou encore Feuilly[3] – de personnages du peuple grotesques et complètement fantasmés. C'était là un élément de sociabilité parmi d'autres et l'amitié qui unit Beaumarchais aux membres de la société d'Étiolles ne se démentit jamais : ne retrouve-t-on pas en effet Préville dans la distribution du *Barbier* et du *Mariage* ?

1 Pour le passage des balcons aux salons, voir J. Ruimi, *La Parade de société*, *op. cit.*, p. 41-44.
2 P. Larthomas citant Jacques Scherer, Introduction aux *Parades* de Beaumarchais, *op. cit.*, p. 16.
3 P. Larthomas, *op. cit.*, p. 14.

Ces éléments de contextualisation posés, il convient à présent d'entrer dans l'analyse des textes à proprement parler, afin de déterminer ce qui relève de la parade dans les pièces de la trilogie.

## LE SOUVENIR DES PARADES

Des trois œuvres de la trilogie, *Le Barbier de Séville* est la pièce qui se rapproche le plus des parades pour une raison simple : l'intrigue du *Barbier* est la même que celle qui se déroule de façon invariable dans ces divertissements. En effet, un schéma récurrent dans les parades montre le vieillard Cassandre, père ou mari d'Isabelle, dupé par sa fille et l'amoureux de celle-ci, Léandre, le plus souvent grâce à l'entremise d'un valet. Ce type d'intrigues n'est toutefois pas propre à la parade : on le retrouve principalement dans les canevas de la tradition italienne, et d'ailleurs, dans un autre cadre, l'histoire que présente *Le Barbier de Séville* fait bien sûr penser en premier lieu à *L'École des femmes* de Molière. Pourtant, *Le Remède à la mode*, une parade écrite par Salley dans les années 1730, et qui a inspiré Beaumarchais pour sa célèbre parade *Jean-Bête à la Foire*, présente de nombreux points communs avec le *Barbier*. Tout commence par la « culbute » que « le bonhomme Cassandre [sent] [...] dans ses boyaux pour sa pupille[1] », mouvement qui l'incite à faire d'Isabelle sa femme. Léandre, aidé d'Arlequin et de Gilles, ancien serviteur de Cassandre, cherche donc à déjouer ces plans. Parmi les idées proposées figure l'enlèvement de la jeune fille, et les personnages masculins se décident à poser une échelle devant la fenêtre de l'appartement d'Isabelle. Mais la ruse échoue car c'est Cassandre, déguisé en femme, qui descend l'échelle. À la fin de la pièce, l'union d'Isabelle et de Léandre est célébrée sans notaire : Léandre, déguisé en apothicaire, fait mine de donner un lavement très particulier à Isabelle dans la chambre de cette dernière. Découvrant ce spectacle par le trou de la serrure, Cassandre renonce à Isabelle qu'il livre à Léandre.

1 *Le Remède à la mode*, dans *Théâtre des Boulevards ou recueil de parades*, Mahon, de l'Imprimerie de Gilles Langlois à l'Enseigne de l'Étrille, 1756, tome II, sc. 3, p. 95. À noter : les pièces de cette anthologie, publiées sans nom d'auteur, ont longtemps été attribuées (de façon fautive) à Gueullette.

On voit bien d'emblée ce qui rapproche et ce qui sépare *Le Remède à la mode* du *Barbier* : d'un côté, on retrouve la figure du tuteur omnipotent, le motif de l'enlèvement et l'échec du barbon lors du dénouement, de l'autre, la parade est marquée par différents degrés d'indécence, inconcevables sur la scène du Théâtre-Français.

Cela ne signifie pas pour autant que Beaumarchais a complètement gommé toute équivoque scabreuse des ses pièces ; on peut par exemple penser au « peti[t] ai[r] » de Bartholo, à la scène 5 de l'acte III, sur le « roi des maris » :

Veux-tu, ma Rosinette,
Faire emplette
Du roi des maris ?
Je ne suis point Tircis ;
Mais la nuit, dans l'ombre,
Je vaux encor mon prix ;
Et quand il fait sombre,
Les plus beaux chats sont gris[1].

Le refrain est ici amplifié par rapport à la scène précédente : dans la scène 4, Bartholo s'arrête au vers « Du roi des maris ? » ; mais à la scène 5, alors que Figaro entre sur la scène, le ton se fait plus leste : si le « chat » du dernier vers doit évidemment alerter le spectateur en quête de quelque gravelure cachée, c'est surtout la mention de Tircis qui doit retenir l'attention, car, comme l'écrit Michel Delon : « le nom qui semble être synonyme de berger soupirant respectueusement sa passion désigne en fait des réalités plus concrètes et doit s'entendre *Tire-six*[2] » : or aucun spectateur, ou presque, ne pouvait ignorer un tel calembour. On comprend alors mieux certains des reproches adressés à Beaumarchais à propos du *Barbier*, mais aussi du *Mariage* : les justifications de l'auteur dans la *Préface* à propos de la connotation que véhicule l'évocation du couvent des *Ursulines* sont certes fort drôles, mais peu crédibles. Il va de soi que le double sens scabreux y était recherché pour son immanquable effet comique.

Au-delà de la présence souterraine de la gravelure dans *Le Mariage de Figaro*, on trouve également des échos de la parade en termes d'intrigue. Certes, l'intrigue principale de cette pièce s'éloigne du schéma classique

---

1 *Le Barbier de Séville*, III, 5, éd. et préface de J. Scherer, Gallimard, coll. « Folio Classique », 2007, p. 129.

2 Michel Delon, *Le Savoir-vivre libertin*, Hachette Littératures, Pluriel, 2000, p. 261.

des parades. Pourtant, on peut considérer que l'intrigue secondaire du désir de mariage de Marceline, est elle aussi tout droit héritée des parades. On pense en effet à une pièce de Collé, *La Mère rivale*, dans laquelle Madame Cassandre éprouve un désir furieux pour le fiancé de sa fille et cherche à l'épouser à tout prix. Deux versions de cette pièce existent : dans la pièce manuscrite, un religieux, Nicolas, personnage fourbe et manipulateur, qui se trouve être l'amant de Mme Cassandre, exige que la dame renonce à son projet en la menaçant de la faire emprisonner à l'aide d'une lettre de cachet qu'il possède. Ce personnage, qui annonce par certains aspects le Bégearss de *La Mère coupable*, est transformé dans la version imprimée (édition produite contre le gré de Collé) en un personnage de maître d'hôtel ; il est par ailleurs adouci : pour agir sur Mme Cassandre, il laisse entendre que cette dernière risque de commettre une forme d'inceste en épousant Léandre, le fils caché de Nicolas[1]. Celle-ci, effrayée, renonce immédiatement à ses projets de mariage : la conversion rapide du personnage n'est pas sans rappeler celle de Marceline, ni, dans une certaine mesure, celles de Florestine et de Léon dans *La Mère coupable.*

D'autres éléments rappellent la parade au cours de la scène qui oppose Marceline à Figaro dans *Le Mariage* : non seulement les personnages du notaire Brid'oison[2] et du greffier Double-Main sont des figures types de la parade, mais la désignation même de Marceline descend en droite ligne de cette forme comique. Ainsi, lorsque Double-Main présente le personnage en la nommant : « Barbe – Agar – Raab – Magdelaine – Nicole – Marceline de Verte-Allure[3] », comment ne pas se souvenir – entre autres – de la « Damoiselle Ouinifride, Eustorge, Magloire, Euberte, Barbe, Isabelle de Poilcourt[4] » des *Fausses envies* de Gueullette ? Dans les deux cas, l'énumération hyperbolique de noms crée un effet comique triple : pour commencer, elle mime de façon burlesque les

1 L'inceste a un sens plus large qu'aujourd'hui : avoir des relations sexuelles avec le fils de son amant est considéré comme incestueux.

2 Le nom de Brid'oison n'est pas anodin et rappelle l'onomastique comique de la parade : dans le *Dictionnaire de l'Académie* de 1762 (4e édition), « on dit figurément qu'*Un homme est un oison, un oison bridé, qu'il se laisse mener comme un oison*, pour dire que C'est un idiot à qui on fait faire tout ce qu'on veut. » Voir aussi la réplique de Gilles dans *Le Remède à la mode*, *op. cit.*, sc. 17 : « Parguienne je veux encore essayer de brider ce vieil oison », p. 128.

3 *Le Mariage de Figaro*, III, 15, éd. de P. Larthomas, Gallimard, coll. « Folio Classique », 1984, p. 174.

4 Th.-S. Gueullette, *Les Fausses envies*, II, 2, Paris, Librairie des Bibliophiles, 1878, p. 32.

patronymes nobles où se juxtaposent des noms glorieux en présentant des prénoms qui font référence à des personnages célèbres et le plus souvent bibliques – Sainte Barbe est une martyre chrétienne, Agar est la servante d'Abraham, Magdelaine convoque bien sûr Marie-Madeleine. On notera également le fait que ces noms ne sont pas choisis au hasard : Agar rappelle la position de gouvernante de Marceline ; Sainte Barbe, selon la légende, avait été baptisée en secret par un homme « instruit de la science de la médecine[1] », qui pourrait évoquer de façon un peu leste et très burlesque le Docteur Bartholo – le Comte ne l'appelle-t-il d'ailleurs pas *Barbe à l'eau*[2] dans le *Barbier* ? Quant à Magdelaine, son nom n'est-il pas une façon de rappeler la « verte allure » de Marceline, c'est-à-dire la conduite de cette femme que les autres personnages considèrent comme bien peu morale[3] ? Enfin l'énumération de ces noms est aussi comique car elle présente un jeu poétique qui se défait progressivement de toute logique référentielle. Ainsi, le Raab, indique l'*Encyclopédie*, est une rivière qui se jette dans le Danube[4], et non un prénom, mais *Raab* est quasiment l'anagramme de *Barbe*, et présente deux *a* comme dans *Agar* : on comprend mieux alors la concaténation de ces prénoms qui s'enchaînent et se font écho dans une sorte de vertigineuse spécularité. La série « Magdelaine – Nicole – Marceline » est fondée elle aussi sur le même le principe : *Magdelaine* comporte deux *a*, ce qui rapproche le prénom des précédents, mais porte en son sein les lettres *in* que l'on retrouve dans *Nicole* et *Marceline*, dans un sens puis l'autre. Cette dissémination à l'œuvre dans la déclinaison patronymique permet donc de comprendre quelle forme de logique poétique point sous une apparente fantaisie. On remarquera enfin qu'au son [b] récurrent dans la première partie du nom succède le [m] de la deuxième partie, et plus particulièrement le *mar* de Marceline : de là à y voir les lettres du nom de Beaumarchais ressurgir[5]... Mais ne nous laissons pas emporter

1 J. de Voragine, *La Légende dorée*, traduite du latin et précédée d'une notice historique et bibliographique par M. G. B., Paris, Librairie de Ch. Gosselin, 1843, p. 298.

2 *Le Barbier de Séville*, II, 13, *op. cit.*, p. 98.

3 *Cf.* la définition de l'*allure* dans l'*Encyclopédie ou Dictionnaire raisonné des sciences, des arts et des métiers* : « ALLURE, s. f. c'est la manière de marcher des bêtes. Ce mot s'applique en Morale à la conduite, & se prend en mauvaise part. »

4 *Encyclopédie [...]*, art. « Raab ».

5 Ne pas oublier l'hypothèse selon laquelle Figaro serait une déformation de « Fils Caron », autrement dit du nom de Beaumarchais.

par le démon de l'interprétation et bornons-nous à constater que si Beaumarchais ne reprend pas forcément mot pour mot des éléments de parades, il en garde certains des ressorts comiques.

C'est aussi ce que l'on peut constater au détour d'une scène de *La Mère coupable*, drame qui ne prête pourtant pas à rire. Il y a en effet dans cette œuvre un bref moment de *comic relief* lorsque Guillaume vient apporter une lettre pour Bégearss et qu'il rencontre Figaro (II, 8) : deux éléments trouvent des échos dans la tradition des parades. Tout d'abord, à l'instar du Gilles des premières parades du XVIIIe siècle, Guillaume est le type même du niais qui se fait duper et ne s'en aperçoit guère ; à cet égard, l'aparté de Figaro – « Il faut pomper le sot[1] » – n'est pas éloigné des remarques des filous Prends-Tout et Laisse-Rien dans les parades de Gueullette, dont l'unique affaire est de tromper Gilles le nais. En outre, le personnage de Guillaume a un accent allemand (« Meingoth ! ch'attendrai pas meissieïr en gombagnie té vous[2] ! ») Le fait d'introduire une langue étrangère dans une pièce n'est pas rare et Pierre Larthomas montre dans *Le Langage dramatique* que l'« emplo[i] particulie[r] » que constituent « les langues étrangères ou prétendues telles[3] » est plus marqué stylistiquement que les simples différences de niveaux de langue. Mais il est vrai que c'est aussi un ressort comique fréquent dans les parades, que ce soit l'accent anglais de Cotouel, personnage du *Chirurgien anglais* de Collé, l'accent gascon du Dr Cacao dans *Le Mariage sans curé* du même auteur, ou encore l'accent du Suisse d'une des premières parades de Gueullette, particulièrement proche du langage codifié et stéréotypé parlé par Guillaume[4]. On voit donc bien comment Beaumarchais fait feu de tout bois en usant sur scène de procédés comiques et de bons mots qui ont déjà fait leurs preuves en société. On notera toutefois que certaines de ces répliques, très marquées par la parade, furent rejetées par les Comédiens-Français eux-mêmes. Ainsi, Dazincourt, rapporte P. Larthomas, fut scandalisé de lire la réplique suivante, prononcée

1 *La Mère coupable*, II, 8, éd. de P. Larthomas, Gallimard, coll. « Folio Classiques », 1984, p. 312.

2 *Loc. cit.*

3 P. Larthomas, *Le Langage dramatique, sa nature, ses procédés*, Paris, PUF, coll. « Quadrige », 2001, p. 409.

4 Th.-S. Gueullette, *Parades inédites*, Paris, Librairie des Bibliophiles, 1885, Première parade, II, 3, p. 58. Voir notamment cette exclamation chuintante du Suisse : « Ponne chour, ma petit cuir. [...] Toy li estre par mon foy joulie. Ta fisache li estre sans façonnement. Li estre pas comme la visache de sti damoiselles di Paris. »

par Figaro dans *Le Mariage* et adressée à Bazile : « Si tu as le malheur d'approximer madame, la première dent qui te tombera, ce sera la mâchoire, et mon poing fermé sera le dentiste[1]. » L'acteur qui interprétait Figaro parvint, à force d'acharnement, à faire transformer cette phrase (« Si vous faites mine seulement d'approximer madame… », IV, 10), mais la dispute fut importante entre les deux hommes. Cette anecdote témoigne de l'impossibilité de prononcer certaines répliques jugées trop basses ou de trop mauvais goût sur la scène de la Comédie-Française : si tout – ou presque – était permis en société, le contrôle et l'autocensure étaient permanents en public. Et Beaumarchais n'aurait jamais pu écrire pour la scène officielle ce qu'il s'autorisait dans les parades : c'est ce travail de raffinement des effets comiques et d'approfondissement dramatique de la parade vers la comédie que nous allons à présent aborder.

## SPÉCIFICITÉS DE LA TRILOGIE

Le premier élément à évoquer concerne le style des comédies de la trilogie. Comme le note Pierre Larthomas, l'étude des variantes « montre de façon très nette que, par leur style, *Le Barbier* et *Le Mariage* étaient à l'origine très proches des parades[2] ». Beaumarchais s'est donc efforcé de gommer certains aspects qui pouvaient être trop marqués par le sceau de la parade entre les différentes versions de son texte. Et même quand on lit certaines répliques reprises des parades, on s'aperçoit que les jeux de mots sont plus efficaces dans la trilogie. Ainsi, par exemple, dans *Le Barbier*, le Comte, déguisé en Lindor, dit à Bartholo, à propos de son lien de parenté avec Rosine : « Je vous ai pris pour son bisaïeul paternel, maternel, sempiternel[3] ». C'est là une double citation : celle de la parade de Beaumarchais *Jean-Bête à la Foire*, dans laquelle Jean-Bête évoque son grand-père par ces mots : « Mon grand-père paternel, maternel, fraternel, tanternel, sempiternel[4] », qui reprenait elle-même

1 P. Larthomas, Introduction aux *Parades* de Beaumarchais, *op. cit.*, p. 36.
2 *Ibid.*, p. 34.
3 *Le Barbier de Séville*, II, 14.
4 *Jean-Bête à la Foire*, sc. 9, dans *Parades*, éd. de P. Larthomas, *op. cit.*, p. 257.

une réplique d'Arlequin dans *Le Bonhomme Cassandre aux Indes* de Salley, évoquant son « autorité paternelle, maternelle, fraternelle, tanternelle, et sempiternelle[1] » sur Isabelle. Les cinq adjectifs accumulés dans les parades sont réduits au nombre de trois, le néologisme formé sur le nom *tante* est quant à lui supprimé : en d'autres termes, si la juxtaposition des adjectifs pour le moins antithétiques *paternel* et *maternel*, comme la pointe finale – l'adjectif *sempiternel* – qui insiste avec ironie sur l'âge vénérable du barbon –, déclenchent à coup sûr le rire, elles le font d'une façon plus efficace que dans les hypotextes des parades. Le trait, considérablement allégé, ne garde alors que l'esprit d'un bon mot qui a fait rire quantité de spectateurs depuis les années 1730.

Mais c'est peut-être du côté de la caractérisation des personnages que la variation entre les parades et la comédie est la plus importante ; dans les parades, tous les personnages sont uniformément dégradés : le barbon est bien sûr ridicule, mais les amoureux le sont aussi, contrairement à ceux de la tradition italienne qui les distingue comme couple raffiné au sein de masques grotesques. Léandre n'a rien d'un gentilhomme et il est le plus souvent lâche et ignorant ; Isabelle, elle, est une jeune fille aux mœurs débridées, toujours à l'affût d'un amant pour la désennuyer. Dans *Jean-Bête à la Foire*, elle dit ainsi à Cassandre, avec désespoir : « On n'a qu'un pauvre z'amant pour tout plaisir, on vous l'ôte ! et c'est z'un père cruel qui vous l'ôte ! ah, Ciel[2] ! » On voit d'emblée la différence entre un Léandre et Almaviva, entre Isabelle et Rosine : cette dernière, toute « mal élevée[3] » qu'elle soit, se révolte certes contre l'ordre brutal de Bartholo, mais reste une ingénue s'exprimant « avec émotion », « avec embarras », « baissant les yeux » et ne pouvant s'empêcher de « rougir » (II, 2 et 11). Dans *Le Mariage*, elle est « noble et belle ! mais [...] imposante » (I, 7) selon la formule de Chérubin, et si elle est visiblement troublée par l'amour de Chérubin, elle conserve vis-à-vis de lui une distance qui la rend bien différente des personnages féminins des parades, aux appétits charnels explicites. Dans *La Mère coupable*, enfin, la douleur de la Comtesse n'a rien de comique et ne saurait nullement rappeler les divertissements de société.

1 *Le Bonhomme Cassandre aux Indes*, dans : *Théâtre des Boulevards*, *op. cit.*, tome III, sc. 3, p. 13.

2 *Jean-Bête à la Foire*, *op. cit.*, sc. 3, p. 218.

3 Beaumarchais, « Lettre modérée sur la chute et la critique du *Barbier de Séville* », dans : *Théâtre* de Beaumarchais, éd. de J.-P. de Beaumarchais, Paris, Garnier Frères, 1980, p. 32.

Quant au Comte, même s'il s'expose au ridicule dans *Le Barbier* en se déguisant, en feignant d'être ivre et en chantant pour Rosine, il n'en demeure pas moins un grand seigneur, dont la splendeur éclate lorsque, au cours du dénouement, « jetant son large manteau, [il] paraît en habit magnifique[1] ». À la tradition des parades se substitue ainsi le motif espagnol de l'*hidalgo*. C'est aussi du côté de l'Espagne que se situe le Comte du *Mariage* : il correspond bien en effet au stéréotype du gentilhomme castillan, jaloux et séducteur. Dans *La Mère coupable* enfin, c'est un personnage complexe, en proie aux doutes, alternant entre la fureur et la compassion vis-à-vis de la Comtesse : d'une pièce à l'autre, le Comte apparaît ainsi sous différents aspects et son épaisseur dramatique ne saurait nullement être assimilée à la caractérisation schématique des personnages de parades.

Mais c'est bien sûr le personnage de valet qui change le plus entre la parade et la trilogie : si les Gilles et les Arlequin de parades sont parfois les adjuvants qui parviennent à dénouer la situation, ils n'ont rien de commun avec l'unique Figaro. On pourrait par certains aspects le comparer à Jean-Bête, le personnage éponyme du « chef d'œuvre[2] » des parades, selon le mot d'Eugène Lintilhac : comme Jean-Bête, « auteur de parades[3] », Figaro se présente au début du *Barbier* comme un auteur dramatique ; comme Jean-Bête, Figaro multiplie les « tartagèmes et déguisemens d'opéra[4] » ; enfin, comme Jean-Bête déguisé en Dr Moribond, Figaro administre des remèdes inutiles à tous les habitants de la maison du Dr Bartholo. Mais ces éléments mis à part, il est évident que le personnage de Figaro, par son historicité qui se manifeste de façon si complexe dans ses monologues – et plus particulièrement dans celui du *Mariage* –, par son impertinence et sa gaieté, mais aussi par la relation de loyauté et d'amitié qu'il entretient avec son maître, Figaro, donc, est la version approfondie d'un personnage comme Jean-Bête, son « frèr[e] aîn[é][5] » selon le mot de P. Larthomas.

Enfin, si les pièces de la trilogie sont si différentes des parades, c'est aussi, et surtout, parce qu'elles sont plus raffinées. On peut citer comme

1 *Le Barbier de Séville*, IV, 6.

2 E. Lintilhac, *Beaumarchais et ses œuvres, précis de sa vie et histoire de son esprit, d'après des documents inédits*, Paris, Hachette, 1887, chapitre v : « Les parades de Beaumarchais, origines gauloises de son génie comique », p. 216.

3 *Jean-Bête à la Foire*, sc. 9, *op. cit.*, p. 257.

4 *Loc. cit.*

5 P. Larthomas, Introduction aux *Parades* de Beaumarchais, *op. cit.*, p. 38.

exemple la scène de travestissement de Chérubin dans *Le Mariage*. Le fait qu'un personnage masculin se déguise en femme est un motif récurrent dans les parades : on pense entre autres à *Léandre grosse*, une parade de Collé, dans laquelle le personnage éponyme prend les habits de sa maîtresse, Isabelle, qui cherche à cacher sa grossesse à son père. Déguisé en femme, Léandre connaît cependant des mésaventures : Gilles s'éprend de lui avec passion et Léandre ne sait comment échapper à ce désir bruyant. Le caractère scabreux de ce travestissement est totalement absent du *Mariage* : certes, la scène présentant la Comtesse, Suzanne et Chérubin dans un moment d'intimité recèle un discret érotisme, et les deux femmes – surtout la Comtesse – éprouvent bien quelque trouble devant les bras nus du jeune Chérubin, plus tout à fait un enfant, et pas encore un homme. Mais le désir frémissant qui surgit de cette scène de travestissement reste très éloigné du caractère burlesque des parades. De la même façon, tout en peignant l'éveil à la sexualité de Chérubin, Beaumarchais évite la grossièreté qui apparaîtrait de façon inéluctable dans les parades ; il montre au contraire comment l'adolescence est un âge où surgit la surprise de l'amour, et lorsque Chérubin, « *exalté* » s'exclame : « Je ne sais plus ce que je suis ; mais depuis quelque temps je sens ma poitrine agitée ; mon cœur palpite au seul aspect d'une femme ; les mots *amour* et *volupté* le font tressaillir et le troublent[1] », l'auteur s'inscrit bien plus dans la tradition des comédies de Marivaux que dans celle des divertissements farcesques du théâtre de société.

Que dire enfin du caractère *sensible* que l'on trouve bien sûr dans le drame *La Mère coupable*, mais aussi dans *Le Mariage* ? On est bien loin, par ce procédé, des parades uniformément burlesques : par son désir de transformation du théâtre, Beaumarchais s'éloigne donc de ses premières tentatives dramatiques pour créer des pièces uniques en leur genre.

Au XVIIIe siècle, on a passionnément aimé le théâtre, mais on l'a beaucoup critiqué également : les pièces données à la Comédie-Française n'étaient pas assez neuves, pas assez émouvantes, pas assez naturelles. Le désir de changer la nature de la production théâtrale, porté entre autres par Diderot et Beaumarchais, était fort, et partagé par un grand nombre de spectateurs. Cela ne signifie pas pour autant que ceux-ci étaient prêts à tout voir ou à tout entendre sur la scène d'un théâtre privilégié : ce

1 *Le Mariage de Figaro*, I, 7.

que l'on pouvait admettre en privé était inacceptable en public, et les parades, bien qu'elles aient largement fait rire les grands seigneurs dans le secret des compagnies, étaient méprisées par les gens de bon goût : Beaumarchais lui-même les a reniées. Pourtant, malgré cette prise de distance face à des divertissements dans lesquels il excellait, l'auteur de la trilogie doit bien quelque chose à ces petites pièces expérimentales où l'on jouait hardiment à subvertir les règles aristotéliciennes et c'est peut-être grâce aux parades que Beaumarchais a réussi à ce point à transformer la pâle comédie de son temps en un spectacle où règnent la gaieté et le naturel, mais aussi, et surtout, la plus grande modernité.

Jennifer Ruimi
Université Sorbonne Nouvelle – Paris 3
EA 174 « Formes et idées de la Renaissance aux Lumières »

# BEAUMARCHAIS
# À L'ÉPREUVE DU RIRE

La cohérence esthétique de la trilogie espagnole a toujours semblé problématique : une quasi-farce, une comédie d'intrigue, un drame. Beaumarchais en convient lui-même dans sa préface à la dernière œuvre, « Un mot sur *La Mère coupable* » : « les deux premières époques ne semblent pas, dans leur gaieté légère, offrir de rapport bien sensible avec la touchante et profonde moralité de la dernière [...][1] ». Ces trois pièces, « roman de la famille Almaviva[2] », se présentent, à l'évidence, selon des modalités dramatiques fort différentes, voire divergentes, que cette mention de « roman » par laquelle elles sont résumées et supposément unifiées complexifie encore davantage. Si l'on élargit la focale à l'ensemble de l'œuvre, les hésitations génériques sont encore plus manifestes car l'auteur a expérimenté toutes les ressources théâtrales de son siècle – tragédie à l'ancienne mise à part. Ses premiers essais sont des parades, productions populaires et volontiers grossières quoique efficacement comiques (*Colin et Colette, Les Députés de la Halle et du Gros-Caillou, Jean Bête à la foire*, etc.), où la langue est malmenée et les situations caricaturales. Voulant monter dans la hiérarchie littéraire, Beaumarchais passe au genre nouveau du drame avec, coup sur coup, *Eugénie* (1767) et *Les Deux Amis* (1770), accueillis par un succès public mitigé pour le premier et des huées pour le second – et ni l'un ni l'autre, de toute façon, retenus par la postérité. Puis vient donc la trilogie, qui présente un paysage dramatique passablement dissonant. Les longs textes de l'auteur en tête de ses œuvres publiées – « Lettre modérée sur la chute et la critique d*u Barbier de Séville* », « Préface du *Mariage de Figaro* », « Un mot sur *La Mère coupable* » – développent, du reste, une réflexion poétique qui reconnaît le problème générique, en tentant de le dépasser.

1 « Un mot sur *La Mère coupable* », dans : *Le Mariage de Figaro. La Mère coupable*, éd. Pierre Larthomas, Paris, Gallimard, coll. « Folio », 1984, p. 271. Nous renvoyons à cette édition tout au long de cette étude.

2 *Ibid.*

Ce qui est là en jeu, en réalité, c'est la question des émotions à susciter chez le spectateur : le faire rire ou le faire pleurer ? Beaumarchais oscille, incertain de la légitimité morale de l'une et l'autre humeur en matière théâtrale, d'où contradictions et palinodies au fil des ans. Il est bien en cela un homme de son temps, tiraillé entre le devoir d'édification et le choix de la tonifiante gaieté. C'est une nouvelle donne de l'antique *placere/docere* que cet instinctif génie du théâtre s'essaie à reconstruire, par tâtonnements et permutations, parfois hasardeux et souvent très heureux[1].

Beaumarchais entre dans la carrière alors que de nombreuses voix se sont élevées dans le siècle contre les thématiques et la pratique du théâtre classique. Si Molière et Racine continuent d'être adulés, le modèle hérité rencontre de plus en plus de critiques : la société et les mœurs ont changé, il faut donc remodeler le matériau théâtral en conséquence. La comédie, soutenue par son antique devise – *castigat ridendo mores* –, n'a-t-elle pas fait un usage du rire excessif, c'est-à-dire volontiers cruel, contrariant l'humanisme des Lumières ? La tragédie, de son côté, qui offre aux regards les tourments amoureux de princes ou têtes couronnées est-elle bien en phase avec le spectateur moyen du XVIII^e siècle ? Les cartes dramatiques doivent être rebattues : autant dire que les deux genres théâtraux qui se partagent la scène depuis l'antiquité sont en péril et voient leur éviction programmée.

Contrairement à ce que l'on pourrait penser spontanément de ce siècle si gai, une certaine méfiance envers le rire s'observe en effet, active et récurrente, et sur différents fronts, dont fait les frais bien sûr la comédie[2]. L'*Encyclopédie*, sous la plume de Marmontel, fustige ainsi ce genre qui a pour principe « la malice naturelle aux hommes », encourage une « maligne joie », une « complaisance vicieuse » et conclut, après un détour venimeux par Aristophane, qu'il s'agit d'un « genre méprisable[3] ». Cette condamnation morale, même si elle en emprunte les termes, n'est pourtant pas à mettre sur le même plan que celle d'un Bossuet faisant de la pulsion rieuse « une déplorable maladie de notre cœur[4] ». Laïque et moderne, elle pourfend la (supposée) facilité qu'il y

1 Voir Gabriel Conesa, « Beaumarchais et la tradition comique », *Beaumarchais : homme de lettres, homme de société*, Philip Robinson éd., Bern-Frankfurt, Lang, 2000, p. 133-146.

2 Je me permets de renvoyer à mon ouvrage, *Le Rire des Lumières*, Paris, Champion, 2002.

3 *Encyclopédie*, article « Comédie ».

4 Bossuet, *Maximes et réflexions sur la comédie*, dans : *Œuvres complètes*, Paris, Gauthier Frères, 1828, t. XII, p. 312.

a à choisir pour cible des rires du public un quidam imparfait, comme nous tous : ne serait-il pas plus judicieux d'exercer envers lui une forme de « pitié philosophique[1] » ? C'est au nom d'une bienveillance érigée en principe civilisationnel – *homo sum, humani nihil a me alienum puto* – que se voit donc éreinté le genre comique. On peut s'égayer, soit, mais sans blesser la dignité humaine.

Rousseau, dans sa *Lettre à d'Alembert sur les spectacles* (1758), est celui qui théorise le plus profondément le nouveau paradigme esthético-moral, et sur les bases les plus neuves. Ce vibrant art poétique aux allures pamphlétaires reprend en effet, *da capo*, les notions pseudo-aristotéliciennes et horaciennes de vice et de ridicule, au fondement du genre comique, pour souligner leur fragile assignation respective et leur exploitation douteuse. Son argumentation, rigoureuse et subtile, souligne d'abord le fait que le théâtre n'a pas « le pouvoir de changer des sentiments ni des mœurs qu'il ne peut que suivre et embellir[2] ». Le succès d'une pièce ne fait que refléter les goûts dominants d'une société donnée : donc, loin de redresser les mœurs, le théâtre les conforte, y compris dans ce qu'elles ont de plus blâmables : « Quand Molière corrigea la scène comique, il attaqua des mœurs, des ridicules ; mais il ne choqua pas pour cela le goût du public, il le suivit ou le développa[3] ». La comédie tend de plus, aux yeux de Rousseau, à désigner les petits travers à la raillerie publique et à délaisser les gros défauts : « à force de craindre les ridicules, les vices n'effraient plus[4] ». L'effet *catharsis* manque sa cible : on rit, chez Molière, des maris cocus, des roturiers arrivistes, des gens ordinaires aux manies somme toute innocentes, mais non pas des manipulateurs habiles, des fourbes, des héritiers qui aspirent à toucher précocement le fruit de leurs flatteries : « Son plus grand soin est de tourner la bonté et la simplicité en ridicule, et de mettre la ruse et le mensonge du parti pour lequel on prend intérêt [...][5] ». Le spectacle n'est alors qu'une condescendante concession à ce qu'attend le public, lequel ne brille pas par sa vertu, en général. C'est une confusion des valeurs que

1 *Encyclopédie*, article « Comédie ».

2 *Lettre à d'Alembert*, dans : *Œuvres complètes*, vol. v, éd. B. Gagnebin et M. Raymond, Paris, Gallimard, coll. « Bibliothèque de la Pléiade », 1995, p. 17-18.

3 *Ibid.*, p. 18.

4 *Ibid.*, p. 24.

5 *Ibid.*, p. 32.

d'exciter le rire moqueur envers des faiblesses peu répréhensibles, en évitant le questionnement de nature morale et sociale. Pour mieux appuyer ce conformisme prétendu, Rousseau prend exemple du *Misanthrope* : après des considérations générales sur l'esthétique théâtrale, il s'attarde, en un célèbre développement, sur cette pièce en particulier. Le tort de Molière, dans cette pièce, est qu'il n'a « point prétendu former un honnête homme mais un homme du monde ; par conséquent, il n'a point voulu corriger les vices mais les ridicules[1] ». Ce sont les mœurs de salon qui sont ici promues, selon lui, et non la rugueuse droiture : « ce caractère si vertueux est présenté comme ridicule[2] », alors que c'est le décalage seul qu'il offre avec son entourage corrompu qui le place dans cette situation. Mais il fallait, d'une part, ne pas brusquer l'aristocratie, susceptible de se reconnaître dans la dénonciation proférée par Alceste de l'hypocrisie mondaine et, d'autre part, « faire rire le parterre[3] ». Au souci de ne pas effaroucher l'élite se joint donc une certaine démagogie envers le peuple. Où est alors la volonté d'instruire en amusant que revendique si hautement la comédie ?

Au terme de sa lecture critique du *Misanthrope*, qu'il qualifie d'« admirable pièce[4] » malgré tout, Rousseau propose des modifications substantielles concernant la peinture des caractères et l'orientation comique, et espère qu'une réécriture conforme à ses vœux verra le jour : peut-être un « homme de génie » saura « faire un nouveau *Misanthrope*[5] », selon ses préconisations. On sait que son souhait sera exaucé par Fabre d'Églantine, qui s'inspire de ces conseils pour donner une suite à cette comédie : *Le Philinte de Molière*, jouée sous la Révolution, en 1790, dans laquelle l'ami d'Alceste ne tient plus désormais le beau rôle du sage mais celui du cynique louvoyant. Germaine de Staël, chaude rousseauiste, approuve cette réécriture républicaine :

> Dans *Le Misanthrope* de Molière, c'est Philinte qui est l'homme raisonnable, et c'est d'Alceste qu'on rit. Un auteur moderne, développant ces deux caractères dans la suite de leur vie, nous fait voir Alceste généreux et dévoué dans

1 *Ibid.*, p. 33.
2 *Ibid.*, p. 36.
3 *Ibid.*, p. 38 et 39.
4 *Ibid.*, p. 41.
5 *Ibid.*, p. 39, note de l'auteur.

> l'amitié, et Philinte avide en secret et tyranniquement égoïste. L'auteur a saisi, je crois, dans sa pièce, le point de vue sous lequel il faut représenter désormais la comédie : ce sont les vices pour ainsi dire négatifs, ceux qui se composent de la privation des qualités, qu'il faut maintenant attaquer au théâtre [...][1].

Le problème est que les méchants ne font pas rire mais suscitent plutôt l'indignation ou le mépris : dans cette comédie réformée, moralement correcte, de quoi rirait-on, au juste ? On ne rirait plus mais ce serait « sans comparaison plus instructif[2] ». Il ne convient pas de le regretter car « le plaisir même du comique [est] fondé sur un vice du cœur humain[3] » et les dramaturges qui se font une réputation dans ce domaine ne font qu'entretenir l'aliénation générale et le défoulement collectif. Pourtant, tout à ses paradoxes, Rousseau n'apprécie guère les ajustements théâtraux de son temps allant dans le sens de sa propre méfiance du comique :

> Nos auteurs modernes, guidés par de meilleures intentions, font des pièces plus épurées mais aussi qu'arrive-t-il ? Qu'elles n'ont plus de vrai comique et n'ont plus aucun effet. Elles instruisent beaucoup, si l'on veut ; mais elles ennuient encore davantage. Autant vaudrait aller au sermon[4].

L'aporie guette. Jean Goldzink résume très justement ce dilemme esthétique : « la vertu épuise le comique et le comique ronge la vertu[5] ».

Rousseau, si souvent à contre-courant, n'est pas isolé, cette fois-ci, pour pointer la panne du modèle théâtral. Diderot, exactement à la même période, fait paraître *Le Fils Naturel ou les épreuves de la vertu*, accompagné des *Entretiens sur le Fils naturel* (1757), puis l'année suivante, quelques mois seulement après la publication de la *Lettre à d'Alembert*, *Le Père de famille* et son discours accolé, *De la poésie dramatique.* Chacune des deux pièces, ainsi flanquée de sa glose théorique, forme, en deux blocs symétriques, une défense et illustration de l'esthétique dramatique prônée par l'encyclopédiste. Si les œuvres théâtrales elles-mêmes

1 Germaine de Staël, *De la Littérature*, II, 5 : « Des ouvrages d'imagination », Paris, Garnier-Flammarion, 1991, p. 347-348.

2 *Lettre à d'Alembert*, p. 39 (note de l'auteur).

3 *Ibid.*, p. 31.

4 *Lettre à d'Alembert*, p. 43.

5 Jean Goldzink, *Les Lumières et l'idée du comique*, Paris, ENS-Fontenay-Saint-Cloud, 1992, p. 88.

n'ont jamais soulevé l'enthousiasme des spectateurs, d'alors et de la postérité, les deux essais composent un ensemble critique de la plus haute importance pour qui veut saisir non seulement la pensée de Diderot, mais plus généralement la crise que traverse le théâtre au XVIII^e^ siècle et les efforts déployés pour la surmonter.

Diderot aspire également à refonder de fond en comble le théâtre, quoique sur des postulats un peu différents de ceux de son confrère genevois. Le puritanisme n'étant guère son trait dominant, la question du rire, en tant que telle, ne le préoccupe pas vraiment *a priori* : ce qui constitue le point focal de son analyse est la représentation sociale dans les genres dramatiques, et les affects supposés en découler. La comédie qui, canoniquement, bannit la noblesse de la scène – en raison de l'inscription basse du genre dans la hiérarchie littéraire, où l'on ne saurait donc accueillir l'élite sociale – se concentre nécessairement sur le peuple, tandis que la tragédie cherche à faire naître l'empathie envers ses héros, illustres ou du moins puissants. Or, argumentent les *Entretiens sur Le Fils naturel*, il s'agit des deux extrêmes de la société, dans lesquels ne se reconnaît pas le public en général : celui-ci veut voir représentées ses mœurs et être soumis à des enjeux dramatiques de proximité. « La mort fabuleuse d'un tyran, ou le sacrifice d'un enfant aux autels des dieux d'Athènes ou de Rome[1] » ne le concernent guère, pas plus que les manœuvres retorses de grossiers domestiques. Il faut que le spectateur puisse s'identifier complètement au personnage, autant dire que le resserrement de l'intrigue dans l'espace et le temps est primordial : aujourd'hui – et non dans un passé perdu dans les brumes antiques –, et ancré dans une classe sociale moyenne. Dix ans plus tard, Beaumarchais s'inspire directement de cette analyse, dans son *Essai sur le genre dramatique sérieux*, en tête de son drame *Eugénie* : « Que me font à moi, sujet paisible d'un État monarchique du dix-huitième siècle, les révolutions d'Athènes et de Rome ? Quel véritable intérêt puis-je prendre à la mort d'un tyran du Péloponnèse ? au sacrifice d'une jeune princesse en Aulide ? Il n'y a dans tout cela rien à voir avec moi, aucune moralité qui me concerne[2] ». À partir de ce constat – passable-

1 Diderot, *Entretiens sur le Fils Naturel*, dans : *Œuvres complètes*, éd. H. Dieckmann, J. Varloot, et J. Proust, t. X, Paris, Hermann, 1980, p. 140-141.

2 Beaumarchais, *Essai sur le genre dramatique et sérieux* [1767], dans : *Œuvres complètes*, Paris, Gallimard, coll. « Bibliothèque de la Pléiade », 1934, p. 18.

ment petit-bourgeois –, d'une inadéquation sociale et donc esthétique entre le théâtre tel qu'il s'exerce et le public du milieu du dix-huitième siècle, Diderot propose une refonte générique qui, délaissant le couple comédie/tragédie légué par les glorieux Grecs, irait vers la création d'une nouvelle forme théâtrale, qu'il appelle tantôt « tragédie domestique et bourgeoise » tantôt « genre sérieux[1] » – et que la tradition littéraire a baptisée « drame bourgeois ». C'est en tout cas un « genre moyen[2] », évinçant les grands comme les petits dans son personnel et privilégiant les situations non moins moyennes, propres à nourrir des affects eux aussi moyens.

Là aussi, les contradictions et les ambiguïtés sont patentes. Car qu'est-ce que ce nouveau genre, qui ne se veut pas hybride, mi-comédie mi-tragédie ou improbable fusion des deux ? Il s'agit sans conteste d'un théâtre qui, en réalité, valorise l'émotion lacrymale et se méfie du rire. Diderot l'exprime du reste clairement en posant une équivalence entre « l'homme de génie » et celui qui « ne laissera pas aux yeux le temps de sécher[3] ». Il n'est que de lire ses pièces pour juger de ses principes, et de leurs effets : elles invitent toutes deux à laisser couler tout au long des larmes compatissantes – même si, de nos jours, de telles intrigues bien-pensantes susciteraient plutôt le rire. Lors des premières – et seules – représentations, le public de l'époque n'a guère adhéré non plus à cette exhibition de sentiments vertueux : ce furent des fours absolus. Après avoir pris connaissance de la seconde pièce, Voltaire, tout bien disposé qu'il est envers Diderot, fait ainsi part de sa consternation : « Vous êtes-vous fait lire *Le Père de famille* ? Cela n'est-il pas bien comique ? [...] Par ma foi, notre siècle est un pauvre siècle auprès de celui de Louis XIV [...] ; plus de grâces, plus de gaieté[4]. » Ce qui désole les commentateurs, c'est précisément l'abandon de la verve rieuse au profit d'un envahissement de ce que Nietzsche appellera la *moraline*.

À partir de ces années du mitan du siècle, de manière générale, se fait entendre un discours nostalgique d'un passé rieur de la France, que l'on craint disparu. Voltaire, naturellement, s'en inquiète le premier : « On ne

1 Diderot, *Entretiens sur Le Fils naturel*, éd. citée, t. X, p. 116 et 129.
2 *Ibid.*, p. 132.
3 Diderot, *De la poésie dramatique*, dans : *Œuvres complètes*, éd. citée, t. X, p. 340.
4 Voltaire, lettre à M$^{me}$ du Deffand du 27 décembre 1758, dans : *Correspondance*, n° 8004, éd. Th. Besterman, Oxford, Voltaire Foundation, 1968-1972.

rit plus et on ne veut plus rire [...]. On ne veut plus s'épanouir la rate[1] ». Et, considérant le champ théâtral en particulier, il écrit sur le mode de l'évidence à un correspondant : « Ce serait aujourd'hui une trop grande impertinence d'entreprendre de faire rire le public, qui ne veut, dit-on, que des comédies larmoyantes[2] ». Ce constat désenchanté se retrouve sous différentes plumes, par exemple celle de Louis-Sébastien Mercier qui s'interroge : « Pourquoi rit-on moins aujourd'hui qu'on riait dans le siècle passé[3] ? » Il va même jusqu'à théoriser avec gravité le nouvel état du pays en diagnostiquant un blocage physio-pychologique : Molière, revenant au XVIII^e^ siècle, « ne pourrait rire au milieu d'une nation qui n'a plus sujet de rire. Les deux muscles de la bouche, nommés zigomatiques [*sic*], encore souples de son temps, sont aujourd'hui paralysés chez tous les Français ; ils sont devenus sérieux [...][4] ». Un tel discours, déplorant la gaieté perdue, est néanmoins absolument concomitant de la montée en puissance des réformes théâtrales visant à abolir le comique : schizophrénie d'une génération qui ignore complètement Marivaux et sa propre option, réussie avec tant de brio, de soustraire la comédie à toute vulgarité possible en lui préservant un humour gracieux.

Beaumarchais hérite donc de ces tentatives de refondation théâtrale ayant souvent viré à la polémique esthétique. Ses hésitations, c'est-à-dire la disparate de sa production, se comprennent ainsi. Dans son *Essai sur le genre dramatique sérieux*, on l'a vu, il abonde dans le sens de Diderot, et prône la dignité exclusive de l'humeur grave et morale : l'intention de cette nouvelle scène est, en effet, selon lui aussi, d'« essayer d'intéresser un peuple, au théâtre, et de faire couler ses larmes sur un événement [...]. Car tel est l'objet du genre honnête et sérieux[5] ». Il y vante aussi l'« attendrissement », cette « émotion charmante [qui] fait tomber des yeux des larmes abondantes et faciles[6] ». Après cette exaltation vertueuse, et les deux drames qui sortent conséquemment de sa plume, est jouée

1 Voltaire, lettre au comte d'Argental du 20 janvier 1770, dans : *Correspondance*, éd. citée, n° 16102.

2 Voltaire, lettre à Lekain du 20 janvier 1770, dans : *Correspondance*, éd. citée, n° 16103.

3 Louis-Sébastien Mercier, « Comédies modernes », *Tableau de Paris*, t. 1, Paris, Mercure de France, éd. Jean-Claude Bonnet, 1994, p. 877.

4 Louis-Sébastien Mercier, *Du Théâtre, ou Nouvel Essai sur l'art dramatique*, Amsterdam, 1773, p. 133.

5 Beaumarchais, *Essai sur le genre dramatique sérieux*, éd. citée, p. 16.

6 *Ibid.*, p. 19.

la comédie la plus folle et la plus enjouée qui soit, *Le Barbier de Séville* (1775). Conscient d'un certain porte-à-faux esthétique dans lequel le place cette nouvelle posture théâtrale qui mise absolument sur le rire, l'auteur s'en justifie dans un brillant avant-texte, gros encore, néanmoins, de ses contradictions. À l'adresse de l'anonyme destinataire de son épître, il avoue : « Aujourd'hui, je fais glisser sous vos yeux une comédie fort gaie, que certains maîtres de bon goût n'estiment pas *du bon ton* ; et je ne m'en console point[1] ». Il y fustige aussi, de manière remarquable, « un siècle d'ergotisme, où l'on calcule tout jusqu'au rire[2] ». Pour autant, il ne viendra pas à résipiscence totale, et ironise sur les reproches de revirements que l'on pourrait lui faire :

> J'eus la faiblesse autrefois, Monsieur, de vous présenter, en différents temps, deux tristes drames ; productions monstrueuses, comme on sait ! car entre la tragédie et la comédie, on n'ignore plus qu'il n'existe rien, c'est un point décidé, le maître l'a dit, l'école en retentit, et pour moi, j'en suis tellement convaincu, que si je voulais mettre au théâtre un mère éplorée, une épouse trahie, une sœur éperdue, un fils déshérité, pour les présenter décemment au public, je commencerais par leur supposer un beau royaume où ils auraient régné de leur mieux, vers l'un des archipels ou dans tel autre coin du monde ; certain, après cela que l'invraisemblance du roman, l'énormité des faits, l'enflure des caractères, le gigantesque des idées et la bouffissure du langage, loin de m'être imputés à reproche, assureraient encore mon succès.
>
> Présenter des hommes d'une condition moyenne, accablés et dans le malheur, fi donc ! On ne doit jamais les montrer que bafoués. Les citoyens ridicules et les rois malheureux, voilà tout le théâtre existant et possible, et je me le tiens pour dit ; c'est fait, je ne veux plus quereller avec personne[3].

Feignant de s'excuser de ses créations passées qui ont privilégié l'humeur sensible (« deux tristes drames » : *Eugénie* et *Les Deux Amis*, donc), Beaumarchais rappelle, sur un mode antiphrastique et narquois, combien ce type de théâtre a rencontré l'accueil le plus tiède : il ne se renie pas, pourtant, et revendique même avoir tenté un tel remodelage des situations classiques, alors que la critique persiste à ne considérer comme cadre légitime qu'un « beau royaume » et des personnages qui

1 *Ibid.*, p. 27.

2 Beaumarchais, « Lettre modérée sur la chute et la critique du *Barbier de Séville* », dans : *Le Barbier de Séville*, éd. Jacques Scherer, Paris, Gallimard, coll. « Folio », p. 30. Nous renvoyons à cette édition.

3 *Ibid.*, p. 26-27.

ne soient pas des « hommes d'une condition moyenne ». C'est ici un condensé de Rousseau et de Diderot, dans les analyses mentionnées plus haut, qui reparaît dans ces lignes : à la fois réclamation d'une proximité souffrante induite par l'intrigue (« mère éplorée », « sœur éperdue », etc.), et pétition démocratique qui écarte les « rois » au profit des « citoyens ».

Et pourtant, donc, c'est la comédie du *Barbier* qu'introduisent ces pages, « une des plus gaies et des plus célèbres du répertoire mondial[1] », qui ne se soucie nullement d'épargner les ridicules et fait rire en faveur de la ruse et du désir transgressif : un vieillard prétendument honorable se faisant berner par une jeune fille, un homme du peuple et un demi-libertin – scénario, dans le droit fil de Molière, Regnard ou Goldoni, que n'aurait guère goûté Jean-Jacques. L'auteur, après son ambigu *mea culpa*, se flatte du succès de son œuvre : « mon but ayant été d'amuser les spectateurs, qu'ils aient ri de ma pièce ou de moi, s'ils ont ri de bon cœur, le but est également rempli : ce que j'appelle avoir gagné ma cause à l'audience[2] ». Le rire du public acquiert donc, à présent, une valeur de gage de la qualité, ou vérité, d'une pièce. On notera cette intéressante analogie du théâtre avec un tribunal, si constamment présente chez Beaumarchais, lui qui a eu tant à ferrailler avec l'institution judiciaire. Ses *Mémoires* contre le procureur Goëzman, par leur talentueux et spirituel plaidoyer *pro domo*, lui valent non seulement gain de cause mais l'admiration de ses concitoyens. Voltaire le prend ainsi en exemple – en assez mauvaise part, en l'occurrence – de la frivolité des Français : « Si on n'amuse pas les Welches, on ne tient à rien. Voyez ce Beaumarchais. Il a fait rire dans une affaire sérieuse, et il a eu tout le monde pour lui[3] ».

Toujours est-il que *Le Barbier de Séville* renoue, porté par une inspiration merveilleuse, avec la comédie la plus pure : déguisements, stratagèmes divers, portes secrètes, quiproquos, caricatures psychologiques. Un antique arsenal comique dont l'efficacité, retravaillée par Beaumarchais, s'avère maximale. Un motif aussi cliché que l'ivresse trouve ainsi une nouvelle jeunesse dans la pièce, par exemple aux scènes 12-14 de l'acte II, qui voit le Comte feindre de tituber devant Bartholo, et écorcher son nom

1 Jacques Scherer, Préface à l'édition du *Barbier de Séville*, p. 8.
2 Beaumarchais, « Lettre modérée [...] », p. 28.
3 Voltaire, lettre à d'Alembert du 5 mars 1774, dans : *Correspondance*, éd. citée, n° 18834.

à chaque réplique : « Balordo », « Barbe à l'eau », « Barbaro », après avoir l'avoir pris pour une femme – formidable stratégie de déstabilisation de l'adversaire, et rire acquis du public. Un même effet comique, entre autres, se situe à l'acte III, scène 11, lorsque tous les personnages intiment à Bazile, l'un après l'autre, d'aller se coucher, en plein jour. Ces passages sont irrésistibles, et l'on sent combien, de ces situations connues depuis Plaute, Beaumarchais tire un suc tout à fait neuf. La diatribe fameuse de Bartholo contre les productions de son siècle (I, 3) inclut « les drames » : peut-être le terme est-il à prendre dans un sémantisme large, et non pas au sens plus étroit que lui donnent les théoriciens contemporains du théâtre adeptes du « genre sérieux » mais il est tentant cependant de voir, dans ces propos, une critique en creux de l'humeur morose qu'adopte la scène d'alors – et dont un Bartholo n'aurait pourtant pas fait les frais[1].

*Le Mariage de Figaro* (1784) renchérit carrément sur cette envie de faire rire et, dans sa préface, Beaumarchais évoque « cet art dont la loi première, et peut-être la seule, est d'amuser en instruisant[2]. » L'adage n'est pas bien neuf et l'on sent, du reste, dans ces pages, une claire volonté de réhabiliter la comédie à l'ancienne : qu'elle suscite l'hilarité, tout en délivrant un enseignement – ici, la condamnation des « abus » de l'organisation sociale, que l'on désignera cinq ans plus tard par le terme d'« Ancien Régime ». La volte-face théorique est bien plus radicale qu'avec *Le Barbier* et la préface prend même des accents militants :

> À force de nous montrer délicats, fins connaisseurs et d'affecter, comme j'ai dit d'autre part, l'hypocrisie de la décence auprès du relâchement des mœurs, nous devenons des êtres nuls, incapables de s'assumer et de juger de ce qui leur convient : faut-il le dire enfin ? des bégueules rassasiées qui ne savent plus ce qu'elles veulent, ni ce qu'elles doivent aimer ou rejeter. Déjà ces mots si rebattus, *bon ton, bonne compagnie*, toujours ajustés au niveau de chaque insipide coterie, et dont la latitude est si grande qu'on ne sait où ils commencent et où ils finissent, ont détruit la franche gaieté qui distinguait le comique de notre nation[3].

1 La note de Beaumarchais en regard de cette réplique est : « Bartholo n'aimait pas les drames. Peut-être avait-il fait quelque tragédie dans sa jeunesse. » (*Le Barbier de Séville*, n. 59, p. 267).

2 Beaumarchais, « Préface » au *Mariage de Figaro*, p. 23.

3 *Ibid.*, p. 23-24.

Ce que promeut ici Beaumarchais, c'est l'idée selon laquelle susciter les pleurs du spectateur n'est pas plus *moral* que de stimuler son rire – et que le plaisir est plus grand dans le second cas. Se targuant de « la foule de situations comiques » qu'il a introduite dans son *Mariage*, il y voit des « moralités d'ensemble et de détail, répandues dans les flots d'une inaltérable gaieté[1] ». Au contraire, doit-on comprendre : l'enjeu moral passe d'autant mieux par le fluide du rire. Relayant la complainte générale sur la déperdition de l'humeur rieuse, notamment sur la scène, il se veut celui qui a restauré les sains principes :

> Me livrant à mon gai caractère, j'ai depuis tenté, dans *Le Barbier de Séville*, de ramener au théâtre l'ancienne et franche gaieté, en l'alliant avec le ton léger de notre plaisanterie actuelle ; mais comme cela était une espèce de nouveauté, la pièce fut vivement poursuivie. [...] Après les clameurs, les éloges, et chacun me disait tout bas : « Faites-nous donc des pièces de ce genre, puisqu'il n'y a plus que vous qui osiez rire en face[2] ».

Encore une fois, il ne cherche, avec *Figaro*, qu'à « amuser nos Français et non faire ruisseler les larmes de leurs épouses[3] » : de fait, le succès aussi considérable qu'intemporel de la comédie – et que Mozart n'a fait que conforter – prouve la très juste intuition esthétique de Beaumarchais. Le génie comique à l'œuvre dans cette pièce est trop évident pour que l'on s'y attarde, sinon pour remarquer son extrême originalité : contrairement au *Barbier*, ce *Mariage* ne doit pas à grand monde, même si les outils classiques (travestissements, méprises, clef dérobée... et ivrognerie) sont mis largement à contribution. Et pourtant, il ne ressemble qu'à lui-même, dans sa dynamique propre, ses reparties si brillantes et, quoique s'en défende l'auteur, sa délicieuse immoralité[4].

La décennie suivante n'est guère portée sur la désinvolture et les intrigues d'alcôve ; l'austère devoir du citoyen aux prises avec le tragique de l'Histoire n'autorise plus la grâce insouciante : c'est sans doute ce qui justifie en partie le nouveau revirement du théâtre de Beaumarchais qui choisit, avec *La Mère coupable* (1792), de revenir à la forme du drame. Sans doute, aussi, la « Préface » du *Mariage de Figaro*, quoique triomphalement

1 *Ibid.*, p. 45.
2 *Ibid.*, p. 28.
3 *Ibid.*, p. 30.
4 « Cette profonde moralité se fait sentir dans tout l'ouvrage » (*ibid.*, p. 31), prétend-il.

en faveur du rire, laissait entendre une suite, au titre déjà programmé, destinée à « faire verser des larmes à toutes les femmes sensibles[1] ». Il n'empêche : la transition est rude, qui fait passer d'une Suzanne pétulante et spirituelle à celle que le lever de rideau découvre dans *La Mère coupable*, suffoquée par les soupirs et nouant« un crêpe noir » à un bouquet de « fleurs obscures[2] ». Un tel assombrissement de l'humeur ne peut que troubler et, ici encore, Beaumarchais soumet quelques pages justificatives. Si on l'en croit, malgré leur évidente dissonance, qu'il va jusqu'à qualifier d'« *hermaphrodisme* moral », les pièces de sa trilogie n'en ont pas moins, « dans le plan de l'auteur, une connexion intime[3] » :

> J'ai donc pensé, avec les comédiens, que nous pouvions dire au public : Après avoir bien ri, le premier jour, au *Barbier de Séville*, de la turbulente jeunesse du comte Almaviva, laquelle est à peu près celle de tous les hommes ;
>
> Après avoir, le second jour, gaiement considéré, dans *La Folle Journée*, les fautes de son âge viril, et qui sont trop souvent les nôtres ;
>
> Par le tableau de sa vieillesse, et voyant *La Mère coupable*, venez vous convaincre avec nous que tout homme qui n'est pas né un épouvantable méchant, finit toujours par être bon quand l'âge des passions s'éloigne, et surtout quand il a goûté le bonheur si doux d'être père ! C'est le but moral de la pièce[4].

Ainsi, les trois âges de la vie, puisqu'il s'agit des mêmes personnages, expliqueraient ce passage du folâtre au morose. L'évolution de l'auteur est également à prendre en considération : « j'étais jeune aussi, j'en riais. En vieillissant, l'esprit s'attriste, le caractère se rembrunit[5] ». Bref, tout le monde, Almaviva et ses comparses comme Beaumarchais lui-même, est entré dans une sorte d'inévitable dépression sénile. Pourtant, on ne sache pas que Molière ait été moins drôle sur la fin, pas plus que Voltaire, tout au contraire. Diderot fait même, quant à lui, le chemin inverse car, après avoir commis ses deux drames bourgeois, il écrit une pièce bouffonne, *Est-il bon ? Est-il méchant ?* (1777), dont le titre seul indique l'incertitude morale et le refus de juger. On peut y voir un éloge du persiflage, voire d'une roublardise gaie, congédiant absolument

1 *Ibid.*, p. 38.
2 *La Mère coupable*, I, 1, p. 279.
3 « Un mot sur *La Mère coupable* », p. 272 et 271.
4 *Ibid.*, p. 271-272.
5 *Ibid.*, p. 275.

ses traités dramatiques et leur bien-pensance, et refusant désormais de verser dans l'« héracliterie[1] ». Comment comprendre alors ce parcours qui ramène Beaumarchais vers une esthétique larmoyante, et fort moyennement convaincante ? Ce « gai caractère » dont il se réclame n'est-il pas, au fond, trop fortement contrebalancé par un tropisme inverse : dans quel sens s'est-il vraiment fait violence ? La *catharsis* propre au drame lui semble, à lire ce « mot sur *La Mère coupable* », plus fructueuse, tout compte fait :

> Les larmes qu'on verse au théâtre, sur des maux simulés qui ne font pas le mal de la vie réelle, sont bien douces. On est meilleur quand on se sent pleurer. On se trouve si bon après la compassion[2] !

On peine à croire que le créateur du vif et cynique Figaro – sorte d'avatar de lui-même – s'émeuve ainsi, avec tant de complaisance, sur le bienfait moral des pleurs[3].

Si on lit avec attention les textes préliminaires aux pièces composant la trilogie, on relève néanmoins une vraie constance théorique qui, sans effacer tout à fait les problématiques retournements de position, voire les reniements, s'efforce de tracer une nouvelle voie dramatique. Ce que Beaumarchais souligne, non sans pertinence, c'est que la question du comique ou du tragique est dogmatique autant qu'aléatoire. D'une part, « l'affiche » conditionne les esprits : si l'on précise le genre en tête de la pièce, à moins que ce ne soit le titre qui en donne l'indice, le public se forge à l'avance une idée de ce qui va lui être représenté – et gare si l'on s'écarte de cet horizon d'attente par trop figé. Ainsi, si le dramaturge n'avait pas choisi *La Folle journée* – véritable titre dont *Le Mariage de Figaro* n'est en réalité que le sous-titre – et avait opté, selon son vœu initial, pour *L'Époux suborneur*, la réception de l'œuvre aurait été fort différente :

> C'était pour eux une autre piste, on me courait différemment. Mais ce nom de *Folle journée* les a mis à cent lieues de moi : ils n'ont plus rien vu dans l'ouvrage que ce qui n'y sera jamais ; et cette remarque un peu sévère sur la facilité de prendre le change a plus d'étendue qu'on ne croit. Au lieu du nom

1 Diderot, *Est-il bon ? Est-il méchant ?*, III, 12, dans : *Œuvres complètes*, t. XXIII, éd. citée, p. 442.

2 « Un mot sur *La Mère coupable* », p. 272.

3 Voir Chantal Thomas, « Le goût des larmes », *Comédie-Française*, n° 183, février 1990.

> de *George Dandin*, si Molière eût appelé son drame *La Sottise des alliances*, il eût porté bien plus de fruit ; si Regnard eût nommé son *Légataire*, *La Punition du célibat*, la pièce nous eût fait frémir. Ce à quoi il ne songea pas, je l'ai fait avec réflexion. Mais qu'on ferait un beau chapitre sur tous les jugements des hommes et la morale du théâtre, et qu'on pourrait intituler : *De l'influence de l'affiche*[1] !

*L'Époux suborneur* prédisposait à accueillir une comédie plus ou moins édifiante, où l'on pouvait deviner que l'homme en question serait, finalement, remis dans le droit chemin, tandis que *La Folle journée* pointe, *a priori*, vers le pur divertissement, possiblement encanaillant. De même, s'inscrire dans le genre comique impose, selon la *doxa* que combat ici Beaumarchais, un certain type de mœurs et d'affects prédéterminés :

> On accorde à la tragédie que toutes les reines, les princesses, aient des passions bien allumées qu'elles combattent plus ou moins ; et l'on ne souffre pas que, dans une comédie, une femme ordinaire puisse lutter contre la moindre faiblesse ! Ô grande *influence de l'affiche* ! jugement sûr et conséquent ! Avec la différence du genre, on blâme ici ce qu'on approuvait là[2].

Pourquoi la comtesse ne pourrait-elle éprouver un secret penchant pour Chérubin quand Phèdre brûle et se languit pour Hippolyte ?

D'autre part, et c'est le second argument qui court à travers les préfaces, le canevas dramatique est très souple, et il s'en faut de peu pour verser dans l'un ou l'autre genre, comique ou sérieux. Bergson livre un paragraphe très stimulant à l'appui de cette thèse, dans son livre sur le rire : il rapporte que « Napoléon, qui était psychologue à ses heures, avait remarqué qu'on passe de la tragédie à la comédie par le seul fait de s'asseoir. » S'appuyant sur un mémorialiste du temps, le philosophe évoque un épisode où l'empereur reçoit la reine de Prusse, après Iéna, laquelle s'écrie, se lamente, jette les bras en l'air : son hôte l'invite à prendre un siège et aurait dit *in petto* : « Rien ne coupe mieux une scène tragique ; car, quand on est assis, cela devient comédie[3] ». L'assignation générique est donc fragile, même si l'on ne s'en tient pas à la position assise ou debout. *Le Barbier de Séville*, par exemple, au regard seul de sa trame, aurait pu entrer dans bien d'autres cases :

1 « Préface » au *Mariage de Figaro*, p. 28-29.

2 *Ibid.*, p. 31.

3 Henri Bergson, *Le Rire* [1900], Paris, PUF, coll. « Quadrige », 1981, p. 40.

> Un vieillard amoureux prétend épouser demain sa pupille ; un jeune amant plus adroit le prévient, et ce même jour en fait sa femme, à la barbe et dans la maison du tuteur. Voilà le fond, dont on eût pu faire, avec un égal succès, une tragédie, une comédie, un drame, un opéra, *et cætera*[1].

L'auteur n'a cherché à faire qu'une « pièce amusante et sans fatigue, une sorte d'*imbroille* » mais il ne fallait que quelques réglages de détail pour qu'elle puisse « tourner en drame sérieux » et il conclut, après avoir imaginé un dénouement orné d'une « touchante » scène de reconnaissance entre Marceline et Figaro : « on voit que j'avais le choix de finir ma pièce au plus grand pathétique[2] ». La chose est encore plus vraie avec *Le Mariage de Figaro*, dont l'intrigue recèle des potentialités dramatiques que l'auteur aurait pu mettre à profit d'un côté ou de l'autre :

> Oh ! que j'ai de regrets de n'avoir pas fait de ce sujet moral une tragédie bien sanguinaire ! Mettant un poignard à la main de l'époux outragé, que je n'aurais pas nommé Figaro, dans sa jalouse fureur, je lui aurais fait noblement poignarder le puissant vicieux, et comme il aurait vengé son honneur dans des vers carrés, bien ronflants, et que mon jaloux, tout au moins général d'armée, aurait eu pour rival quelque tyran bien horrible et régnant au plus mal sur un peuple désolé, tout cela, très loin de nos mœurs, n'aurait, je crois, blessé personne, on eût crié *bravo ! ouvrage bien moral !* Nous étions sauvés, moi et mon Figaro sauvage[3].

Quant à *La Mère coupable*, il s'agit d'une « intrigue de comédie fondue dans le pathétique d'un drame[4] ».

Si ces expérimentations n'assurent pas de vraie cohérence à l'ensemble formé par la trilogie – par le fait, notamment, de la dernière pièce, au sujet de laquelle le dramaturge avoue que sa « palette [était] desséchée par l'âge et les contradictions[5] » – il faut créditer Beaumarchais d'une prescience très fine des nouvelles orientations du théâtre, en phase avec les mutations sociales et politiques de cette fin de XVIIIe siècle : les modèles canoniques sont épuisés et il convient de les remettre à plat. Ainsi espère-t-il « un homme de feu » qui saurait unir la puissance de l'« *intrigue* », propre à la comédie, avec le « *pathétique* » :

1 « Lettre modérée sur la chute et la critique du *Barbier de Séville* », p. 32.
2 *Ibid.*, p. 31 et 33.
3 « Préface » au *Mariage de Figaro*, p. 30.
4 « Un mot sur *La Mère coupable* », p. 273.
5 *Ibid.*, p. 274.

> [...] qu'il broie et fonde savamment les vives couleurs de chacun, qu'il nous peigne à grands traits l'homme vivant en société, son état, ses passions, ses vices, ses vertus, ses fautes et ses malheurs, avec la vérité frappante que l'exagération même, qui fait briller les autres genres, ne permet pas toujours de rendre aussi fidèlement : touchés, intéressés, instruits, nous ne dirons plus que le *drame* est un genre décoloré, né de l'impuissance de produire une tragédie ou une comédie. L'art aura pris un noble essor ; il aura fait un grand pas[1].

On peut voir ici un Musset ou un Hugo dans cet « homme de feu », et le drame romantique annoncé.

Anne RICHARDOT
Université Lille 3

1 *Ibid.*, p. 274-275.

CINQUIÈME PARTIE

# PROBLÈMES D'ESTHÉTIQUE THÉÂTRALE

# LA LETTRE DANS LA TRILOGIE DE BEAUMARCHAIS

## Un objet sans gravité ?

« Une lettre a bien du pouvoir », suggère Figaro à Rosine dans *Le Barbier de Séville*[1]. Chacune des pièces de la trilogie met en scène plusieurs lettres : elles sont au nombre total de quatorze : cinq dans le *Barbier*[2], quatre dans *Le Mariage de Figaro*[3], cinq dans *La Mère coupable*[4]. De leur contenu, le spectateur a connaissance à des degrés divers : trois textes complets, trois extraits, six lettres résumées ou commentées, deux missives évoquées et montrées sur scène. À cette palette large s'ajoutent la diversité des situations dans lesquelles Beaumarchais utilise la lettre – écrite, dictée, confiée, cachée, reçue, lue, relue, interceptée, brûlée… – et sa polyvalence : elle est à la fois texte, discours, acte et objet, autant de statuts et de valeurs qui prennent sens à l'intérieur et en regard du cadre d'énonciation, de fiction et de jeu posé par la pièce.

Mais, parce qu'elles sont produites et reçues par des personnages qui traversent les trois épisodes de la trilogie, parce qu'elles renvoient à une réalité et à un passé qui leur sont communs, il semble que le rôle et la signification de la lettre ne se limitent pas aux seules unités du triptyque envisagées séparément, mais gagneraient au contraire à être interrogés à l'intérieur de la saga des Almaviva dans son entier. Posons

1 *Le Barbier de Séville*, II, 4, p. 80. Les éditions utilisées seront : *Le Barbier de Séville*, édition de Jacques Scherer, Paris, Gallimard, coll. « Folio classique », 1982 ; *Le Mariage de Figaro* et *La Mère coupable*, édition présentée, établie et annotée par Pierre Larthomas, Paris, Gallimard, coll. « Folio classique », 1984.

2 Lettre de Rosine au comte, I, 3 ; lettre de Rosine au comte, II, 1 ; billet de logement, II, 12 ; lettre du comte à Rosine, II, 12 ; lettre du cousin l'officier à Rosine, II, 15.

3 Faux billet de Figaro pour le comte, II, 2 ; requête du braconnier, II, 21 ; lettre de Marceline à Figaro, II, 21 ; billet de rendez-vous de Suzanne au comte, IV, 3.

4 Correspondance entre Rosine et Chérubin dont les dernières lettres d'adieu, I, 4 ; lettre du secrétaire du ministre d'Espagne pour Bégearss, II, 8 ; lettre de l'espion à Figaro, IV, 1 ; lettre de Bégearss, IV, 1 ; la lettre d'Espagne au comte, V, 7.

que l'objet épistolaire constitue un principe liant et unificateur de la trilogie. Bien plus, cet objet si léger, si volatil, contribue paradoxalement à lester graduellement les trois pièces d'un poids qui fait passer de la légèreté du *Barbier de Séville* à la gravité de *La Mère coupable.*

Premier élément : l'importance dramaturgique de la lettre. Beaumarchais ne dédaigne pas l'usage ponctuel de la lettre comme simple support d'un message, comme il le fait par exemple avec le billet de la comtesse donnant rendez-vous à son mari sous les grands marronniers ou avec la lettre de l'espion dans *La Mère coupable*, dont le seul but est d'indiquer à Figaro l'arrivée de la lettre fatale par laquelle Bégearss se dévoile. Mais dans de nombreux cas, il cherche à tirer grand profit du message épistolaire comme de l'objet lettre en l'« étirant » au maximum. Le courrier occupe alors la pensée des personnages sur plusieurs scènes, sur plusieurs actes disparaît du plateau et réapparaît. La première lettre de Rosine dans *Le Barbier de Séville* enclenche une vraie correspondance puisque suivent une deuxième lettre (II, 1) puis la réponse du comte (II, 12 à 15). Jusqu'à la fin de la pièce (IV, 6), cette deuxième lettre de la jeune fille servira l'un ou l'autre camp selon les stratégies et alimentera les nombreuses péripéties. Dans *Le Mariage*, c'est le court billet inventé par Figaro comme premier instrument de diversion contre le comte (II, 2) qui alimentera l'ensemble de l'acte (sc. 12, 16 et 19). *La Mère coupable* enfin présente l'exemple le plus frappant avec la correspondance entre Rosine et Chérubin évoquée à la scène 4 du premier acte et utilisée jusqu'à la scène 18 de l'acte IV ; la lettre de Bégearss prend le relais et occupe les deux derniers actes de la pièce. On pourrait donc classer l'emploi des lettres selon trois catégories : un emploi singulatif (la lettre n'est employée qu'une fois pour une information ou un effet unique) ; un emploi itératif (la lettre est employée plusieurs fois pour des interprétations ou des effets différents) ; un emploi duratif (la lettre déclenche une succession d'événements par effet de dominos). En recourant plusieurs fois à ces deux derniers emplois, Beaumarchais se donne les moyens, grâce à la lettre, d'assurer une cohérence et une continuité à l'intérieur des pièces mais aussi à l'intérieur de la trilogie.

La correspondance entre les deux anciens amants ne se contente pas en effet de couvrir les quatre cinquièmes de la pièce ; elle parcourt également l'interstice spatio-temporel qui sépare *Le Mariage de Figaro* de *La Mère coupable*, c'est-à-dire vingt années et trois cents lieues. De la même manière surgit d'un passé indéterminé entre les deux premières pièces de la trilogie une lettre, petite lettre très vite mentionnée : la lettre de Marceline que Figaro retrouve dans sa poche (II, 22). Si elle n'a pas l'ancienneté des lettres d'adieux échangées entre Rosine et Chérubin, elle contribue tout de même à donner vie à cet intervalle de trois années[1] qui sépare les aventures sévillanes et la folle journée d'Aguas Frescas. La lettre est donc en circulation continue dans et entre les pièces, fondant ainsi une solidarité entre les parties et le tout, les actes et la pièce, les pièces et la trilogie.

Autre propriété de la lettre comme élément structurant des pièces : elle constitue un instrument de tension ou inversement de facilité pour reprendre la terminologie de Jacques Scherer[2]. Dans *Le Barbier de Séville*, tout le problème réside dans le fait de donner et de recevoir la lettre, car il est interdit de s'écrire dans le camp des *juvenes*. D'où cette question de Rosine : « Fermons toujours cette lettre, quoique j'ignore quand et comment je pourrai la lui faire tenir » et cette remarque acerbe mais bien vue de Bartholo : « Y a-t-il quelque lettre à remettre encore ce soir à Madame[3] ? » D'où encore ces ruses que sont ces mots dissimulés dans des couplets de chanson, acheminés sous un mouchoir au-delà d'un ravin imaginaire ou transformés *in extremis* en cornet à bonbons. Finalement, à bien y regarder, le contenu de la lettre importe peu : la première lettre de Rosine initie certes un premier contact direct, mais, à vrai dire, le comte n'avait pas besoin de cette lettre pour inventer lui-même le moyen de donner « [son] nom, [son] état, [ses] intentions[4] », en chantant par exemple. Et Figaro l'y aurait aidé. De même, la deuxième lettre ne porte aucun contenu essentiel ; c'est le contexte d'énonciation supposé – Lindor tiendrait cette lettre d'une « femme à qui le comte l'[aurait] sacrifiée[5] » – qui lui donnera un rôle fondamental. La lettre du comte non plus ne porte pas d'information importante et la querelle qu'il demandera à Rosine de tenir avec Bartholo est un plan qui avortera sans aucune conséquence. L'intérêt de ces lettres est ailleurs :

1 À la faveur de la nuit des grands marronniers, le comte confie s'ennuyer après « trois ans d'union » : *Le Mariage de Figaro*, V, 7.
2 Jacques Scherer, *La Dramaturgie de Beaumarchais* [1954], Paris, Nizet, 1994.
3 *Le Barbier de Séville*, II, 1, et III, 5.
4 *Ibid.*, I, 4.
5 *Ibid.*, II, 2.

il réside dans leur transmission, les transformant en instrument de tension dramatique vecteur d'enjeux sur l'action, sur le jeu de scène et sur la construction des personnages. Quant à l'action, la lettre crée les renversements de situation et le dénouement puisqu'elle est à l'origine des derniers rebondissements de la pièce : la volte-face de Rosine qui avoue tout à Bartholo croyant à la trahison d'Almaviva (IV, 3), puis son retournement tout aussi subit quand elle apprend que sa lettre a été donnée volontairement par le comte à Bartholo. Quant au jeu de scène et à la construction psychologique des personnages, la lettre est une épreuve. Elle éprouve l'imagination, le sang-froid et la perspicacité des uns et des autres à propos par exemple d'un doigt taché d'encre, d'une feuille de papier manquante et d'une plume noire. Elle éprouve également la virtuosité du dramaturge qui se donne des défis en jouant, autre exemple, à cache-cache avec des papiers étalés sur le sol. On se demandera ainsi quelle est alors la véritable identité de ce « moi » : « LE COMTE *la* [la lettre] *reprend et dit.* – Tenez… moi qui allais vous apprendre ici les secrets de mon métier[1]… ». S'agit-il du faux soldat qui explique les subtilités de la guerre, de l'amant faisant son gai métier comme plus tard Figaro fera « le sot métier de mari », ou bien encore de Beaumarchais qui exhibe les ficelles de son art ?

Dans *La Mère coupable* la difficulté n'est plus de transmettre la lettre mais de l'intercepter ; elle n'est plus liée à l'interdit mais au secret. La correspondance entre Rosine et Chérubin est ainsi conservée dans un tiroir à double fond à l'intérieur d'un écrin à bijoux. Pour en avoir l'accès, il faut donc vaincre une double difficulté : faire sortir l'écrin de chez la comtesse puis découvrir le mécanisme, problème dramatique et dramaturgique résolu dans la scène 8 de l'acte I par le geste faussement maladroit de Bégearss. Plus tard encore, sa lettre sera interceptée par l'espion engagé par Figaro et la lettre d'Espagne par Figaro lui-même. La correspondance est un point explicitement stratégique dans *La Mère coupable* et elle est le point faible de Bégearss. L'importance du courrier est soulignée par Figaro qui se demande où Bégearss le reçoit, question qui reçoit aussitôt sa réponse par Guillaume qui révèle l'adresse du banquier O'Connor[2]. Pour obtenir la preuve de la tartufferie de Bégearss (quatrième lettre de la pièce)

1 *Ibid.*, II, 14.

2 *La Mère coupable*, respectivement II, 5 et II, 8.

et le prendre de court (cinquième lettre), Figaro doit donc maîtriser l'entrée du courrier qui vient de l'extérieur. Dans *La Mère coupable*, toutes les lettres proviennent d'un avant et d'un ailleurs et constituent une menace.

Avec *Le Mariage de Figaro* enfin l'enjeu de la lettre n'est plus l'acheminement mais le contenu même. Les deux lettres principales en ce qu'elles ont une incidence sur l'action (le faux billet de Figaro et le billet de rendez-vous du soir) sont toutes deux des pièges : il s'agit de tromper le comte les deux fois[1]. Ce ne sont plus des instruments de tension mais des instruments de facilité dont on remarque d'ailleurs qu'ils atteignent sans difficulté le destinataire et l'effet escomptés.

Le rôle de la lettre s'accompagne donc d'une gravité croissante au fil des pièces. Dans *Le Barbier de Séville*, échanger des lettres relève du ludique et les mots ont peu d'enjeu. Mais ils deviennent des pièges dans *Le Mariage de Figaro*, confirmant la remarque de Jacques Vier : « Le Figaro du *Barbier* s'amuse, celui du *Mariage* lutte[2]. » Quand vient *La Mère coupable*, les lettres sont devenues des preuves lourdes de vingt années de culpabilité, chargées d'enjeux vitaux : la moralité et la culpabilité ; la vie, la mort et la filiation ; l'honnêteté et les fortunes patrimoniales.

Dans ses relations aux personnages aussi le mince et léger papier contribue paradoxalement à donner épaisseur et poids. Bien qu'à peine mentionnées, sorties par inadvertance d'une poche, la requête du braconnier et la lettre de quatre pages de Marceline font sens. La première révèle l'humanité de Figaro à travers l'hypocoristique renforcé par la rude allitération en [r] du « pauvre braconnier en prison ». Elle est aussi une dénonciation discrète des privilèges aristocratiques et de l'injustice sociale à laquelle le héraut du tiers état ne peut qu'être sensible. La deuxième lettre participe de la construction du personnage de Marceline sans que l'on sache pour autant ce qu'elle dit à Figaro pendant quatre pages. Mais précisément, il y a du mystère dans la relation entre ces

1 Sur cette idée du piège, nous renvoyons à l'article d'Élisabeth Lavezzi consacré à la métaphore de la chasse dans *Le Mariage de Figaro* : « Métaphore et modèle de la chasse dans *La Folle Journée* », dans : *Beaumarchais, homme de lettres, homme de société*, Philip Robinson (éd.), Peter Lang, coll. « French Studies of the Eighteenth and Nineteenth Centuries", 2002 (réimpression), p. 267-280.

2 Jacques Vier, "*Le Mariage de Figaro*". *Miroir d'un siècle, portrait d'un homme*, Archives des Lettres modernes, nov. 1957, (I-II-III) n° 6, 1993 (réimpression), p. 26.

deux personnages, habilement entretenu par ce type d'indice. Même trouble incestueux dans la remarque de Figaro « Qu'elle est belle ! » dont on ne sait s'il s'agit de la lettre ou de son auteur. Qui est-elle donc cette Marceline moquée par Suzanne – elle rit quand Chérubin l'évoque – mais qui conserve un pouvoir de séduction (« elle est femme ! elle est fille[1] ! ») ? Qui « a fait quelques études et tourmenté la jeunesse de Madame[2] » ? Il y a quelque chose d'envoûtant chez cette « sibylle », personnage complexe qui se compose par petites touches, petits détails apparemment anodins comme cette lettre.

Mais le personnage le plus intensément lié à la lettre dans la trilogie est Rosine. Elle se révèle dès *Le Barbier de Séville* une excellente stratège épistolaire. Sa première lettre, lettre inaugurale de la pièce, est un coup de maître pour la jeune fille qui a trouvé le moyen de tromper son tuteur et d'en apprendre à son amant. Figaro ne se prive pas de le souligner (« Que de ruse ! Que d'amour[3] ! ») lisant bien plus lucidement que le comte dans la tête et le cœur de Rosine. Par son paradoxe lapidaire « Voulez-vous donner de l'adresse à la plus ingénue ? Enfermez-la[4] », il nous rappelle une autre captive, Agnès, qui écrit elle aussi une lettre à son soupirant. Mais il faudra trois actes à la jeune pupille de Molière avant qu'elle ne se saisisse d'une plume et, si elle prend bravement le parti d'avouer ses émotions et ses sentiments, ce n'est pas sans une confusion et une naïveté qui tranchent avec l'assurance et la franchise de Rosine. Cette dernière n'avoue pas mais enquête ; elle n'ignore pas l'interdit et bien au contraire le dénonce pour se justifier : « Mon excuse est dans mon malheur[5]. » Tout au long de la trilogie Rosine conservera l'initiative épistolaire : elle écrit sa deuxième lettre précisément juste avant que Figaro ne vienne lui en réclamer une ; elle prend la décision énergique d'écrire le billet au comte malgré les réticences de Suzanne (« SUZANNE. – Lui écrire ! LA COMTESSE. – Il le faut. SUZANNE. – Madame ! au moins, c'est vous... ») ; c'est elle qui met fin à leur échange avec Chérubin par un « ordre irrévocable[6] ». Toujours crescendo dans la gravité, la lettre

1 *Le Mariage de Figaro*, I, 7.
2 *Ibid.*, I, 6.
3 *Le Barbier de Séville*, I, 6.
4 *Ibid.*, I, 4.
5 *Ibid.*, I, 3.
6 *Ibid.*, II, 1 et 2 ; *Le Mariage de Figaro*, IV, 3 ; *La Mère coupable*, II, 1.

pour Rosine commence par des chansons (couplets de *La Précaution inutile* auxquels le comte répond en chantant puis *Chanson nouvelle sur l'air des grands marronniers*) et finit par une lettre d'adieu en bonne et due forme ; elle joue du cache-cache et de l'ellipse (« Crains-tu qu'il ne t'entende pas[1] ? ») pour s'exprimer par l'explicite le plus douloureux dans *La Mère coupable*. Toute l'existence de Rosine se lit dans ses lettres depuis la première signature « l'infortunée Rosine[2] » jusqu'à la dernière « la misérable Rosine », toutes deux significatives de son histoire. Le comte le sent bien, qui dans les deux cas reprend et commente ce prénom : « Ma chère Rosine ! » et « Qui n'ose plus signer un autre nom !... Ah ! Rosine ! Où est le temps[3] ?... ».

Par le premier geste qu'elle fait sur scène, Rosine ne lance pas seulement un papier, elle lance une écriture théâtrale. Ce n'est pas seulement la plasticité d'objet toujours transformé ou caché de la lettre qui est mise en avant, c'est aussi sa portée métaphorique matérialisée sur scène qu'elle établit alors. La lettre vole depuis le balcon jusqu'à terre. Ce mouvement l'associe dès lors aux traits de la légèreté et de la pesanteur. Ainsi les courts billets et petites lettres des comédies font place dans le drame à une correspondance escortée d'un portrait et de mèches de cheveux. Un simple mouchoir suffit à couvrir une lettre[4], un « brimborion de papier [coule[5]] » des poches tandis qu'inversement les lettres de la mère coupable se lisent « en pesant sur tous les mots[6] » et doivent même être relues[7]. Le motif de la légèreté n'est cependant pas réservé à la lettre. Il est notamment présent dans *Le Mariage de Figaro* à travers le personnage de Chérubin. Suzanne le qualifie de « bel oiseau bleu » en référence au « léger manteau bleu » qu'il porte, puis, après le saut par la fenêtre, s'amuse de le voir « léger... comme une abeille[8]. » Une même destinée semble ainsi rapprocher l'objet lettre, objet de la circulation, objet de la médiation, et le personnage de Chérubin,

1 *Le Mariage de Figaro*, IV, 3.
2 Annonce du « fortuné ruban » du *Mariage de Figaro* (I, 7) ?
3 *Le Barbier de Séville*, I, 4 ; *La Mère coupable*, II, 1.
4 *Le Barbier de Séville*, II, 14.
5 *Le Mariage de Figaro*, II, 21.
6 *La Mère coupable*, II, 1.
7 *Ibid.*, IV, 13.
8 *Le Mariage de Figaro*, respectivement II, 4 et II, 24. L'indication de costume est donnée dans les « Caractères et habillements de la pièce » p. 50. Chérubin porte également « un chapeau chargé de plumes ».

personnage « couleuvre[1] », personnage de l'entre deux, qui, tous deux voués à l'apesanteur, se chargent d'un poids funeste au fur et à mesure du temps qui passe. À l'image de cette lettre de Rosine qui s'envole depuis le balcon, à l'image du petit page qui porte les ailes de l'oiseau ou de l'abeille à défaut de celles de l'ange, le motif de la légèreté s'étend donc à celui du vol. On songera à la répartie de Figaro à propos du saut de Chérubin par la fenêtre : « Un plus adroit, n'est-ce pas, serait resté en l'air[2] ! » Cette chute – comique et « sans conséquence[3] » – fait écho à deux autres qui se répondent en une symétrie tragique : la chute matérielle de la lettre de Rosine annonce sa chute morale dont *La Mère coupable* tirera les « conséquences[4] ».

Ainsi la lettre se leste-t-elle d'une épaisseur métaphorique au cours de la trilogie, que l'on peut décliner de cette façon : la lettre balle dans *Le Barbier de Séville* ; la lettre épingle dans *Le Mariage de Figaro* ; la lettre feu dans *La Mère coupable*. La lettre balle, on l'a vu, est prise dans un mouvement incessant, une circulation continue qui la fait passer de main en main. La deuxième lettre de Rosine par exemple part de la jeune fille à Figaro qui la remet au Comte qui la donne Bartholo qui, après l'avoir fait lire à Bazile, la redonne à Rosine qui la tend avec indignation au Comte. Dans cet univers de l'enfance et du jeu, où l'on fabrique des cornets à bonbons et où l'on joue à la bataille et à la balle au prisonnier, la lettre a toute sa place. Elle prend une signification plus sérieuse dans *Le Mariage de Figaro* où elle n'est plus une balle mais une épingle qui fait éclater le « ballon gonflé[5] » qu'est le cœur de Figaro. Les deux lettres au rôle effectif sur l'action ont en effet pour objet de piquer la jalousie (faux billet de Figaro) et d'aiguillonner le désir (billet de rendez-vous) du « jaloux et libertin[6] » Almaviva. L'épingle, objet de la féminité, du corps, de la sensualité, de l'intimité[7], se rattache donc

1 *Ibid.*, I, 9.
2 *Ibid.*, IV, 6.
3 *Ibid.*, I, 7.
4 « Un mot sur *La Mère coupable* », p. 273.
5 *Le Mariage de Figaro*, IV, 15.
6 *Ibid.*, I, 4.
7 Voir Christiane Mervaud, « Le "ruban de nuit" de la Comtesse », *Revue d'Histoire Littéraire de la France*, « Beaumarchais », septembre-octobre 1984, n° 5, p. 722-733 ; Bénédicte Obitz, « L'espace intime dans la correspondance de Beaumarchais », *Variations autour du for privé. Arts et correspondances*, Maurice Daumas (dir.), Pau, Presses de l'université de Pau et des pays de l'Adour, 2014, p. 41-54.

aussi à cet autre ensemble que constituent la lettre, la légèreté et le vol, la chanson, dans un riche réseau métaphorique. Ainsi l'épingle – cachet et réponse à la fois du billet – servira selon une belle et ironique image à attacher le volage. L'hésitation de Suzanne comparant Chérubin à une abeille prend aussi tout son sens car l'insecte, à la différence du bel oiseau bleu, pique comme une épingle. Et l'on note enfin que Suzanne chante « avec des épingles dans sa bouche[1] » tandis qu'elle s'occupe de déguiser Chérubin en femme. Ultime et définitive métamorphose de la lettre dans le drame : la lettre feu. Dans *La Mère coupable*, la lettre brûle et tue. Elle tue, parce que c'est à la suite de la lettre d'adieu de Rosine que Chérubin ira se jeter dans l'attaque du fort et ses derniers mots seront écrits d'une plume de sang. Elle tue encore en nourrissant, paradoxalement, la souffrance de toute une vie : elle est le « triste aliment de [l'] éternelle douleur » de Rosine, source des larmes à laquelle elle s'« abreuve[2] ». Elle tue enfin quand on la brûle parce qu'elle est un substitut de l'être aimé : « C'est ma vie que vous consumez[3] ! » La lettre alors réduite en cendres jetées au vent[4] est une nouvelle fois associée à la volatilité, mais la volatilité de la perte définitive, de l'irréversible, nouvel écho tragique au vol de la première lettre de Rosine dans le *Barbier*. Parallèlement, la seule lettre épargnée par le feu du diabolique Bégearss brûle le profane qui la conserve. Le Comte qui a rangé les dernières lettres des deux amants contre sa peau est obligé de les mettre dans sa poche : « Ôtons-les de mon sein : elles me brûlent la poitrine[5]. » Dans une première version du *Barbier de Séville*, Rosine elle aussi rangeait la lettre du Comte contre son sein ; la censure la lui fera remettre dans sa poche[6]. En revanche, elle sera autorisée à y déposer le ruban volé par Chérubin.

La trilogie se construit ainsi autour de ces jeux d'échos et de symétries dont la lettre constitue une pièce maîtresse au fil du crescendo continu vers la gravité que souhaitait Beaumarchais. Son intérêt ne réside pas

1 *Le Mariage de Figaro*, II, 6.
2 *La Mère coupable*, III, 2 et 6.
3 *Ibid.*, III, 6.
4 *Ibid.*
5 *Ibid.*, III, 9.
6 *Le Barbier de Séville*, II, 14. Amendement signalé par Pierre Larthomas dans : *Œuvres*, édition établie par Pierre Larthomas avec la collaboration de Jacqueline Larthomas, Paris, Gallimard, coll. « Bibliothèque de la Pléiade », 1988, p. 1330, note 3.

dans une opacité du discours ni dans une dimension métadiscursive comme c'est le cas chez Marivaux[1]. Il tient à la densité métaphorique et poétique que le dramaturge lui confère comme à ces autres accessoires en apparence sans gravité que sont l'épingle et le ruban.

Bénédicte Obitz-Lumbroso
Université d'Orléans
Laboratoire POLEN

1 Éric Francalanza, « La lettre dans le théâtre de Marivaux », *Correspondance et théâtre*, textes réunis et présentés par Jean-Marc Hovasse, Presses universitaires de Rennes, coll. « Interférences », 2012, p. 275-291.

# LA SCÈNE DE RECONNAISSANCE DANS *LE MARIAGE DE FIGARO*

Commentant le passage de l'acte III du *Mariage de Figaro* – dans lequel Marceline, à partir de quelque indices, acquiert la conviction qu'elle est face à son fils, et que la marque à son bras, que celui-ci s'apprête à exhiber, ne peut être que celle d'une spatule (III, 16) – Jacques Scherer formule l'interprétation suivante :

> À partir d'ici, le ton change. Ce serait une erreur de jouer cette reconnaissance en parodie, sous prétexte que nous la trouvons invraisemblable. Le XVIII^e^ siècle est friand de ces rencontres providentielles ; il y croit, il y pleure. Beaumarchais a voulu que la scène soit émouvante, et Figaro, le rationaliste Figaro, finira par pleurer d'attendrissement. Ne doutant pas de l'émotion de son public, préparée par la tension qui précède la découverte, l'auteur a cru pouvoir la tempérer par quelques sourires : Figaro est arrêté dans son élan par des hésitations, bien compréhensibles, devant sa mère et surtout devant son père[1].

Or, s'il est vrai que la scène peut susciter un certain attendrissement, elle semble néanmoins sous-tendue par une perspective et des procédés parodiques[2]. Cela n'a d'ailleurs pas échappé aux contemporains. Ainsi, le journaliste de *L'Année littéraire* parle de ce coup de théâtre, amené par le « hasard », comme d'« une des plus bizarres reconnaissances qu'on ait jamais vues au théâtre[3] ». De prime abord, ces deux points de vue paraissent inconciliables. On s'interrogera donc sur les procédés mis en œuvre dans la scène de reconnaissance et sur leurs effets.

1 J. Scherer, *Le Mariage de Figaro*, édition avec analyse dramaturgique, Paris, SEDES, 1966, p. 267.

2 Sur ce problème d'interprétation, voir William D. Howarth « The Recognition-Scene in *Le Mariage de Figaro* », *The Modern Language Review*, vol. 64, n° 2 (april 1969), p. 301-311 ; Philip Robinson, « Eighteenth-century theatre : the triomph of parody », *SVEC* Oxford, 2005 : 10, p. 86-99 ; et F. Salaün, *La Revanche de Beaumarchais. Trois études sur la trilogie*, Paris, Hermann, 2015.

3 *L'Année littéraire*, 1784 (t. IV, p. 10), cité par W. D. Howarth, *op. cit.*, p. 303.

## LE MOMENT

Pour commencer, il faut rappeler l'argument de cette pièce aux multiples péripéties[1]. Beaumarchais en donne le résumé suivant :

> Un grand seigneur espagnol, amoureux d'une jeune fille qu'il veut séduire, et les efforts que cette fiancée, celui qu'elle doit épouser et la femme du seigneur réunissent pour faire échouer dans son dessein un maître absolu que son rang, sa fortune et sa prodigalité rendent tout-puissant pour l'accomplir[2].

De fait, le comte Almaviva, qui a épousé la Rosine du *Barbier de Séville*, a des vues sur la première cameriste de son épouse, Suzanne, laquelle est aussi la fiancée de Figaro. Pour avoir le champ libre, il favorise dans un premier temps le projet des amants ; mais découvrant que la Comtesse, Suzanne et Figaro se sont ligués contre lui, il décide d'empêcher le mariage. La dette de 2 000 piastres[3] contractée par Figaro auprès de Marceline, et l'engagement de celui-ci d'épouser la prêteuse en cas de non-paiement favorisent son plan. Dans son monologue (III, 12), Almaviva annonce son intention de tout mettre en œuvre pour les punir. Il peut compter sur l'aide d'Antonio, l'oncle de Suzanne, qui s'oppose au mariage de sa nièce avec un homme qui n'est « l'enfant de personne » (III, 18). C'est donc avec une certaine jubilation que, dans l'acte III, le Comte, dans sa fonction de juge, rend son arrêt et donne raison à la plaignante : si la somme n'est pas versée avant la nuit, Figaro devra épouser Marceline.

Incapable de payer, mais pouvant encore espérer que Suzanne trouvera une solution, Figaro n'a plus qu'une issue, gagner du temps en inventant un cas de force majeure. Il doit donc transformer son handicap de toujours, l'obscurité de sa naissance, en avantage. Il a rêvé que ses parents étaient nobles, cette hypothèse doit changer de statut et devenir une

1 Jacques Scherer en repère trente dans *Le Mariage* (*La Dramaturgie de Beaumarchais* [1954], 5e éd., Paris, Nizet, 1999, p. 145).

2 Beaumarchais, *Le Mariage de Figaro*, « Préface », dans : *Œuvres*, éd. P. Larthomas, Paris, Gallimard, coll. « Bibliothèque de la Pléiade », 1988, p. 360. Les textes de Beaumarchais sont cités d'après cette édition.

3 Soit 10 000 livres selon l'article du *Courrier de l'Europe* du 9 juillet 1784.

certitude, une réalité avérée. Le changement de statut de la proposition « je suis noble » conditionne donc son changement de rang. Pour passer de l'ombre à la lumière, il doit établir que sa réputation d'enfant d'origine obscure cachait des origines illustres, et pour cela un récit approximatif fondé sur des souvenirs et des rêves d'enfant ne suffit pas, il faut des preuves, des documents officiels, des témoignages, ou, à défaut, des indices convergents. Plus que jamais, son avenir dépend de l'établissement de ses origines. Pour cette raison, et bien que contrairement à la tradition elle intervienne précocement et ne coïncide pas avec le dénouement, la scène de reconnaissance est l'un des temps forts de la pièce.

La reconnaissance se produit peu après le jugement. La construction de la scène du procès est donc déterminante. Beaumarchais y multiplie les oppositions, ce qui lui donne une tonalité bouffonne. On remarque, en premier lieu, les liens existant entre les protagonistes et, par conséquent, les conflits d'intérêt. Quant à la procédure, elle favorise les abus, ce qui n'est pas sans rapport avec les reproches adressés depuis longtemps déjà à l'administration royale, y compris par des magistrats influents comme Malesherbes. D'ailleurs, l'affaire précédente, pour laquelle le Comte s'est déclaré incompétent, concernait précisément un différend entre un laboureur et le receveur de la province, soit « un forcement arbitraire » (III, 14). Auparavant, à la fin de la scène 12, Marceline, découvrant Brid'oison, chez qui le bégaiement tient lieu d'éloquence, n'a pas manqué l'occasion d'ironiser sur la vénalité des charges, et Figaro, au début de la scène 13, sur le manque d'équité du système judiciaire.

Lors de l'examen de l'affaire qui oppose Marceline à Figaro, la cour de justice est composée du Comte, en qualité de grand juge, de Brid'oison, lieutenant du siège ou juge ordinaire, de Double-Main, son greffier, et d'un huissier. Le Comte, s'étonnant de voir Brid'oison en robe, lui rappelle qu'il ne s'agit que d'une affaire « domestique ». On fait entrer l'audience. La séance n'est pas uniquement consacrée à cette cause, d'autres affaires ont été expédiées juste avant. Vient le tour de Marceline et Figaro. Bartholo est l'avocat de la plaignante, tandis que Figaro préfère se défendre lui-même. Avant de plaider, Bartholo lit le billet écrit par l'accusé :

> *Je soussigné reconnais avoir reçu de damoiselle, etc. Marceline de Verte-Allure, dans le château d'Aguas-Frescas, la somme de deux mille piastres fortes cordonnées, laquelle*

> *somme je lui rendrai à sa réquisition, dans ce château ; et je l'épouserai, par forme de reconnaissance, etc.* Signé *Figaro*, tout court.

Bien qu'il renvoie ici à une autre acception, le mot « reconnaissance » pourrait être interprété comme une pierre d'attente qui prépare le coup de théâtre. Bientôt, la reconnaissance d'identité permettra d'annuler la reconnaissance de dette.

Après cette lecture, Bartholo se lance dans une plaidoirie interrompue presque aussitôt par le Comte. Figaro affirme en effet avoir écrit « *ou* je l'épouserai » et non ce qui a été lu. S'ensuit une longue discussion sur la formulation de la promesse. Avant de rendre son jugement, le Comte tient à le motiver, ce qui, bien que la scène se déroule en Espagne, est une nouvelle allusion aux dysfonctionnements du système judiciaire français (« tout juge qui s'y refuse est un grand ennemi des lois ! »). Figaro, qui n'a sans doute pas bien compris la formule juridique « les deux ensemble impliqueraient[1] », ni la seconde réponse « à lui permis », croit d'abord avoir gagné, puis il constate, ébahi, que ce n'est pas le cas. Le Comte a certes tranché en sa faveur en ce qui concerne les termes exacts de la reconnaissance de dette et la nature de l'engagement, il fallait bien lire « *ou* je l'épouserai », c'est-à-dire une proposition alternative, mais l'accusé doit toujours s'acquitter de sa dette d'une façon ou de l'autre. La joie fait donc place à la stupeur, tandis que le mouvement inverse s'observe chez l'oncle de Suzanne, comme le montrent les didascalies :

> LE COMTE. – [...] Que peut requérir la demanderesse ? mariage à défaut de paiement ; les deux ensemble impliqueraient.
> DOUBLE-MAIN. – Silence, messieurs !
> L'HUISSIER, *glapissant.* – Silence !
> LE COMTE. – Que nous répond le défendeur ? qu'il veut garder sa personne, à lui permis.
> FIGARO, *avec joie.* – J'ai gagné.
> LE COMTE. – Mais comme le texte dit : « *laquelle somme je payerai à la première réquisition*, ou *bien j'épouserai, etc.* », la Cour condamne le défendeur à payer deux mille piastres fortes à la demanderesse, ou bien à l'épouser dans le jour.
> *Il se lève.*

1 Le verbe « impliquer » signifie ici « impliquer une contradiction », ce qui revient à dire que la plaignante ne peut espérer la réalisation des deux clauses, et qu'il suffit que Figaro en réalise une pour s'acquitter de sa dette (voir la note 4 de la page 444, éd. citée, p. 1405).

FIGARO, *stupéfait*. – J'ai perdu.
ANTONIO, *avec joie*. – Superbe arrêt !
FIGARO. – En quoi superbe ?
ANTONIO. – En ce que tu n'es plus mon neveu. Grand merci, Monseigneur.

À moins d'une intervention extérieure lui permettant de payer sa dette, ou de faits nouveaux susceptibles d'invalider la décision, Figaro devra donc épouser Marceline. Sur le plan de l'action théâtrale, un tel renversement constituerait une péripétie, mais, à ce moment précis, cela ne semble plus possible. Cependant, les efforts de Figaro n'ont peut-être pas été totalement inutiles. Il n'a pas été condamné à épouser Marceline sur le champ, mais à payer sa dette, faute de quoi il ne pourra plus échapper au mariage. Cela revient à lui accorder un bref délai, ce qui coïncide avec les exigences de l'action théâtrale : Figaro devra payer « dans le jour », ou, selon les termes du premier manuscrit connu, « avant le retour du soleil[1] », condition qui constitue ici une allusion à l'unité de temps. Faute d'avoir gagné son procès, il a gagné quelques heures. Ignorant que Suzanne a trouvé de l'argent (III, 17), il cherche une parade, c'est-à-dire ici un coup de théâtre, un *deus ex machina*, un élément capable de transformer la situation et de rendre possible ce qui, un instant plus tôt, semblait impossible.

Alors que le Comte, qui pense en avoir fini (« Tout est jugé »), s'éloigne, il entend Figaro contester la sentence et déclarer à propos de Marceline : « je ne l'épouserai pas : je suis gentilhomme une fois. » Comme l'indiquent les didascalies, le Comte « s'arrête », puis, du fait de la nature de l'argument, se sent obligé de revenir sur ses pas pour en avoir le cœur net. Cette fois Figaro ne peut plus reculer, il doit choisir les termes de son récit et prouver ses dires. La scène de reconnaissance, au sens strict, débute avec les premières précisions : « il y a quinze ans que je les cherche », en réponse à la question pressante de Bartholo : « Nommez-les, montrez-les. »

FIGARO. – Qu'on me donne un peu de temps : je suis bien près de les revoir ; il y a quinze ans que je les cherche.
BARTHOLO. – Le fat ! c'est quelque enfant trouvé.
FIGARO. – Enfant perdu, docteur ; ou plutôt enfant volé.
LE COMTE, *revient*. – « Volé, perdu », la preuve ? il crierait qu'on lui fait injure !

1 Variante du manuscrit de la BnF. Voir la note *a* de la page 444, éd. citée, p. 1404.

> FIGARO. – Monseigneur, quand les langes à dentelles, tapis brodés et joyaux d'or trouvés sur moi par les brigands n'indiqueraient pas ma haute naissance, la précaution qu'on avait prise de me faire des marques distinctives témoignerait assez combien j'étais un fils précieux ; et cet hiéroglyphe à mon bras…

Le raisonnement tenu par Figaro dans sa réponse à Bartholo est un sophisme, car il n'y a rien de nouveau, et, en soi, le fait qu'il cherche ses parents depuis quinze ans ne permet pas de conclure que les retrouvailles sont proches. Par contre, cette annonce prépare évidemment la reconnaissance. Figaro accumule les indices, il tente de former un faisceau de présomptions pour persuader ses juges. En donnant pour établi ce qui n'est qu'hypothétique, en grossissant tous les détails susceptibles d'étayer sa thèse, il démontre sa maîtrise oratoire : l'éloquence est de son côté. L'effort de persuasion va *crescendo*, tant et si bien que dire le contraire finirait par paraître déplacé. Le Comte, qui est obligé de tenir compte de l'allégation, ironise : « il crierait qu'on lui fait injure ! ». Car Figaro présente sa fable comme l'histoire véritable. Son éloquence roturière est au service d'un auto-anoblissement : il *est* gentilhomme. Selon lui, la sentence ne peut donc s'appliquer, le Comte ne peut décemment pas obliger un gentilhomme à épouser Marceline, et il faudra, par conséquent, lui laisser le temps de réunir l'argent. D'ailleurs, appartenant à une grande lignée, il ne peut se marier sans le consentement de ses parents. Cependant Figaro ne peut ni *nommer* ni *montrer* ses parents…

Deux régimes d'interprétation s'opposent ici : aux yeux de Bartholo, le fait d'être un enfant trouvé est une preuve de basse extraction ; Figaro, qui préfère se présenter comme un enfant volé, considère au contraire que c'est une preuve, confirmée par d'autres indices, de sa haute naissance. Comme la Marianne de Marivaux, il refuse d'envisager les hypothèses qui pourraient lui être défavorables. Il a été enlevé près d'un château, il en conclut qu'il vivait dans ce château et que ses parents étaient nobles. Dans la version du *Barbier de Séville*, Emmanuel, abandonné par son père, Bartholo, lequel encore *frater* était obligé de fuir[1], a vécu six ans avec sa mère dans la mendicité. Dans la version du *Mariage de Figaro*, c'est un nourrisson qui a été volé « près d'un château ».

1 Voir la variante *b* de la page 447 (scène XVI), page 1407.

## LA PREUVE

Figaro a été interrompu par Marceline au moment même où il évoquait son « hiéroglyphe », car elle a soudain compris qu'elle avait devant elle son fils. En effet, la simple mention de cette marque lui a permis, en un éclair, de relier tous les indices et d'en conclure, avec la clarté d'une révélation, que la marque en question est celle faite par Bartholo trente ans plus tôt, ce qui signifie que Figaro est Emmanuel. Le modèle ici est bien entendu la reconnaissance d'Œdipe par Jocaste, suivie de la prise de conscience d'Œdipe dans la pièce de Sophocle et ses adaptations[1]. On remarque au passage que Beaumarchais cumule des procédés très éloignés les uns des autres dans la typologie aristotélicienne. Non seulement il invente son sujet et mêle des caractéristiques de la comédie et de la tragédie, mais il présente une reconnaissance d'identité qui oscille entre la reconnaissance par raisonnement, considérée par Aristote comme la plus belle après la reconnaissance qui résulte des faits eux-mêmes, et la reconnaissance par des signes distinctifs, qui est à ses yeux la moins bonne[2].

*Il veut se dépouiller le bras droit*

MARCELINE. – *se levant vivement* : Une spatule à ton bras droit ?
FIGARO. – D'où savez-vous que je dois l'avoir ?
MARCELINE. – Dieux ! c'est lui !
FIGARO. – Oui, c'est moi.
BARTHOLO. – à Marceline : Et qui ? lui !
MARCELINE, *vivement.* – C'est Emmanuel.

Beaumarchais avait d'abord imaginé de cacher la marque imprimée sur la tête[3] par une résille, mais le fait de la situer sur le bras

1 Sophocle, *Œdipe roi*, v. 973-1080. Voir aussi les adaptations de Corneille, Voltaire et Houdar de La Motte.

2 Aristote, *Poétique*, XVI, 1454-1455a. Voir aussi Terence Cave, *Recognitions. A Study in Poetics*, Oxford, Clarendon Press, 1988, p. 38-39 ; Jules Vuillemin, *Éléments de poétique*, Paris, Vrin, 1991 ; Bénédicte Louvat-Molozay, « Frontières et objets de la scène de reconnaissance, d'Aristote à Racine », dans : B. Louvat-Molozay, F. Salaün et N. Vienne-Guerrin (dir.), *La Scène de reconnaissance dans les théâtres français et anglais (16e-18e siècles)*, *Arrêt sur scène*, 2, 2013, p. 27-36.

3 Voir Beaumarchais, « Lettre modérée… », dans : *Œuvres*, éd. citée, p. 274-275.

présente plusieurs avantages : comme elle ne saute pas aux yeux et n'a pas besoin d'être cachée par un vêtement particulier, il est plus facile et plus vraisemblable de retarder sa découverte. En l'occurrence, il a suffi de décrire la marque, à la suite d'autres indices, pour que la reconnaissance intervienne. La preuve joue donc son rôle avant même d'être montrée.

Bartholo, qui contrairement à Marceline reste sourd à la « voix du sang », et n'a pas encore tiré la conclusion logique des indices réunis, procède alors à une sorte d'interrogatoire afin de recouper méthodiquement les faits, ce qui ruine en la parodiant la tension propre à la reconnaissance par raisonnement. Il tire ensuite à son tour la conclusion qui s'impose :

> BARTHOLO, à Figaro. – Tu fus enlevé par des bohémiens ?
> FIGARO, *exalté*. – Tout près d'un château. Bon docteur, si vous me rendez à ma noble famille, mettez un prix à ce service ; des monceaux d'or n'arrêteront pas mes illustres parents.
> BARTHOLO, *montrant Marceline*. – Voilà ta mère.
> FIGARO. – ... Nourrice ?
> BARTHOLO. – Ta propre mère.
> LE COMTE. – Sa mère !
> FIGARO. – Expliquez-vous.
> MARCELINE, *montrant Bartholo*. – Voilà ton père.
> FIGARO, *désolé*. – Oooh ! aïe de moi !
> MARCELINE. – Est-ce que la nature ne te l'a pas dit mille fois ?
> FIGARO. – Jamais.
> LE COMTE, *à part*. – Sa mère !
> BRID'OISON. – C'est clair, i-il ne l'épousera pas.

Beaumarchais précise que l'acteur, à la création de la pièce Dazincourt, doit montrer Figaro « *exalté* », puis « *désolé* ». En effet, dans un premier temps, Figaro croit voir son rêve de noblesse se réaliser, il se retrouve donc tout d'un coup en haut de la hiérarchie sociale, puis, tout aussi soudainement, il retombe et découvre que son statut s'est amélioré mais que cette ascension sociale est dérisoire au regard de la fiction qu'il vient de raconter. La lenteur de Brid'oison, qui demande « et la noblesse, et le château... », souligne l'écart entre le rêve et la réalité. De son côté, l'accusatrice se transforme en un témoin qui permet d'établir l'identité de l'accusé, de vérifier ses allégations. Il échappe ainsi à la peine, non pas du fait de sa prétendue noblesse, mais du fait de liens familiaux ordinaires.

Ensuite, et jusqu'à la fin de la scène, on voit la recomposition s'opérer. Marceline raconte sa vie et commence à donner des conseils à celui qu'elle nomme désormais « mon fils ». Réaliste mais pas enthousiaste, Figaro exprime son respect et son affection, avant de déclarer : « mon père, agréez mes excuses… Et vous, ma mère, embrassez-moi… le plus maternellement que vous pourrez. » La didascalie précise que celle-ci, manifestement plus joyeuse que Figaro, dont le ton, on le voit, reste ironique, « *lui saute au cou* ».

Sur le plan de l'action, les enjeux du jugement sont nombreux. Il peut lever certains obstacles et en susciter d'autres. Au moment de la reconnaissance, le mariage de Figaro et Suzanne est compromis par Marceline, mais aussi par le Comte, sans oublier Antonio, tous trois en situation d'opposants. Concomitamment, les autres projets de mariage sont aussi suspendus. Marceline veut épouser Figaro qui multiplie les ruses pour lui échapper. Marceline envisage depuis longtemps d'épouser Bartholo, mais celui-ci prétend qu'aussi longtemps qu'ils n'auront pas retrouvé leur fils, il ne pourra s'y résoudre. Enfin, Bazile[1] souhaite épouser Marceline, mais celle-ci a mis une condition, il faut qu'il retrouve son fils. Après la reconnaissance, Marceline n'est plus un obstacle ; étant la mère de Figaro, elle prend le parti des amants. Conformément à la définition d'Aristote, la reconnaissance a donc permis un renversement : la relation d'hostilité (*ekhthra*) s'est transformée en alliance (*philia*)[2]. Marceline remplit désormais la fonction d'adjuvant, tandis que le Comte est plus que jamais un opposant (« Sot événement qui me dérange !) ». Emmanuel retrouvé, Marceline invite Bartholo à tenir sa promesse, la condition paraît remplie, mais le fait que Figaro soit son fils constitue un nouvel obstacle. Antonio, de son côté, refuse toujours de donner sa nièce à celui « qui n'est l'enfant de personne » (III, 18). Quant à Bazile, il renonce à sa demande en mariage en apprenant les liens de parenté existant entre son ennemi Figaro et Marceline. Ironie du sort, la réalisation de la condition posée par Marceline anéantit son projet.

Ce que Marceline nomme *spatule*[3], c'est la marque imprimée sur la peau de son enfant par un instrument chauffé. *Stricto sensu*, cette

1 Au début de la scène 16, Figaro s'exclame : « Et ce Bazile qui devait s'opposer au mariage de Marceline ; voyez comme il revient ! ».

2 Aristote, *Poétique*, XI, 1452a.

3 Sur la fonction dramaturgique et symbolique de la spatule, voir mon article « La preuve par la spatule dans *Le Mariage de Figaro* » (dans : *Les Usages de la preuve d'Henri Estienne*

marque imprimée sur l'avant-bras de Figaro est un signe distinctif, voire une signature, mais pas un *hiéroglyphe*. Le choix du second terme s'inscrit donc dans la stratégie d'auto-anoblissement de Figaro. En effet, il est plus valorisant de rattacher la spatule à l'univers prestigieux des Égyptiens qu'au marquage des prisonniers, des esclaves et des bêtes.

On remarque que Beaumarchais, partisan du genre sérieux, et par conséquent parfaitement au fait de la critique des coups de théâtre formulée par Diderot, nourrit sa comédie des faiblesses qu'il a repérées dans les codes classiques. Dans la scène de reconnaissance de l'acte III, il fait à la fois ressortir le potentiel comique de la situation, l'enchaînement artificiel des actions dans la poétique classique, et le ridicule auquel le genre qu'il préconise s'expose[1].

## UNE PARODIE ATTENDRISSANTE ?

La tonalité parodique qui caractérise la pièce était clairement annoncée dans la « Lettre modérée sur la chute et la critique du *Barbier de Séville* » (1775). Répondant aux détracteurs de sa pièce, Beaumarchais imagine la suite des aventures de ses personnages et prévoit une scène de reconnaissance haute en couleurs : « À l'instant, la plus touchante reconnaissance a lieu entre le médecin, la vieille et Figaro : *C'est vous ! C'est lui ! C'est toi ! C'est moi !* Quel coup de théâtre ! ». Cette série d'exclamations, qui réduit à des stichomythies les répliques typiques des reconnaissances, condense une longue tradition, mais plus particulièrement les usages contemporains du procédé. Les exclamations parodiées par Beaumarchais étaient présentées par La Motte, dans la perspective inverse, comme un sommet du pathétique, son condensé en quelque sorte. Dans son *Discours à l'occasion*

---

*à Jeremy Bentham*, J.-P. Schandeler et N. Vienne-Guerrin (dir.), Paris, Hermann, 2014, p. 425-446), dont je reprends certaines analyses ici.

1 *Le Mariage de Figaro* est donc bien « une sorte de somme du théâtre de son temps » (Jacques Scherer, *La Dramaturgie de Beaumarchais*, éd. citée, p. 247), mais c'en est une somme parodique.

*de la tragédie de Romulus*, après avoir distingué les « reconnaissances de simple vue », et les « reconnaissances d'éclaircissement », il faisait l'éloge des secondes en ces termes :

> [...] où deux personnes chères qui ne se sont jamais vues, ou qui, séparées depuis longtemps, se croient mortes, ou du moins, fort éloignées l'une de l'autre, s'émeuvent peu à peu par les questions qu'elles se font, et les détails qu'elles se racontent ; et viennent enfin, sur une circonstance décisive, à se reconnaître tout à coup. *Ah ma mère ! ah mon fils ! ah mon frère ! ah ma sœur !* Ces exclamations seules sont presque sûres de nos larmes[1].

De son côté, Cailhava, qui vise probablement La Chaussée, ironise sur cette théorie de la communication des passions qui lui paraît supposer un public programmé pour s'émouvoir en réponse à un *stimulus*, et dont les réactions se réduisent, par conséquent, à des réflexes conditionnés : « Dès que les acteurs lui donneront le *signal* en criant Ah ! mon père ! Ah ! ma fille ! Ah ! ma mère ! Ah ! ma sœur ! Ah ! mon frère ! Ah ! toute la famille ! il pleurera d'une manière fort touchante[2]. »

Dans l'esquisse provocatrice de la « Lettre modérée... », Bartholo était le premier à reconnaître son fils à la vue de la « forme de spatule imprimée à chaud sur sa tête rasée », le filet qui couvrait la tête de Figaro étant tombé dans la rixe, mais cette découverte n'aboutissait pas directement à une scène de reconnaissance. Celle-ci était empêchée, ou évitée, par l'échange de coups : « À cet aspect, moulu de coups qu'il est, le médecin s'écrie avec transport : "Mon fils ! ô Ciel, mon fils ! mon cher fils !..." Mais avant que Figaro l'entende, il a redoublé de horions sur son cher père[3]. » Cette version confirme que la scène de reconnaissance du *Mariage de Figaro* réactive une série d'autres scènes qui ajoutent à sa complexité : la révélation de l'identité d'Œdipe, les reconnaissances en cascade de La Chaussée[4] et de Voltaire, sans oublier les opéras-comiques qui les simplifient à outrance, ou encore

1 La Motte, *Textes critiques*, éd. dirigée par Fr. Gevrey et B. Guion, Paris, Champion, 2002, p. 595.

2 Jean-François Cailhava de l'Estandoux, *De l'art de la comédie* (1772), Paris, Cailleau, 1786, t. I, p. 287.

3 Beaumarchais, « Lettre modérée... », éd. citée, p. 274-275.

4 Pour ne prendre qu'un exemple, dans *Mélanide*, La Chaussée enchaîne trois reconnaissances de différentes sortes : Mélanide reconnaît son mari (IV, 1), puis révèle à D'Arviane qu'elle est sa mère et que le marquis d'Orvigny est son père (IV, 6), enfin D'Arviane, au nom des « droits du sang », supplie son père de le reconnaître (V, 2).

les parodies, qui, depuis le début du siècle, soignent tout particulièrement les reconnaissances en récrivant les pièces-cibles[1]. Outre le motif du signe de reconnaissance ou de la marque, celui de la voix du sang est régulièrement parodié, comme dans cet échange entre Figaro et sa mère :

> MARCELINE. – Est-ce que la nature ne te l'a pas dit mille fois ?
> FIGARO. – Jamais.

Néanmoins, le thème de la reconnaissance charrie avec lui des questions essentielles[2], ce qui explique que le pathétique et les larmes ne soient jamais très loin, comme le montre la fin de l'acte, en particulier ces deux répliques (III, 18) :

> MARCELINE, *exaltée*. – Fille assez malheureuse, j'allais devenir la plus misérable des femmes et je suis la plus fortunée des mères ! Embrassez-moi, mes deux enfants ; j'unis dans vous toutes mes tendresses. Heureuse autant que je puis l'être, ah ! mes enfants, combien je vais aimer !
> FIGARO, *attendri, avec vivacité*. – Arrête donc, chère mère ! arrête donc ! voudrais-tu voir se fondre en eau mes yeux noyés des premières larmes que je connaisse ? elles sont de joie, au moins. Mais quelle stupidité ! j'ai manqué d'en être honteux : je les sentais couler entre mes doigts, regarde ; (*il montre ses doigts écartés*) et je les retenais bêtement ! va te promener, la honte ! je veux rire et pleurer en même temps ; on ne sent pas deux fois ce que j'éprouve.
> *Il embrasse sa mère d'un côté, Suzanne de l'autre.*

Ce dialogue, touchant et drôle à la fois, réactive les débats qui ont permis l'émergence du genre sérieux, en particulier celui concernant le choix du sujet. La comédie larmoyante avait placé la famille au centre de ses préoccupations. Beaumarchais, après Diderot, avait insisté sur la nécessité de rapprocher la scène des conditions sociales connues des spectateurs : les relations familiales, les professions, etc. « Plus l'homme

---

1 Sur ce point, voir I. Degauque, *Les Tragédies de Voltaire au miroir de leurs parodies dramatiques : d'*Œdipe *(1718) à* Tancrède *(1760)*, Paris, Champion, 2007.

2 Sur les enjeux associés à la reconnaissance, voir notamment C. Nédelec, « Reconnaissance et comédie. Reconnaissance et comique », et S. Marchand, « D'une autre reconnaissance : l'efficacité du cliché des scènes de reconnaissance familiales dans le drame de la seconde moitié du 18e siècle », dans : F. Heulot-Petit et L. Michel (dir.), *La Reconnaissance sur la scène française (17e-21e siècle)*, Arras, Artois Presses Université, 2009, respectivement p. 109-122 et 185-199.

qui pâtit est d'un état qui se rapproche du mien, et plus son malheur a de prise sur mon âme », affirme pour sa part Beaumarchais dans l'*Essai sur le genre dramatique sérieux*[1]. Ici, Marceline devient instantanément maternelle, mais Beaumarchais, qui installe une grande connivence avec le public, souligne la dimension comique de ce changement d'attitude provoqué par un changement de statut : venue en tant que plaignante, espérant devenir épouse dans la journée, elle se retrouve mère. Figaro ne peut donc s'empêcher d'ironiser : « embrassez-moi… *le plus maternellement que vous pourrez*[2] ». Plus loin, il demande à Suzanne de bien regarder Marceline. Suzanne, bien entendu, la trouve affreuse, ce que Figaro interprète, à juste titre, comme une manifestation de « jalousie », puisqu'elle voit encore en elle une rivale. Cet échange repose sur la dégradation du comique larmoyant, associé en particulier au théâtre de La Chaussée, et même du genre sérieux théorisé et illustré par Diderot et Beaumarchais :

> MARCELINE, *les bras ouverts.* – Embrasse ta mère, ma jolie Suzannette. Le méchant qui te tourmente est mon fils.
> SUZANNE, *court à elle.* – Vous, sa mère ! (*Elles restent dans les bras l'une de l'autre.*)

On voit aussi Suzanne tenter d'amadouer Bartholo en lui donnant du « petit papa » (« Bon petit papa, c'est votre fils. » ; « Nous vous aimerons tant, petit papa ! »), et Marceline suivre son exemple (« Nous aurons tant soin de vous, papa ! »). La parodie de la reconnaissance tragique est ici servie par l'emploi d'apocoristiques qui saturent le passage de références aux relations familiales, ce que souligne encore la réaction de Bartholo, lequel, « attendri », comme le précise la didascalie, mais pas vaincu, répète trois fois le nom « Papa » (« Papa ! bon papa ! petit papa ! »). Le pathétique n'est donc pas entièrement annulé[3], et l'on mesure ici l'influence du drame, auquel la formule « je veux rire et pleurer en même temps » fait allusion. De fait, sans se conformer ici aux exigences du nouveau genre, qu'il n'épargne pas, Beaumarchais en conserve une dimension, comme en mineur : l'art

1 Beaumarchais, *Essai sur le genre dramatique sérieux*, dans : *Œuvres*, éd. citée, p. 125.
2 Je souligne.
3 Sur ce point, voir les remarques nuancées de P. Frantz, dans *Beaumarchais (Le Barbier de Séville, Le Mariage de Figaro et La Mère coupable)*, Neuilly, Atlande, 2004, p. 34, et p. 115-116.

de mêler le rire et les larmes ou de doser le pathétique, y compris au cœur du comique. Le thème de la reconnaissance est bien sûr propice à ces passions apparemment opposées que symbolise bien le refus chez Figaro et Bartholo de s'abandonner totalement au *pathos*. En définitive, la parodie l'emporte dans ce mélange déconcertant, car, malgré certaines convergences, *Le Mariage de Figaro* n'est pas un drame, mais bien une grande comédie qui intègre certaines caractéristiques du drame.

Contrairement à la thèse défendue par Terence Cave dans un ouvrage qui a fait date[1], on peut considérer le XVIII^e^ siècle comme l'âge d'or de la reconnaissance. La lexicalisation vers 1730 de l'expression « scène de reconnaissance[2] » confirme la fréquence et la codification croissantes de cet élément au cours du XVIII^e^ siècle. Ainsi, dans *Zaïre*, Voltaire, qui se souvient probablement des retrouvailles des deux époux dans *Rhadamiste et Zénobie* (1711) de Crébillon père, l'une des scènes de reconnaissance de référence pendant tout le siècle, multiplie les reconnaissances. Sa tragédie est saturée des procédés et modèles de la reconnaissance qu'il additionne au lieu de les sélectionner. Soucieux de préparer la reconnaissance centrale, il nous apprend que Zaïre et Nérestan ignorent qu'ils sont frère et sœur, tout comme ils ignorent que Lusignan est leur père. De son côté, Zaïre a conservé un collier décrit par Fatime, une autre esclave du soudan, dès la première scène. Cet objet, destiné à établir son identité (« Chère Fatime hélas ! sais-je ce que je suis ? »), permettra à Lusignan de reconnaître sa fille, mais aussi d'amener naturellement la question de la foi, car à ce collier est attachée une croix, d'où l'expression *croix de ma mère* employée par la suite pour désigner ce type de scène.

La scène de reconnaissance du *Mariage de Figaro* est donc à la fois l'aboutissement d'une longue tradition, et une réponse à une série de mutations relativement récentes. Car les prédécesseurs directs de Beaumarchais, à commencer par Voltaire et La Chaussée, ont usé et abusé du procédé de la reconnaissance. À l'époque où Beaumarchais écrit cette scène, le procédé est depuis longtemps décrié ; c'est donc bien

1 Terence Cave, *op. cit.*

2 Sur ce point, voir mon étude « L'invention de la *scène de reconnaissance* dans le théâtre français du 18^e^ siècle », dans : B. Louvat-Molozay, F. Salaün et N. Vienne-Guerrin (dir.), *La Scène de reconnaissance [...], op. cit.*, p. 73-90.

dans une perspective critique qu'il choisit de faire de la reconnaissance, à la fois parodique et attendrissante, un temps fort de sa pièce et une illustration du principe de la *disconvenance sociale*[1].

Franck SALAÜN
Université Paul-Valéry –
Montpellier III
UMR IRCL

1 Beaumarchais, *Le Mariage de Figaro*, « Préface », dans : *Œuvres*, éd. citée, p. 355.

# BEAUMARCHAIS ET LE PERSONNAGE DE THÉÂTRE[1]

Réfléchir à la construction du personnage dans la dramaturgie de Beaumarchais semble une évidence. D'abord parce que la forme même de la trilogie implique un retour des protagonistes en même temps que leur évolution, et donc un rapport problématique à l'idée d'identité, affrontée à l'écoulement temporel. Ce dispositif signale en outre l'hybridation de l'écriture dramatique et du modèle romanesque, qui constitue l'une des principales caractéristiques du renouvellement dramaturgique entamé au XVIII^e^ siècle autour de l'élaboration théorique du drame. Mais s'il convient de se pencher sur la fabrique du personnage dans la trilogie de Figaro, c'est aussi parce que l'œuvre de Beaumarchais semble, aux yeux de tous, indissociable de l'invention de ce personnage devenu, par la force même de son existence dramatique, un mythe littéraire, accédant, au même titre que les grands héros tragiques, à une individualité généralement refusée au genre comique. Dès le début du XIX^e^ siècle, Charles Lenient constate : « Un tel personnage est une date, parce qu'il représente non seulement un individu mais une époque tout entière. Figaro est la dernière et la plus brillante incarnation du valet qui aspire à devenir maître à son tour[2]. » Certes Figaro ressortit, comme tout personnage comique, à un « type », dont on pourrait trouver des précédents (notamment le Frontin du *Turcaret* de Lesage en 1709, valet industrieux rival de son maître ou, de manière plus évidente encore, le Trivelin de *La Fausse Suivante* de Marivaux, dont le récit, à l'acte I, scène 1, annonce l'entrée en scène de Figaro dans *Le Barbier de Séville* et certains éléments du monologue de l'acte V du *Mariage*). Mais si

1 Nous renvoyons aux éditions suivantes : *Le Barbier de Séville*, édition présentée et annotée par Jacques Scherer, Paris, Gallimard, coll. « Folio Classique » n° 1377, 2007. *Le Mariage de Figaro* et *La Mère coupable*, édition présentée, établie et annotée par Pierre Larthomas, Paris, Gallimard, coll. « Folio Classique » n° 1527, 1984.

2 Charles Lenient, *La Comédie en France au XVIII^e^ siècle*, Paris, Hachette, 1888, t. II, p. 260.

Figaro, et, plus généralement, le personnage de Beaumarchais, a des ancêtres, au premier rang desquels les valets machinistes de la comédie latine ou des pièces de Molière, il transcende généralement le type et le complexifie, le portant à un degré d'individualisation qui lui confère une existence autonome, une ampleur et une épaisseur particulières. Parallèlement, loin de demeurer confiné dans un imaginaire purement littéraire et intertextuel, loin de n'être qu'une figure ou une fonction dramaturgique, le personnage s'enrichit des échos qui s'établissent entre l'œuvre et les conditions historiques et idéologiques de sa production et de sa réception. Le personnage (Figaro bien sûr, mais aussi Marceline, ou encore Chérubin, comme l'a magistralement montré Charles Péguy[1]) a donc à voir avec la vie et le monde réel, et se voit, à ce titre, investi d'une certaine représentativité.

Cette prégnance de l'*aura* des personnages dans la postérité de la trilogie couronne l'attention scrupuleuse et la place essentielle accordées au personnel dramatique par Beaumarchais lui-même. Dans le processus de création théâtrale, la pensée du personnage est première, matricielle. Beaumarchais en témoigne, dans la « Lettre modérée sur la chute et la critique du *Barbier de Séville* » :

> Voilà le fond dont on eût pu faire, avec un égal succès, une tragédie, une comédie, un drame, un opéra *et cætera*. [...] Le genre d'une pièce, comme celui de toute action, dépend moins du fond des choses que des caractères qui les mettent en œuvre.
>
> Quant à moi, ne voulant faire, sur ce plan, qu'une pièce amusante et sans fatigue, une espèce d'*embroille*, il m'a suffi que le machiniste, au lieu d'être un noir scélérat, fût un drôle de garçon, un homme insouciant qui rit également du succès et la chute de ses entreprises, pour que l'ouvrage, loin de tourner en drame sérieux, devînt une comédie fort gaie[2].

Beaumarchais signale ainsi la préséance de la caractérisation du protagoniste sur la nature des actions, selon une logique bien différente de celle qui présidait à la pensée aristotélicienne ou classique des genres, puisque le personnage, chez Beaumarchais, se révèle complexe, protéiforme, susceptible de porter à lui seul, simultanément ou successivement, un drame ou une comédie.

---

1 Charles Péguy, *Clio, Dialogue de l'histoire et de l'âme païenne*, dans : *Œuvres en prose, 1909-1914*, Paris, coll. « Bibliothèque de la Pléiade », 1957.

2 « Lettre modérée sur la chute et la critique du *Barbier de Séville* », p. 31.

Si l'on en croit le dramaturge, le personnage, non seulement préexiste à l'intrigue, mais la détermine, tout comme il commande, en instance autonome, aux partis pris stylistiques : « Mon style, monsieur ? », s'étonne Beaumarchais dans la préface du *Mariage*, « si par malheur j'en avais un, je m'efforcerais de l'oublier quand je fais une comédie, ne connaissant rien d'insipide au théâtre comme ces fades camaïeux où tout est bleu, où tout est rose, où tout est l'auteur quel qu'il soit. Lorsque mon sujet me saisit, j'évoque tous mes personnages et les mets en situation. [...] Puis, quand ils sont bien animés, j'écris sous leur dictée rapide, sûr qu'ils ne me tromperont pas[1] ».

De manière symptomatique, Beaumarchais tend à estomper, dans ses textes liminaires, toute responsabilité auctoriale et se plaît à brouiller les frontières entre réalité et fiction. Tout se passe comme si ses personnages, vivant leur vie propre, se mouvaient dans un espace ambigu, intermédiaire. Le dramaturge évoque ainsi « M. le Comte Almaviva dont [il a] depuis longtemps, l'honneur d'être ami particulier[2] ». Et il brandit face au chroniqueur du *Journal de Bouillon* la menace d'une vengeance bien réelle de la Comtesse Almaviva : « Eh ! Qui sait si Son Excellence madame la comtesse Almaviva [...] ne se ressentira pas un jour des libertés qu'on se donne à Bouillon sur elle [...][3] ? » Si l'on peut lire de l'humour dans cette convocation réelle de personnages fictifs, elle nous renseigne toutefois sur le souci de l'auteur de donner épaisseur et existence – fût-elle imaginaire – à des créatures qui excèdent le monde du théâtre. L'invention du personnage semble donc guider la démarche créatrice de Beaumarchais et déterminer l'invention d'une dramaturgie profondément originale.

1 « Préface » du *Mariage*, p. 43.
2 « Lettre modérée », p. 33.
3 *Ibid.*, p. 37.

## DU TYPE AU PERSONNAGE : FABRIQUE DE L'INDIVIDU THÉÂTRAL

Lorsque Beaumarchais commence à composer pour la scène, dans la seconde moitié du XVIII^e^ siècle, la notion de personnage se trouve au cœur d'importants débats théoriques qui opposent les partisans de la doctrine classique aux promoteurs d'un modèle dramatique nouveau, celui du drame, et d'une rénovation du théâtre inspirée par les idées philosophiques des Encyclopédistes. Il était jusqu'alors admis, depuis Aristote, que le personnage de théâtre devait être, dans la tragédie, fortement individualisé, puisqu'il s'agissait presque toujours d'un personnage mythologique ou historique distingué par des qualités et des actions exceptionnelles, tandis que la comédie faisait son objet de personnages communs, ravalés au rang de types caractérologiques ou sociaux exagérés, afin de provoquer le rire. Dans les deux cas, le rapport unissant le spectateur aux individus représentés ne pouvait être du ressort de l'identification, mais impliquait une prise de distance – admirative et respectueuse dans le cas de la tragédie, condamnatrice et moqueuse dans le cas de la comédie. Le personnage ne pouvait alors être considéré comme véritablement « représentatif », pas plus que cette dramaturgie codifiée et catégorisante ne pouvait apparaître comme l'image de la réalité, sinon au prix d'une stylisation et d'un détour par l'abstraction.

Diderot, dans les *Entretiens sur* Le Fils naturel (1757) puis *De la Poésie dramatique* (1758), entreprend de récuser cette conception du personnage, jugée trop abstraite et de nature à retrancher le champ de l'invention dramatique dans une autarcie incompatible avec la vocation sociale et idéologique qu'il assigne au théâtre. Il prône une humanisation du personnel tragique, qui pourra dorénavant admettre un simple citoyen, pourvu qu'il se signale par une action héroïque, ou un être tiré de l'histoire récente ou contemporaine, afin que les spectateurs puissent se reconnaître en lui. Dans le domaine de la comédie, il préconise la substitution des « conditions » aux « caractères », préférant à une typologie individuelle et fixiste le jeu des relations sociales et familiales et renforçant de la sorte l'ancrage socio-historique des personnages. Déterminés par leur époque et leur milieu, les personnages deviennent emblématiques et peuvent servir de support à l'identification du spectateur. Délivrés des tares qui constituaient les héros traditionnels de la comédie, ils échappent à la fois à la stigmatisation et au grossissement comiques, pour devenir des individus, émanation d'une réalité, voués à « intéresser », c'est-à-dire à susciter l'empathie et l'adhésion, susceptibles enfin d'exemplarité.

Beaumarchais, à la suite de Diderot, entreprend de bannir les types au profit de portraits plus « réalistes ». Il refuse dans le *Mariage*, de faire du comte Almaviva une incarnation archétypale du libertin, et le présente comme le représentant d'une posture sociale : « de mon coupable amant, j'ai fait un jeune seigneur de ce temps-là, prodigue, assez galant, même un peu libertin, à peu près comme les autres seigneurs de ce temps-là[1] ». De cette vocation à la représentativité découle l'idée que le théâtre est l'image du réel, et qu'il doit s'ouvrir à un nouveau type de personnel dramatique. Dans la « Lettre modérée », Beaumarchais ironise sur l'attitude conservatrice des tenants de la doctrine classique : « Présenter des hommes d'une condition moyenne accablés et dans le malheur ! Fi donc ! On ne doit jamais les montrer que bafoués. Les citoyens ridicules et les rois malheureux, voilà tout le théâtre existant et possible[2] ». Accompagnant l'audace dramaturgique de provocation idéologique, il déclare ainsi, à l'occasion des *Deux Amis*, qui peint, en 1770, les mésaventures de financiers lyonnais : « Je souhaite qu'elle plaise aux négociants, cette pièce qui a été faite pour eux, et, en général, pour honorer les gens du tiers-état[3] ». Au contre-modèle comique a donc succédé un héros support d'identification, porteur d'enjeux sérieux et actuels.

Beaumarchais ne s'en tient pas là, et, plus audacieux que Diderot qui ne faisait que substituer une typologie sociale à une typologie psychologique, il entreprend de miner de l'intérieur la notion même de type. Loin d'être réductibles à une fonction dramatique, ses héros tranchent par la manière par laquelle ils s'approprient leur condition[4]. « Pourquoi, dans ses libertés avec son maître, Figaro m'amuse-t-il au

1 « Préface » du *Mariage*, p. 30.

2 « Lettre modérée », p. 26-27.

3 Beaumarchais, Lettre à M. X. du 17/10/1770, dans : *Théâtre, Lettres relatives à son théâtre*, éd. M. Allem et P. Courant, Paris, Gallimard, coll. « Bibliothèque de la Pléiade », 1957, p. 544.

4 Voir notamment sur ce point J.-P. de Beaumarchais, préface de son édition du *Barbier*, du *Mariage* et de *La Mère coupable* (Paris, Garnier, 1980, p. 13), et J. Seebacher, « Chérubin, le temps, la mort, l'échange », *Europe*, n° 528, avril 1973, p. 65.

lieu de m'indigner ? », demande Beaumarchais, « C'est que, l'opposé des valets, il n'est pas, et vous le savez, le malhonnête homme de la pièce : en le voyant forcé par son état, de repousser l'insulte avec adresse, on lui pardonne tout, dès qu'on sait qu'il ne ruse avec son seigneur que pour garantir ce qu'il aime et sauver sa propriété[1] ». Par cette distorsion, le dramaturge opère à la fois une individualisation de son personnage et une revalorisation de la condition ancillaire. Il donne ainsi raison à Figaro lorsque ce dernier objecte au comte qui lui reproche sa « réputation détestable » : « Et si je vaux mieux qu'elle ? Y a-t-il beaucoup de seigneurs qui puissent en dire autant[2] ? ».

L'enjeu idéologique ne suffit pas à expliquer l'écart instauré vis-à-vis du type. Se joue, dans cette figuration du valet, un autre combat, de nature générique. Beaumarchais écrit en 1793 à l'acteur chargé d'incarner Figaro : « Je le prie de réfléchir [...] qu'un degré même léger de charge peut faire une farce de cette pièce, car Figaro est un mauvais sujet, mais fin, léger, éduqué et non pas farceur[3] ». Refusant de ravaler son personnage aux archétypes de la farce ou aux masques de la *commedia dell'arte*, Beaumarchais entend à la fois complexifier sa créature et restaurer la haute comédie. Cette volonté est également sensible dans l'évolution générique qui se produit au sein de la trilogie. Si les personnages du *Barbier* marquent un progrès dans la subtilité de leur caractérisation par rapport aux parades ou au *Sacristain*, ils se voient encore nuancés et complexifiés par les pièces suivantes, et surtout dans le *Mariage*[4], *La Mère coupable* opérant pour sa part la transition vers d'autres codes, ceux du drame.

Cette prise de distance à l'égard des types comiques est thématisée dans des répliques métatextuelles qui signalent, chez Beaumarchais et les plus rusées de ses créatures, une conscience des codes régissant la représentation comique et une propension naturelle à en jouer. Bégearss se moque ainsi, dans *La Mère coupable*, des conventions génériques du drame, en déclarant à propos de Florestine : « Règle certaine, mon

1 « Préface » du *Mariage*, p. 33.

2 *Mariage*, III, 5, p. 159.

3 Beaumarchais, lettre du 3/04/1793 aux acteurs de l'Opéra, *Théâtre, Lettres relatives à son théâtre*, éd. citée, p. 594.

4 La description des « Caractères et habillements de la pièce » est, à cet égard, significative, qui insiste sur la complexité des caractères et la subtilité que requiert leur incarnation scénique (*Mariage*, p. 49-51).

enfant : lorsque telle orpheline arrive chez quelqu'un comme pupille ou bien comme filleule, elle est toujours la fille du mari[1] ». Par ce clin d'œil, Beaumarchais marque moins sa soumission à des codes génériques que sa capacité à les mettre à distance par l'ironie réflexive. Le machiniste Bégearss, virtuose dans l'art du masque, semble le représentant par excellence de cette ironie démystificatrice, apostrophant Figaro en ces termes : « Ah ! noble espion, la fleur des drôles, qui faites ici le bon valet ! Et vous voulez nous souffler la dot, en nous donnant des noms de comédie[2] ! ». Rien n'est aussi simple : tous connaissent parfaitement la chanson comique ; Bégearss a beau être un « autre Tartuffe », les recettes traditionnelles sont devenues inopérantes et forcent les personnages à endosser d'autres rôles.

Les personnages de Beaumarchais ne se rattachent plus aux types traditionnels que sur un mode ostensiblement récalcitrant, qu'il s'agisse des fonctions actantielles ou des caractéristiques caractérologiques. Congé est donc donné à la psychologie fixiste mise en place par des auteurs classiques soucieux de taxinomie et convaincus que l'individu serait assignable à une humeur ou à un caractère. Beaumarchais est, comme le constate V. Géraud, ennemi du « clivage définitif, qu'il soit esthétique ou social », ce qui se traduit dans sa conception du personnage[3]. Dans *Le Mariage de Figaro*, lors de la scène du procès, Figaro répond à Double-Main qui lui demande quelle est sa qualité : « Gentilhomme », récusant la place qui lui était jusqu'alors assignée. À l'étonnement du Comte, tenant d'un ordre social déterministe peu porté à remettre en question la réduction de l'identité au statut hiérarchique, Figaro objecte une conception ouverte : « Si le ciel l'eût voulu, je serais fils d'un prince[4] ». Ce refus d'une caractérisation simple et définitive se retrouve dans l'instabilité professionnelle du Barbier, aussi irréductible à une fonction sociale qu'incapable de se fixer en un lieu unique[5]. Héros polymorphe à l'échelle de la trilogie, Figaro semble voué à échapper aux assignations et aux réductions de tous ordres.

---

1 *La Mère coupable*, I, 4, p. 287.

2 *Ibid.*, II, 24, p. 334.

3 Violaine Géraud, *Beaumarchais, l'aventure d'une écriture*, Paris, Champion, coll. « Unichamp », 1999, p. 26.

4 *Mariage*, III, 15, p. 174.

5 *Barbier*, I, 2, p. 53-57.

## ENTRE LE RIRE ET LES LARMES : ÉTHIQUE ET POÉTIQUE DU PERSONNAGE

Cette volonté de complexification et d'individualisation des personnages va de pair avec le désir de rompre avec la discrimination générique classique. Caractérisés par leur ambivalence consubstantielle, les personnages de Beaumarchais, comme l'a constaté B. Didier, « tirent leur richesse justement de n'être pas uniquement comiques[1] ». Le dramaturge déclare en effet, dans une lettre de 1797, sa volonté de « faire étouffer de sanglots avec les mêmes personnages qui vous firent rire aux éclats[2] ». Cette ambivalence n'est pas entièrement imputable à l'évolution des personnages et de la pratique générique de Beaumarchais au sein de la trilogie. Elle rejoint aussi une conception de l'être échappant à la psychologie fonctionnelle et fixiste du comique traditionnel. Cet accent mis sur l'ambivalence des sentiments apparaît très nettement à travers la place que la comédie de Beaumarchais accorde à un registre qui, en cette seconde moitié du XVIIIe siècle, est intrinsèquement lié au développement du drame et généralement associé à une remise en question du rire : le pathétique.

Parmi les mots d'esprit et les situations de comédie, figurent certains motifs emblématiques du théâtre sentimental, qui, dans un premier temps, permettent d'enrichir la caractérisation des personnages. La Rosine du *Barbier*, loin de n'être qu'une nouvelle Agnès, emprunte aux héroïnes de drames leur attitude victimale, leur phraséologie larmoyante et la teneur idéologique de leurs propos. Ce feuilletage des registres fait aussi, dans le *Mariage*, tout l'intérêt du personnage de Marceline, qui oscillant entre fonction comique et figuration pathétique, défie toute appréhension simpliste au point de devenir, dans sa tirade censurée de la scène 16 de l'acte III, le porte-parole tout à fait sérieux de la cause des femmes et d'un Beaumarchais décidément rétif à condamner irrémédiablement ses personnages. Le brouillage générique induit par la proximité du comique et du pathétique est également sensible dans le

1 Béatrice Didier, *Beaumarchais ou la passion du drame*, Paris, PUF, 1994, p. 69.

2 Beaumarchais, Lettre à M. Martineau du 2/07/1797, *Théâtre, Lettres relatives à son théâtre*, éd. citée, p. 598.

traitement de certains *topoi* sentimentaux. C'est alors le comique qui fait retour, nuançant les teintes dramiques[1]. Mais il n'est pas question, pour le dramaturge, de faire jouer le rire *contre* les larmes. La fameuse scène de reconnaissance du *Mariage* a beau faire l'objet d'un traitement parodique, elle n'en marque pas moins, pour le personnage de Figaro, un moment essentiel : celui de la découverte de la sensibilité, et elle constitue indéniablement un moment de bascule radicale dans l'intrigue. La comédie, loin de rejeter le pathétique comme foncièrement hétérogène, lui fait alors une place, pas forcément incompatible avec l'éthique de la gaieté qui imprègne la comédie de Beaumarchais. La réplique de Figaro, à la scène 18 de l'acte III, témoigne de cette complexification de la psychologie des personnages :

> FIGARO, *attendri, avec vivacité.* – Arrête donc, chère mère ! arrête donc ! voudrais-tu voir se fondre en eau mes yeux noyés des premières larmes que je connaisse ? Elles sont de joie au moins. Mais quelle stupidité ! j'ai manqué d'en être honteux : je les sentais couler entre mes doigts : regarde (*il montre ses doigts écartés*) et je les retenais bêtement ! Va te promener, la honte, je veux rire et pleurer en même temps[2].

Ce traitement subtil du pathétique marque un pas supplémentaire sur la voie de l'individualisation du personnage, irréductible aux codes du drame autant qu'à ceux de la comédie. La déconstruction des codes dramaturgiques contemporains par Beaumarchais ne saurait en effet être interprétée dans une perspective purement critique : loin de mobiliser un genre contre un autre, l'auteur joue habilement sur les deux tableaux, celui d'un comique distancié et réflexif, mais aussi celui d'un pathétique qui fonctionne malgré le cliché. La scène de reconnaissance convoque tous les lieux communs d'usage pour, dans un premier temps, les vider de leur substance : « Oooh ! Aïe de moi ! », s'écrie Figaro apprenant que Bartholo est son père, avant de répondre à celui-ci, qui lui demandait : « Est-ce que la nature ne te l'a pas dit mille fois ? », « Jamais[3] ». Le pathétique véritable attesté par la suite du texte ne repose donc pas sur les éléments proprement dramiques de la scène, désamorcés par l'ironie. Il se déploie ailleurs, dans un espace autre, génériquement

1 Pour reprendre un néologisme que Beaumarchais utilise dans la « Lettre modérée », p. 31.
2 *Mariage*, III, 18, p. 191.
3 *Ibid.*, III, 16, P. 185.

indéterminé, qui échappe à l'opposition dualiste du rire et des larmes, dans un brouillage éthique que le dramaturge veut plus véridique que les catégorisations génériques exclusives.

Œuvre paradoxale qui remet en question les frontières entre sérieux et comique, et invite à redéfinir la gaieté comme une forme de légèreté de ton habitée par un enjeu idéologique et une forme de gravité foncière, le théâtre pratiqué par Beaumarchais entend transcender les discriminations génériques et la conception traditionnelle du personnage. L'efficacité dramatique du *Mariage* et la force de ses personnages se jouent précisément dans la proximité, l'oscillation et la réversibilité entre deux postures psychologiques. Le pathétique, tout autant qu'une catégorie poétique, recouvre une réalité éthique : celle d'une disjonction d'avec l'ordre des choses, vécue sur un mode douloureux par le sujet et qui s'exprime dans le rire aussi bien que dans les larmes. Le fondement éthique de la trilogie peut ainsi se résumer, pour reprendre les termes de J.-P. de Beaumarchais, à cette « vérité du monde nécessairement instable et composite[1] » que traduit la devise de Figaro : « Je me presse de rire de tout, de peur d'être obligé d'en pleurer[2] ». Aussi les scènes les plus pathétiques de la trilogie sont-elles moins celles qui confirment le héros dans son malheur, que celles qui dénoncent la vanité de la gaieté et l'illusoire sécurité de la légèreté. Emblématique de ce pathétique de l'oscillation est le renversement de situation qui, se produisant à l'acte IV du *Mariage*, modifie brusquement la figuration de Figaro et engage la trilogie sur la voie du sérieux. Confronté à ce qu'il considère comme des preuves de l'infidélité de Suzanne, le héros voit ses certitudes et son assurance vaciller. Le critique La Harpe, peu sensible aux grandes scènes de l'acte IV de *La Mère coupable*, « que l'auteur avait crues très pathétiques », mais qui ne sont que « très ineptes », célèbre en revanche la vérité et « le trait d'un fort bon comique, quand Figaro qui se vantait d'une "philosophie imperturbable" sur la jalousie [...] est tout-à-coup pétrifié à la fausse apparence d'une infidélité de Suzanne[3] ».

Le pathétique gagne donc jusqu'à la gaieté même et les proclamations d'insouciance, nombreuses dans le *Barbier* et le *Mariage*, semblent autant

1 J.-P. de Beaumarchais, édition citée, introduction, p. v.

2 *Barbier*, I, 2, p. 57.

3 Jean-François de La Harpe, *Lycée ou cours de littérature dramatique*, Paris, Lagier et Frantin, 1821, t. 13, p. 194 et 223.

de conjurations d'un sort inéluctable. Toutefois, là encore, l'œuvre de Beaumarchais résiste aux lectures univoques, et l'on constate, que si la trilogie abonde en passages du rire aux larmes, l'oscillation inverse est également possible. La reconnaissance du *Mariage*, à la fois ridicule et potentiellement pathétique dans la mesure où elle apporte au héros une identité qui n'est pas celle dont il avait rêvé, fait finalement l'objet d'une acceptation joyeuse. À Suzanne qui lui demande : « As-tu rien vu de plus étrange ? », Figaro répond : « Ou plutôt d'aussi gai[1] ». Et de s'écrier, dans un rebond qui signe un regain de combativité : « Chagrin, c'est maintenant que je puis te défier[2] ! ». Le rire n'est donc pas seulement le masque de l'angoisse, il en est aussi l'antidote, dans une logique qui n'est plus celle de la dénégation mais celle de l'affrontement, renversant la souffrance passive en action réformatrice, cette dernière attitude étant en quelque sorte l'essence de Figaro. Là encore, Beaumarchais parvient à dépasser le modèle dramique.

La construction du personnage chez Beaumarchais, s'effectue donc sur le fond d'une déconstruction du type comique traditionnel et des typologies psychologiques admises. Elle participe de cette« provocation des limites du théâtre[3] » qui caractérise la dramaturgie de l'inventeur de Figaro.

## LE PERSONNAGE DANS LE TEMPS : FABRIQUE D'UNE (BIZARRE) DESTINÉE

La complexification du type observable à l'échelle des pièces, apparaît encore plus évidente dès lors que l'on considère l'ensemble formé par la trilogie. Par ce choix structurel original, Beaumarchais ne confirme pas seulement sa volonté de faire du théâtre un genre véritablement mimétique, voué à la représentation d'une réalité individualisée, mais inscrit ses personnages dans un temps qui n'est pas proprement celui du théâtre.

1 *Mariage*, IV, 1, p. 195.
2 *Ibid.*, III, 18, p. 192.
3 L'expression est d'Anne Ubersfeld dans son bel article « Un balcon sur la terreur : *Le Mariage de Figaro* », *Europe*, n° 528, avril 1973, p. 109.

L'élargissement temporel que permet le retour des personnages d'une pièce à l'autre laisse la place à une évolution des caractères qui tend à rapprocher l'existence de l'être de fiction d'une existence réelle[1]. Ainsi, si la réapparition des acteurs du *Barbier* dans les premiers actes du *Mariage* est saluée par certains comme un retour du même, inscrit sous le signe de la permanence des caractères, et constitue pour les spectateurs une expérience originale de reconnaissance[2], l'on s'aperçoit bien vite que la récurrence n'a pas pour fonction de confirmer l'être dans son essence mais bien plutôt de révéler l'empreinte du temps et des événements sur les personnages qui ne sont plus envisagés sous le signe de l'identité mais sous celui de l'histoire. Il faut donc être Bartholo pour s'écrier, à propos de Figaro : « Ce drôle est toujours le même[3] ! », ou pour continuer à voir en la comtesse Alamaviva « Rosine, [la] trompeuse comtesse[4] ». La constance dans le caractère est réservée aux personnages secondaires, réduits au rang d'utilités comiques. Si Bartholo demeure cet « éternel docteur[5] », ultime avatar d'un archétype farcesque, les héros se refusent à cette fixation dans une fonction dramatique ou une caractérisation psychologique. « Je ne la suis plus, cette Rosine que vous avez tant poursuivie ! Je suis la pauvre comtesse Almaviva, la triste femme délaissée que vous n'aimez plus », déclare l'épouse bafouée[6]. « Est-il rien de plus bizarre que ma destinée ? », s'étonne pour sa part Figaro, dans une réplique qui explicite l'absence de reconnaissance et le caractère problématique de l'ipséité[7]. Et en effet, comment retrouver dans le valet moral et sensible de *La Mère coupable*, refusant la récompense

---

1 Comme le note Pierre Frantz, « La scène saisit du personnage un moment, un aspect de la réalité, laquelle ne peut jamais être autre chose qu'une construction, une suggestion extérieure à la scène. Le personnage de théâtre devient la synecdoque d'un personnage qui le dépasse et qui existe dans un roman virtuel, seul capable de lui donner une "réalité" » (Pierre Frantz, *Beaumarchais, Le Barbier de Séville, Le Mariage de Figaro et La Mère coupable*, Neuilly, Atlande, 2004, p. 126).

2 Qui sera poursuivie par un certain nombre de suites apocryphes du *Mariage*, avant que Beaumarchais lui-même ne reprenne ses personnages pour un troisième volet dans *La Mère coupable*. Voir sur ce point Michel Delon, « Figaro et son double », *Revue d'Histoire Littéraire de la France*, 1984, p. 774-784.

3 *Mariage*, I, 4, p. 63.

4 *Ibid.*, p. 64.

5 *Ibid.*, p. 63. Les « Caractères et habillements » précisent d'ailleurs : « le caractère et l'habit comme dans *Le Barbier de Séville*, il n'est ici qu'un rôle secondaire » (p. 50).

6 *Ibid.*, II, 19, p. 128.

7 *Ibid.*, V, 3, p. 231.

offerte par Almaviva et reniant sa conduite passée[1], celui qui, dans le *Barbier*, récusait les grands mots du genre sérieux pour proclamer son matérialisme[2], ou dans le pourfendeur du machiniste Bégearss le génie de l'intrigue qui aidait Lindor à parvenir à ses fins ?

C'est que le théâtre se veut désormais à l'image de la vie, non seulement en ce qu'il impose à la fable et au personnel dramatique un devoir de représentativité, mais aussi dans la mesure où il suppose que l'existence des créatures fictives épouse les mêmes rythmes que celle des être réels, excédant la clôture de l'unité dramaturgique de la pièce, entendue par Aristote comme une action autonome et complète dotée d'un début, d'un milieu et d'une fin. Le temps confère ainsi aux héros de la trilogie une épaisseur inédite, marquant par ses effets l'approfondissement des caractères[3]. L'ambition de la trilogie est fondamentalement historique, que ce soit au niveau de l'individu ou au niveau de l'ordre social[4]. Il s'agit de montrer une évolution, de faire de la succession théâtrale un double de la temporalité vécue.

Tel est le sens de la présentation rétrospective de la trilogie selon un schème biographique représentant les âges de la vie, à laquelle se prête Beaumarchais :

> Après avoir bien ri, le premier jour, au *Barbier de Séville*, de la turbulente jeunesse du comte Almaviva, laquelle est à peu près celle de tous les hommes.
>
> Après avoir, le second jour, gaiement considéré, dans *La Folle journée*, les fautes de son âge viril, et qui sont trop souvent les nôtres.
>
> Par le tableau de sa vieillesse, et voyant *La Mère coupable*, venez vous convaincre avec nous que tout homme qui n'est pas né un épouvantable méchant, finit toujours par être bon quand l'âge des passions s'éloigne, et surtout quand il a goûté le bonheur si doux d'être père ! C'est le but moral de la pièce[5].

---

1 *La Mère coupable*, V, 8, p. 399.

2 *Barbier*, I, 4, p. 61.

3 Voir M. de Rougemont, « Beaumarchais dramaturge : le substrat romanesque du drame », *Revue d'Histoire Littéraire de la France*, n° 5, septembre-octobre 1984, p. 714.

4 B. Didier remarque ainsi que « Le personnage de la comtesse d'une pièce à l'autre a gagné en complexité, en densité, cette densité que donnent le temps et les souffrances de la vie. [...] On peut en dire autant du comte, en ajoutant qu'il est plus marqué par les événements historiques ; donc que chez lui la temporalité personnelle et la temporalité historique se doublent » (*Beaumarchais ou la passion du drame, op. cit.*, p. 118).

5 « Un mot sur *La Mère coupable* », p. 271-272. De manière révélatrice, le Beaumarchais de *La Mère coupable* recentre l'intrigue sur le personnage du Comte : signe d'un retour au

Schéma qui est bien sûr téléologique, l'enjeu étant d'aboutir, à la fin du parcours, à une identité stable, édifiée au gré des aléas de la vie. Tel est le sens de l'exclamation de Figaro, lorsqu'à la scène 18 de l'acte IV de *La Mère coupable*, il s'émerveille du revirement et du pardon accordé par le Comte à son épouse fautive : « Vous l'entendez, madame ? Le voilà dans son caractère ! et c'est mon maître que j'entends[1] ». L'expérience accomplit l'être, qui n'est pas essence mais construction.

Un tel schéma implique l'instauration d'une durée et d'une continuité bien peu compatibles avec les formes dramaturgiques classiques. Beaumarchais instaure, grâce à la structure trilogique (mais, ce qui est remarquable, *avant même* la réalisation textuelle effective de celle-ci) une ouverture sur le temps et une dramaturgie du devenir. Les pièces, mais aussi et surtout les préfaces qui en sont comme les matrices, regorgent d'échappées proleptiques, offrant un élargissement du champ et un prolongement possible de l'action hors des limites temporelles, narratives et génériques de la pièce. La vie déborde l'espace mesuré des conventions théâtrales, suinte par les pores du modèle de la pièce bien faite. La faute de la Comtesse, qui se situe chronologiquement dans l'intervalle de vingt ans qui sépare le *Mariage* et *La Mère coupable*, est programmée dans la préface de *La Folle Journée*[2]. Et l'avenir de Chérubin fait, dès cette époque, l'objet de conjectures, non seulement de la part de l'auteur[3], mais aussi de celle des personnages, qui anticipent son libertinage[4] et même sa fin tragique[5]. Tous ces pronostics se verront confirmés dans *La Mère coupable*.

Cet élargissement temporel de l'existence des personnages, qui participe de ce que M. de Rougemont a nommé le « substrat romanesque du drame[6] », s'il met en place un dispositif téléologique assurant l'unité et le

drame, qui fait de la figure paternelle l'une de ses conditions tutélaires. Signe aussi d'un désir de clore enfin le parcours des personnages, d'achever l'élan imaginaire qui faisait de chacune des préfaces précédentes un lieu de relance de l'invention et d'ouverture du sens.

1 *La Mère coupable*, IV, 18, p. 381.

2 « Abandonnée d'un époux trop aimé, quand l'expose-t-on à vos regards ? Dans le moment critique où sa bienveillance pour un aimable enfant, son filleul, peut devenir un goût dangereux » (« Préface » du *Mariage*, p. 32).

3 « Quand mon page aura dix-huit ans, avec le caractère vif et bouillant que je lui ai donné, je serai coupable à mon tour si je le montre sur la scène » (« Préface » du *Mariage*, p. 35).

4 « Oh ! dans trois ou quatre ans, je prédis que vous serez le plus grand petit vaurien ! », *Mariage*, I, 7, p. 73.

5 « À moins qu'un bon coup de feu… » (*ibid.*, I, 10, p. 90).

6 Voir article cité.

sens final de la trilogie, couronnant l'avènement d'un héros enfin « vrai », ne réduit pourtant pas le personnage à un cheminement existentiel écrit d'avance, placé sous la tutelle de la logique. Le parcours des héros n'est pas seulement semé d'embûches, il est accidenté, non linéaire, fait de revirements, de surprises, de découvertes sur soi-même, qui forcent à des réajustements permanents[1]. La temporalité de la trilogie, cette temporalité qui construit les personnages bien plus qu'elle n'illustre un caractère programmé, est ouverte à l'inconséquence, intégrant, non sans mélancolie, la trahison des promesses et la déception suscitée, chez les personnages comme chez les spectateurs, par l'évolution des caractères et des comportements. D'autant plus que, chez Beaumarchais, la dramaturgie du devenir se conjugue à des réévaluations rétrospectives qui confrontent les héros, non seulement à un avenir gorgé de possibilités diverses, mais à un passé qui redessine les contours de leur être. Tel est le sens de la reconnaissance centrale du *Mariage*, qui remet en question à la fois l'identité des personnages et les relations qui les lient, redistribuant considérablement les cartes sur un plan diégétique, éthique et esthétique. Cet élargissement temporel de l'action théâtrale se révèle finalement au service d'une complexification des caractères, d'une dramaturgie de l'instabilité, faisant de la notion d'identité un enjeu profondément problématique de ce théâtre.

## UN THÉÂTRE DE L'IDENTITÉ

Parce qu'elle n'est pas fixée mais fluctue du fait de l'écoulement temporel ou des circonstances extérieures, parce qu'elle n'est jamais un acquis mais l'objet d'une construction voire d'une conquête permanente, parce qu'elle est sans cesse remise en question par la confrontation avec l'altérité et la quête de reconnaissance, la thématique de l'identité concentre un certain nombre des enjeux dramatiques et idéologiques de la trilogie, dont l'action semble dès lors indissociable de la place accordée au moi de Figaro.

1 En ce sens, il convient de ne pas minorer, au nom de la récupération moralisatrice de l'époque de *La Mère coupable*, la part d'exploration ludique et combinatoire qui préside à l'inventivité des textes liminaires du *Barbier* et du *Mariage*.

Or ce moi est foncièrement paradoxal, à la fois objet d'une affirmation vindicative (lorsque le valet se trouve confronté successivement, dans le *Barbier*, à un ordre contre-nature qu'il veut détruire, dans le *Mariage*, à un maître qui le récuse et lui dispute son bien, ou enfin, dans *La Mère coupable*, à un imposteur qui menace l'harmonie familiale) et sujet à une poignante fragilité, du fait d'un déterminisme social qui résiste aux assauts conjoints de la gaieté et de l'esprit philosophique, du fait aussi de l'action délétère du temps et de l'histoire sur les êtres et les relations humaines. Nœud de contradictions, le personnage ne porte pas l'intrigue, mais finit par apparaître comme l'objet même de la pièce, son véritable sujet, problématique à plus d'un titre.

De cette tension entre fanfaronnades et anéantissement, qui donne à l'action de la trilogie sa gravité et sa pertinence historique, *Le Mariage de Figaro* fournit l'illustration la plus éloquente, sans doute parce qu'il offre l'ambivalence générique la plus forte et qu'il dramatise ouvertement un affrontement dans lequel se joue la reconnaissance du moi (à travers la lutte pour le droit à la possession et la possibilité d'agir contre l'arbitraire mais aussi à travers l'élucidation du roman familial de Figaro). Avant même le grand monologue et après la remise en question de toutes les certitudes amenée par la découverte de ses origines, la scène 5 de l'acte IV théâtralise ce naufrage du moi de Figaro qui, se voyant dépossédé de la maîtrise du jeu (désormais détenue par Suzanne et la Comtesse), se sentant menacé dans ses acquis, se dégonfle littéralement :

> FIGARO, *les mains sur sa poitrine.* – Ce que je viens d'entendre, ma mère, je l'ai là comme un plomb.
>
> MARCELINE, *riant.* – Ce cœur plein d'assurance n'était donc qu'un ballon gonflé ? Une épingle a tout fait partir[1].

Moment poignant parce qu'il anéantit l'essence du personnage, la gaieté foncière d'un être « donnant le présent à la joie, et s'inquiétant de l'avenir tout aussi peu que du passé[2] », d'un insouciant dont la joie avait bien été désignée comme « folle » par les autres personnages[3]. Moment tragique, où Figaro voit le langage se retourner contre lui, où les mots mêmes de l'affirmation deviennent, dans la bouche de Marceline, les armes d'une

1 *Mariage*, IV, 15, p. 223.
2 *Ibid.*, I, 4, p. 66.
3 *Ibid.*, IV, 1, p. 197.

démystification moqueuse. Moment central, qui fait vaciller les certitudes et prépare la grande interrogation existentielle de la scène 3 de l'acte V, cette parabase, lieu prédestiné du questionnement identitaire. Au cœur de la trilogie, s'inscrit donc ce qui n'est en rien une digression mais constitue l'essence même de l'enjeu dramatique de l'œuvre, la question de l'identité et de l'affirmation problématique d'un moi fondamentalement instable et menacé. Tel est le sens de la plainte de Figaro, où la construction du personnage s'achève au moment où précisément celui-ci s'évide :

> Ô bizarre suite d'événements ! Comment cela m'est-il arrivé ? Pourquoi ces choses et non pas d'autres ? Qui les a fixées sur ma tête ? Forcé de parcourir la route où je suis entré sans le savoir, comme j'en sortirai sans le vouloir, je l'ai jonchée d'autant de fleurs que ma gaieté me l'a permis : encore je dis ma gaieté, sans savoir si elle est à moi plus que le reste, ni même quel est ce *moi* dont je m'occupe : un assemblage informe de parties inconnues ; puis un chétif être imbécile ; un petit animal folâtre ; un jeune homme ardent au plaisir, ayant tous les goûts pour jouir, faisant tous les métiers pour vivre, maître ici, valet là, selon qu'il plaît à la fortune ; [...] j'ai tout vu, tout fait, tout usé. Puis l'illusion s'est détruite, et trop désabusé[1]...

La reconnaissance véritable, c'est celle d'une identité problématique, non pas idéale et maîtrisée, mais complexe et douloureuse, d'autant plus nôtre qu'elle nous échappe et nous dépasse. Ce que montre Beaumarchais par son traitement si particulier des *topoi* dramatiques, c'est que la seule reconnaissance qui vaille n'est pas celle qui fixe l'identité, assure au personnage une stabilité psychologique et sociale, un état civil vérifiable, mais celle qui consiste à assumer l'éternel questionnement qui seul fonde l'identité, la pleine conscience de soi.

C'est dans la crise que le personnage prend toute son épaisseur, éprouve véritablement ce qu'il est. Il en va de même pour Florestine qui, voyant son désir bridé par la révélation du lien familial qui l'unit à Léon, s'écrie : « à peine j'apprends qui je suis qu'il faut renoncer à moi-même[2] ». Tel est encore Chérubin, autre noyau ambivalent de la trilogie, aussi insaisissable que Figaro est omniprésent, dont l'éphémère mais marquante existence scénique est placée sous le signe de l'interrogation et de la fuite[3] : fuite

1 *Ibid.*, V, 3, p. 233-234.

2 *La Mère coupable*, IV, 9, p. 363.

3 Voir « Caractères et habillements », p. 50 : « Un désir inquiet et vague est le fond de son caractère. Il s'élance à la puberté, mais sans projet, sans connaissance, et tout entier à chaque événement ».

en avant d'un désir qui refuse de se fixer, d'une identité à peine esquissée et déjà menacée par le pronostic funeste, d'une évanescence adolescente à la fois hypersexuée et androgyne, fuite enfin d'une présence scénique tourbillonnante, marquée, dans le *Mariage*, du sceau de la mobilité avant de se figer, dans *La Mère coupable*, dans des scènes mentales obsédantes. Est-ce un hasard si ce personnage, qui n'apparaît véritablement que dans la pièce centrale de la trilogie, mais que Beaumarchais ne peut se résoudre à faire disparaître totalement, est l'un de ceux qui frappent le plus l'imagination ? L'un de ceux aussi qui incarnent le mieux l'époque de leur création, synthétisant en une figure poétique tous les traits d'un monde aristocratique menacé, quand Figaro devient l'emblème d'un tiers état conquérant en quête de reconnaissance ?

Chérubin, comme Figaro, sur des modes opposés mais complémentaires, l'un inscrit dans le temps, l'autre figé dans une éternelle jeunesse, mais tous les deux dans l'Histoire, réalisent l'ambition de Beaumarchais : celle de créer des personnages dont la vérité ne s'ancrerait pas dans la stabilité rassurante du type dramatique ou d'une figuration qui proposerait une grille de lecture claire et univoque du réel, mais dans la faculté à exprimer l'histoire – qu'elle soit individuelle ou collective – dans toutes ses contradictions. Si le théâtre de Beaumarchais peut apparaître comme un laboratoire de l'individu, c'est non seulement parce qu'il interroge la notion même d'identité en invitant les spectateurs à se reconnaître dans la crise que traversent les personnages, mais parce qu'il invente pour les protagonistes de la trilogie d'autres modes d'être-à-la-scène, à mille lieues des conventions classiques et des limitations généralement imposées aux personnages de théâtre. À cette identité troublée, pour laquelle il n'est d'autre mode d'affirmation que problématique et d'autre forme d'épiphanie que celle, mouvante et sans cesse réitérable, que lui offre l'énonciation scénique, il faut un modèle dramaturgique nouveau, qui excède les cloisonnements génériques traditionnels et s'attaque aux limites du théâtre. En cela, le personnage est bien le fer de lance de l'invention dramatique de Beaumarchais.

Sophie MARCHAND
Université Paris-Sorbonne

# BIBLIOGRAPHIE SÉLECTIVE[1]

| | |
|---|---|
| *DHS* | *Dix-Huitième Siècle* |
| *RHLF* | *Revue d'Histoire littéraire de la France* |
| *RHT* | *Revue d'Histoire du Théâtre* |
| *RSH* | *Revue des Sciences Humaines* |
| *SVEC* | *Studies on Voltaire and the Eighteenth Century* |

## PRINCIPALES ÉDITIONS DE LA TRILOGIE ESPAGNOLE OUTRE CELLES DU PROGRAMME[2]

*Le Barbier de Séville*, *Le Mariage de Figaro*, *La Mère coupable*, éd. Jean Delabroy, Paris, Presses Pocket, 1993, et Pocket Classiques, 1999.

*Théâtre*, éd. Jean-Pierre de Beaumarchais, Paris, Classiques Garnier, 1980 (réunit *Le Sacristain*, *Le Barbier de Séville*, *Le Mariage de Figaro*, *La Mère coupable*), rééd. 1985.

*Théâtre*, éd. Jean-Pierre de Beaumarchais, Paris, Le Livre de poche, 1999 (réunit *Le Sacristain*, *Le Barbier de Séville*, *Le Mariage de Figaro*, *La Mère coupable*).

*Théâtre*, éd. René Pomeau, Paris, Flammarion, GF, 1992.

1 Nous renvoyons à la bibliographie d'agrégation parue dans le Bulletin de la Société Française d'Étude du Dix-huitième Siècle de juillet 2015. Nous n'incluons ni les références aux adaptations opératiques, cinématographiques, captations de mises en scènes et comptes rendus afférents, en dépit de leur intérêt certain, ni les éditions séparées des pièces de la trilogie, ni les autres œuvres de Beaumarchais.

2 *Le Barbier de Séville*, édition présentée et annotée par Jacques Scherer, Paris, Gallimard, coll. « Folio Classique » n° 1377, 2007. *Le Mariage de Figaro* et *La Mère coupable*, édition présentée, établie et annotée par Pierre Larthomas, Paris, Gallimard, coll. « Folio Classique » n° 1527, 1984.

## PRINCIPALES ÉDITIONS DU THÉÂTRE

*Œuvres*, éd. Pierre Larthomas (avec la collaboration de Jacqueline Larthomas), Paris, Gallimard, coll. « Bibliothèque de la Pléiade », 1988.

*Parades*, éd. Pierre Larthomas, Paris, SEDES, 1977.

## ÉTUDES GÉNÉRALES SUR LE THÉÂTRE AU XVIIIe SIÈCLE

FRANTZ, Pierre, *L'Esthétique du tableau dans le théâtre au* XVIIIe *siècle*, Paris, PUF, 1998.

FRANTZ, Pierre, « Le roman, perte ou salut du théâtre ? », dans : *Il Romanzo a teatro*, Fasano, Schena editore, 2005, p. 37-48.

GOLDZINK, Jean, *Les Lumières et l'idée du comique*, Fontenay-aux-Roses, E. N. S. Fontenay-Saint-Cloud, 1992.

GOLDZINK, Jean, *Comique et comédie au siècle des Lumières*, Paris, L'Harmattan, 2000.

RAVEL, Jeffrey, *The Contested parterre : public theater and French political culture, 1680-1791*, Ithaca (N. Y.), Cornell University Press, 1999.

ROUGEMONT, Martine de, *La Vie théâtrale en France au* XVIIIe *siècle*, Paris-Genève, Champion-Slatkine, 1988 ; rééd. Champion, 2001.

*Le Théâtre français du* XVIIIe *siècle : histoire, textes choisis, mises en scène*, sous la direction de P. Frantz et S. Marchand, Paris, Éd. « Avant-scène théâtre », 2009.

TROTT, David, *Théâtre du* XVIIIe *siècle. Jeux, Écritures, Regards. Essai sur les spectacles en France de 1700 à 1790*, Montpellier, Éditions Espace 34, 2000.

## OUVRAGES ET ARTICLES GÉNÉRAUX SUR BEAUMARCHAIS :

### VOLUMES COLLECTIFS[1]

*Analyses et réflexions sur Beaumarchais, Le Mariage de Figaro* (par Paul-Laurent Assoun, Marie-Anne Barbéris, Jean-Pierre de Beaumarchais [*et al.*]), Paris, Marketing, 1985.

*Beaumarchais : homme de lettres, homme de société*, éd. Philip Robinson, Bern-Frankfurt, Peter Lang, 2000.

*Comédie-Française*, n° 174, mars 1989 (*La Folle journée ou Le Mariage de Figaro*).

*Comédie-Française*, n° 183, février 1990 (*L'Autre Tartuffe ou La Mère coupable*).

*Comédie-Française*, n° 188, décembre 1990 (*Le Barbier de Séville ou La Précaution inutile*).

*Europe*, n° 528, avril 1973 (51ᵉ année, n° 528).

*Revue d'Histoire littéraire de la France*, 1984, n° 5 (*Beaumarchais, Le Mariage de Figaro*).

*Revue d'Histoire littéraire de la France*, 2000, n° 4 (*Un Autre Beaumarchais*).

*Revue d'Histoire du Théâtre*, 2007, n° 1 (*La Trilogie de Beaumarchais*).

### ARTICLES ET OUVRAGES

BARNY, Roger, « Beaumarchais et son théâtre dans la Révolution (1789-1794) », dans : *Économie, société, civilisation pendant la Révolution française. 115ᵉ et 116ᵉ Congrès nationaux des sociétés savantes*, Avignon, 1990, et Chambéry, 1991, Paris, Éd. du CTHS, 1992, p. 199-225.

BEAUMARCHAIS, Jean-Pierre de, « Beaumarchais, homme de liberté », *RHLF*, 1984, n° 5, p. 708-709.

BEAUMARCHAIS, Jean-Pierre de, *Beaumarchais, le voltigeur des Lumières*, Paris, Gallimard, coll. « Découvertes », 1996.

BERKMAN, Gisèle, « "Je n'ai point le mérite d'être auteur". D'une "fonction auteur" dans les textes préfaciels de Beaumarchais », *Écriture, identité, anonymat au XVIIIᵉ siècle*, éd. N. Jacques-Lefèvre et M. Leca-Tsiomis, *Littérales*, n° 37, 2006, p. 31-48.

BONCOMPAIN, Jacques, « La chasse aux lois. Il court, il court, Beaumarchais », *RHT*, 1989, n° 1, p. 56-82.

BORGAL, Clément, *Beaumarchais*, Paris, Ed. Universitaires, coll. « Classique du XXᵉ siècle », 1972.

1 Les articles sont détaillés dans la bibliographie d'agrégation : voir note 1 p. 239.

CHARRIER-VOZEL, Marianne, « Beaumarchais dramaturge : des lettres aux censeurs à la préface du *Mariage de Figaro* », *Correspondance et théâtre*, éd. J.-M. Hovasse, Rennes, Presses universitaires de Rennes, 2012, p. 33-43.

CONESA, Gabriel, *La Trilogie de Beaumarchais : écriture et dramaturgie*, Paris, PUF, 1985.

DESCOTES, Maurice, *Les Grands rôles du théâtre de Beaumarchais*, Paris, PUF, 1974.

DIDIER, Béatrice, *Beaumarchais ou la passion du drame*, Paris, PUF, coll. « Écrivains », 1994.

DIDIER, Béatrice, « Beaumarchais aux origines du mélodrame », dans : *Mélodrames et romans noirs, 1750-1890*, éd. S. Bernard-Griffiths et J. Sgard, Toulouse, P. U. du Mirail, 2000, p. 115-126.

DIDIER, Béatrice et PONNAU, Gwenhaël, sous la dir. de, *Le Maître et le valet : figures et ruses du pouvoir*, Paris, SEDES, 1998.

FRANCIS, Richard D., « La ruse féminine dans le théâtre de Beaumarchais », dans : *Beaumarchais : homme de lettres, homme de société*, Philip Robinson éd., Bern-Frankfurt, Lang, 2000, p. 177-190.

GÉRAUD, Violaine, *Beaumarchais, l'aventure d'une écriture*, Paris, Champion, coll. « Unichamp », 1999.

GOLDZINK, Jean, « Beaumarchais, les genres et la critique », *La Licorne*, 82, 2007, p. 159-166.

GOLDZINK, Jean, *Beaumarchais dans l'ordre de ses raisons : dialogue posthume avec Jacques Scherer sur les dramaturgies de Beaumarchais*, Saint-Genouph, Nizet, 2008.

HARTMANN, Pierre, « Le projet esthétique de Beaumarchais », *DHS*, n° 27, 1995, p. 439-451.

LARTHOMAS, Pierre, « Beaumarchais auteur dramatique et la Révolution française », *Convegno di studi sul teatro e la Rivoluzione francese*, éd. M. Richter, Vicenza, Academia Olimpica, 1991, p. 19-30.

LEVER, Maurice, *Pierre-Augustin Caron de Beaumarchais. Tome premier. L'irrésistible ascension : 1732-1774*, Paris, Fayard, 1999.

LEVER, Maurice, *Pierre-Augustin Caron de Beaumarchais. Tome deuxième. Le citoyen d'Amérique : 1775-1784*, Paris, Fayard, 2000.

LEVER, Maurice, *Pierre-Augustin Caron de Beaumarchais. Tome troisième. Dans la tourmente : 1785-1799*, Paris, Fayard, 2004.

LEVER, Maurice, « Beaumarchais et la musique », *RHLF*, 2000, n° 4, p. 1093-1104.

LOMBARDI, Marco, « Vita, aventure e morte del servo Figaro », *Studi Francesi*, n° 173, 2014, p. 265-273.

MASSON, Nicole, « Beaumarchais et le statut de l'auteur dramatique : "l'imprésentable compte" », *RSH*, mai-juin 1995, p. 159-173.

MENANT, Sylvain, « Beaumarchais et l'histoire littéraire », *RHLF*, 2000, n° 4, p. 1171-1176.

MENANT, Sylvain, « Beaumarchais, la méchanceté, la solitude et le comique », dans : *Humour, ironie et humanisme dans la littérature française. Mélanges offerts à J. Van den Heuvel*, Paris, Champion, 2001, p. 125-145.

OBITZ, Bénédicte, « Les lettres de Beaumarchais aux Comédiens-Français : gestion et imaginaire de l'après-création des œuvres théâtrales », *Épistolaire : revue de l'AIRE*, n° 38, 2012, p. 33-41.

POMEAU, René, *Beaumarchais ou la bizarre destinée*, Paris, PUF, 1987.

POMEAU, René, « "L'Esprit des lois" selon Beaumarchais », dans : *Enlightenment Essays in memory of Robert Shackleton*, Oxford, Voltaire Foundation, 1988, p. 249-256.

POMEAU, René, « Un autre Beaumarchais », *RHLF*, 2000, n° 4, p. 1091-1092.

PROSCHWITZ, Gunnar von, *Beaumarchais et la chanson : musique et dramaturgie des comédies de Figaro*, Oxford, Voltaire Foundation, coll. « Vif », 1999.

RICHARD, Francis, « La transgression généreuse. L'honneur et la loi dans le théâtre de Beaumarchais », dans : *Transgression et contestation*, R. King ed., University of Nottingham, 2000, p. 49-63.

ROBERT, Richard, *Premières leçons sur les rapports entre maîtres et valets dans la comédie du XVIIIe siècle*, Paris, PUF, 1999.

ROBINSON, Philip, « Beaumarchais et la nostalgie de la Foire », *RHLF*, 2000, n° 4, p. 1139-1148.

SCHERER, Jacques, *La Dramaturgie de Beaumarchais*, 5e éd. (bibliogr. complétée par C. Scherer), Paris, Nizet, 1999.

UBERSFELD, Anne, « Chronologie de Beaumarchais », *Europe*, n° 528, 1973, p. 141-148.

## ÉTUDES CRITIQUES SUR *LE BARBIER DE SÉVILLE*

BEAUMARCHAIS, Jean-Pierre de, « Un inédit de Beaumarchais, *Le Sacristain* », *RHLF*, 1974, n° 6, p. 976-999.

BENET, Robert, *Étude sur Beaumarchais, « Le Barbier de Séville »*, Paris, Ellipses, 2008.

EVANS, George, « *Le Barbier de Séville* : gaiety and folly », dans : *Beaumarchais : homme de lettres, homme de société*, Philip Robinson éd., Bern-Frankfurt, Lang, 2000, p. 227-236.

GUIBERT, Noëlle, « Le dossier du *Barbier* », *Comédie-Française*, n° 188, décembre 1990, p. 19-22.

MORTIER, Daniel, « Un valet plein de ressources », *Le Triomphe du valet de comédie : Plaute, Goldoni, Beaumarchais, Hofmannsthal*, éd. D. Mortier, Paris, Champion, 1998, p. 7-33.

NIKLAUS, Robert, *Studies in French literature : Le Barbier de Séville*, Londres, Arnold, 1968.

PESCHEL, Enid, « Medicine and literature : Beaumarchais' *Le Barbier* », *Romance Quarterly*, May 1990, p. 141-146.

POMEAU, René, « *Le Barbier de Séville* : de l'intermède à la pièce », *RHLF*, 1974, n° 6, p. 963-975.

POMEAU, René, « Le Manuscrit du *Sacristain* », dans : *La Fin de l'Ancien Régime. Manuscrits de la Révolution*, éd. B. Didier et J. Neefs, P. U. de Vincennes, 1991, p. 167-172.

RALLO DITCHE, Élisabeth, « *Le Barbier de Séville* ou le gai savoir », *Le Valet passé maître : Arlequin, Figaro*, Paris, Ellipses, 1998, p. 59-70.

RALLO DITCHE, Élisabeth, « Mythe et théâtre : Hermès et Figaro dans *Le Barbier de Séville* de Beaumarchais », *Coulisses. Revue théâtrale*, n° 32, 2005, p. 99-104.

SCHERER, Jacques, « La scène de stupéfaction du *Barbier de Séville* », dans : *Studies in the French 18th century presented to John Lough*, Univ. Durham, 1978, p. 218-228 (repris dans *La Dramaturgie de Beaumarchais*).

SOURNIA, Jean-Charles, « Note sur Figaro, valet rusé et chirurgien », *Histoire des sciences médicales*, 1989, n° 1, p. 65-67.

THOMPSON, Patrice, *Prérévolution et écriture théâtrale :* Le Barbier de Séville, *leçon inaugurale, Annales de l'Université de Neuchâtel*, 1972-1973.

VINAVER, Michel, « *Le Barbier de Séville*, fragment, acte 1, sc. 4 », dans : *Écritures dramatiques. Essais d'analyse de textes de théâtre*, dir. M. Vinaver, Arles, Actes sud, 1993, p. 83-93.

ZARAGOZA, Georges, « *Le Barbier de Séville* ou comment "faire la barbe à tout le monde" », dans : *Le Triomphe du valet de comédie : Plaute, Goldoni, Beaumarchais, Hofmannsthal*, éd. D. Mortier, Paris, Champion, 1998, p. 81-102.

## ÉTUDES CRITIQUES SUR *LE MARIAGE DE FIGARO*

BARRÈRE, Georges, « Beaumarchais et le tableau vivant (*Le Mariage de Figaro*, II, 4) », dans : *Scènes et images*, éd D. Moncond'huy et F. Noudelmann, Poitiers, La Licorne, 2000, p. 99-108.

BEAUMARCHAIS, Jean-Pierre de, « Lecteurs de Beaumarchais », *L'Avant-Scène Opéra*, mai-juin 1979, p. 4-6.

BEAUMARCHAIS, Jean-Pierre de, « *Le Mariage de Figaro* : une conquête de l'espace », dans : *Le Siècle de Voltaire. Hommage à René Pomeau*, Oxford, Voltaire Foundation, 1987, t. I, p. 83-88.

BEAUMARCHAIS, Jean-Pierre de, *Pierre-Augustin Caron de Beaumarchais, « La Folle Journée ou le Mariage de Figaro »*, Paris, PUF, coll. « Études littéraires », 2005.

BÉRUBÉ, Georges-L., « À la recherche du malade dans *Le Mariage de Figaro* de Beaumarchais : quel(s) sens faut-il donner à l'objet-fauteuil ? », *Man and Nature / L'homme et la nature*, vol. 5, 1986, p. 15-28.

BÉRUBÉ, Georges-L., « La portée sociale des didascalies dans *Le Mariage de Figaro* de Beaumarchais », *Actes du 7^e^ congrès international des Lumières* (1987), t. III, *SVEC*, n° 265, 1989, p. 1330-1334.

CONNON, Derek F., « Noblesse oblige : the role of the count in the trial scene of *Le Mariage de Figaro* », *The British Journal for the Eighteenth-Century Studies*, Southampton, XXV, 2002, p. 33-44.

COUDREUSE, Anne, *Le Mariage de Figaro, Beaumarchais*, Paris, Bordas, coll. « L'œuvre au clair », 2005.

COULET, Henri, « Beaumarchais et "l'odor di femmina" », dans : *Littérature et séduction. Mélanges en l'honneur de L. Versini*, Paris, Klincksieck, 1997, p. 405-412.

DESCOTES, Maurice, « À propos du *Mariage de Figaro*. Climats politique, interprétation, accueil du public », dans : *Théâtre et société*, Cahiers de l'Université de Pau, 1978, n° 4, p. 11-20.

EHRARD, Jean, « La société du *Mariage de Figaro* », dans : *Mélanges Jean Fabre. Approches des Lumières*, Paris, Klincksieck, 1974, p. 169-180.

ENGLER, Winfried, « *Le Mariage de Figaro* : un prélude à la Révolution ? », dans : *Mélanges offerts au professeur M. Descotes*, Publications de l'Université de Pau, 1988, p. 227-239.

GOLDER, John, « A pirate's map and an artist's etchings : speculations on some early pictorial evidences of *Le Mariage de Figaro* », dans : *Beaumarchais : homme de lettres, homme de société*, Philip Robinson éd., Bern-Frankfurt, Lang, 2000, p. 237-265.

GOLDZINK, Jean, « Dramaturgie du droit : *Le Fils naturel* et *Le Mariage de Figaro* », *Littératures Classiques*, n° 40, 2000, p. 259-271.

GUÉRIN, Jeanyves, « La faute à Figaro ? », dans : *The French Revolution in culture and society*, éd. D. G. Troyansky, A. Cismaru et N. Andrews Jr, New York, Greenwood Press, 1991, p. 73-80.

GUIBERT, Noëlle, « *Le Mariage de Figaro* à la Comédie-Française, » *Comédie-Française*, n° 174, mars 1989, p. 33-34.

GUILHEMBET, Jacques, « De Marivaux à Beaumarchais : variations autour d'un monologue », *L'Information littéraire*, XLVI, 1, janv.-fév. 1994, p. 15-19.

HOWARTH, William Driver, « The recognition scene in *Le Mariage de Figaro* », *Modern Languages Rewiew*, 1969, p. 301-311.

HOWARTH, William Driver, « The evolution of a dramatic text : the case of *Le Mariage de Figaro* », dans : *Voices in the air. French dramatists. Essays in honor of Ch. Chadwick*, University of Glasgow, 1992, p. 102-117.

KIM, Sae-Hwan, « Analyse d'un succès théâtral : *Le Mariage de Figaro* de Beaumarchais », *Études de langue et de littérature françaises*, 36-1, 1998, p. 35-62.

LARTHOMAS, Pierre, « La toise de Figaro ou Beaumarchais metteur en scène », dans : *D'Eschyle à Genet : hommage à Francis Pruner*, Dijon, Éditions universitaires, 1986, p. 219-224.

LARTHOMAS, Pierre, « Badinage et raison : *Le Mariage de Figaro* », *Comédie-Française*, n° 174, mars 1989, p. 24-25.

LAVEZZI, Élisabeth, « Métaphore et modèle de la chasse dans *La Folle journée* », dans : *Beaumarchais : homme de lettres, homme de société*, Philip Robinson éd., Bern-Frankfurt, Lang, 2000, p. 267-280.

LEMONNIER-DELPY, Marie-Françoise, *Nouvelle étude thématique sur* Le Mariage de Figaro *de Beaumarchais*, Paris, SEDES, 1987.

LÉVY, Francine, « La fête dans *Le Mariage de Figaro* : la cérémonie du mariage (acte IV, sc. 9) », dans : *Les Fêtes de la Révolution*, éd. J. Ehrard et P. Viallaneix, Paris, Société des études robespierristes, 1977, p. 85-98.

LÉVY, Francine, *Le Mariage de Figaro, essai d'interprétation*, *SVEC*, n° 173, 1978.

MERVAUD, Christiane, « Le "ruban de nuit" de la comtesse », *RHLF*, 1984, n° 5, p. 722-733.

MICHAUD, Guy, « L'intrigue et les ressorts du comique dans *Le Mariage de Figaro* », dans : *Mélanges d'esthétique et de science de l'art offerts à Étienne Souriau*, Paris, Nizet, 1952, p. 189-203.

MOUREAU, François, « Une source du *Mariage de Figaro : Le Jaloux honteux* de Dufresny », *RHLF*, 1982, n° 1, p. 78-87.

MYLNE, Vivienne, « Le droit du seigneur », *French Studies Bulletin*, 11, summer 1984, p. 3-5.

NADEAU, Martin, « Théâtre et esprit public : les représentations du *Mariage de Figaro* à Paris (1784-1797) », *DHS*, n° 36, 2004, p. 491-510.

PETITFRÈRE, Claude, *1784. Le scandale du Mariage de Figaro : prélude à la Révolution française ?*, Bruxelles, Éditions Complexe, 1999.

ROBINSON, Philip, « *Le Mariage de Figaro* et les séries parodiques », dans : *Beaumarchais : homme de lettres, homme de société*, Philip Robinson éd., Bern-Frankfurt, Lang, 2000, p. 281-293.

STACKELBERG, Jürgen von, « Figaros Hochzeit. Zur Frage nach der Gattung und dem sozialistischen Gehalt von Beaumarchais' *Mariage de Figaro* », *Französisch heute*, XV, 1984, p. 293-305.

TESTUD, Pierre, « Échange et change dans *Le Mariage de Figaro* ou le cher ruban de Chérubin », *La Licorne*, VII, 1983, p. 41-52.

TRISOLINI, Giovanna, « Relire *Le Mariage de Figaro* », *Op. cit. Revue de littératures française et comparée*, Publications de l'Université de Pau, n° 2, 1993, p. 89-98.

SCHOELL, Konrad, « Beaumarchais, *La Folle journée* ou *Le Mariage de Figaro* », dans : *18 Jahrhundert Theater, Conte philosophique und philosophisches Schrifstum*, éd. D. Rieger, Stauffenburg Verl., 2001, p. 181-221.

SERMAIN, Jean-Paul, « La conscience du temps dans *Le Mariage de Figaro* », *RHLF*, 2004, n° 3, p. 621-636.

SERMAIN, Jean-Paul, « Temps de l'action et temps de la nature dans *Le Mariage de Figaro* », *Franco-Italica*, 27-28, 2005, p. 3-10.

SERMAIN, Jean-Paul, « La figure du courtisan et les modes de la réflexion politique dans *Le Mariage de Figaro* », *RHT*, 2007, n° 1, p. 15-28.

UBERSFELD, Anne, « Un balcon sur la Terreur, *Le Mariage de Figaro* », *Europe*, n° 528, 1973, p. 105-114 ; repris dans *Galions engloutis* (textes d'Anne Ubersfeld réunis par P. Frantz, I. Moindrot et F. Naugrette), Rennes, Presses universitaires de Rennes, 2011, p. 33-43.

VIER, Jacques, « *Le Mariage de Figaro*, miroir d'un siècle, portrait d'homme. Le mouvement dramatique et l'esprit », reprise en fac-similé du n° 6 (1957) et du n° 39 (1961) des *Archives des Lettres Modernes*, Paris, Lettres modernes, 1993.

VINCENOT, C. « Mensonge, erreur et vérité dans *Le Mariage de Figaro* », *RSH*, avril-juin 1969, p. 219-227.

## ÉTUDES CRITIQUES SUR *LA MÈRE COUPABLE*


BEAUMARCHAIS, Jean-Pierre de, « Enfant naturel, enfant de la nature », *Europe*, n° 528, 1973, p. 50-56.

BEAUMARCHAIS, Jean-Pierre de, « De Bergasse à l'autre Tartuffe », *Comédie-Française*, n° 183, février 1990, p. 14-15.

BROUARD-ARENDS, Isabelle, « La naissance illégitime : faute ou innocence maternelle ? », *DHS*, n° 21, 1989, p. 369-379.

DELON, Michel, « *La Mère coupable* ou l'impossible fête », dans : *Les Fêtes de la Révolution*, éd. J. Ehrard et P. Viallaneix, Paris, Société des études robespierristes, 1977, p. 377-386.

DIDIER, Béatrice, « L'inscription de l'actualité dans le théâtre révolutionnaire », *Nottingham French Studies*, 45, 1, 2006, p. 69-76.

FRANCIS, Richard Andrew, « Figaro in changing times : Beaumarchais' *La Mère coupable* », *British Journal for XVIIIth-century Studies*, Spring 1995, p. 19-31.

GÉRAUD, Violaine, « Quand insérer, c'est "fondre". Réflexions sur un drame "sérieux" : *La Mère coupable* », dans : *Les Genres insérés dans le théâtre*, Lyon III – université Jean-Moulin, CEDIC, 1998, p. 93-107.

GRANDEROUTE, Robert, « L'expulsion du méchant : *La Mère coupable*, V, 6-8 », *Op. cit. Revue de littératures française et comparée*, n° 2, Publications de l'Université de Pau, 1993, p. 73-79.

GUIBERT, Noëlle, « *La Mère coupable* à la Comédie-Française », *Comédie-Française*, n° 183, février 1990, p. 24-25.

HAYES, Julie C, « Rewriting bourgeois drama : Beaumarchais' double plan », dans : *L'Âge du théâtre en France / The Age of Theater in France*, Edmonton, Canada, 1988, p. 41-51.

LANDY, Rémy, « Le Sujet de *La Mère coupable* d'après Beaumarchais : drame, poésie et musique », *Cahiers Roucher-André Chénier*, n° 23, 2004, p. 107-119.

LEFAY, Sophie, « *Du Mariage de Figaro* à *La Mère coupable* : permanence et inversion des signes », *L'Information littéraire*, XLVI, 1, janv.-fév. 1994, p. 20-24.

LEICHMAN, Jeffrey M., « Beaumarchais' revolution. Genre, politics and theatricality in *La Mère coupable* », *Studies in Eighteenth-Century Culture* 42, 2013, p. 21-47.

MALLINSON, Jonathan, « Autres temps, autres mœurs ? *L'Autre Tartuffe* de Beaumarchais », dans : *Séries et variations. Études littéraires offertes à Sylvain Menant*, Paris, PUPS, 2010, p. 599-615.

MARCHAND, Sophie, « Variations sur un "sentiment informe" : dramaturgie de l'inceste dans quelques drames de la seconde moitié du XVIII^e siècle », *Orages : littérature et culture 1760-1830*, n° 5, 2006, p. 123-142.

NEUSCHÄFER, Hans-Jörg, « Beaumarchais et l'utopie de la famille. Une nouvelle lecture de *La Mère coupable* », dans : *Révolution et littérature. La Révolution française dans les littératures allemande, française et polonaise...*, éd. J. Schlobach et M. Zurowski, Ed. de l'Université de Varsovie, *Les Cahiers de Varsovie*, n° 18, 1991, p. 53-59.

RUNTE, Roseann, « Beaumarchais' *La Mère coupable* », Kentucky Romance Quarterly, Lexington, XXIX, 1982, p. 181-189.

TEMKINE, Raymonde, « Enfant de personne, enfant de quelqu'un », *Europe*, n° 528, 1973, p. 71-78.

UBERSFELD, Anne, « *La Mère coupable* : une fin ou un commencement », *L'Avant-Scène Théâtre*, n° 864, 15 février 1990, p. 40.

WAEBER, Jacqueline, « Beaumarchais et Rousseau : sur quelques aspects du renouveau de la pantomime et de l'avènement du mélodrame », dans : *Beaumarchais : homme de lettres, homme de société*, Philip Robinson éd., Bern-Frankfurt, Lang, 2000, p. 205-224.

## ÉTUDES CRITIQUES SUR LA TRILOGIE

BAHIER-PORTE, Christelle, « Beaumarchais relecteur : du théâtre au "roman" », dans : *La Relecture de l'œuvre par ses écrivains mêmes. Tome I. Tombeaux et testaments*, éd. M. Hilsum, Paris, Éditions Kimé, 2007, p. 67-80.

BARNY, Roger, *Études textuelles 3*, *Annales littéraires de l'Université de Besançon*, n° 510, Paris, Les Belles Lettres, 1993, p. 9-37, 39-96 et 97-110 (sur *Le Barbier de Séville*, I, 2 ; *Le Mariage de Figaro*, I, 7 ; *La Mère coupable*, I, 10, 11 et 12).

CONESA, Gabriel, « Beaumarchais et la tradition comique », dans : *Beaumarchais : homme de lettres, homme de société*, Philip Robinson éd., Bern-Frankfurt, Lang, 2000, p. 133-146 (sur *Le Barbier de Séville* et *Le Mariage de Figaro*).

CONESA, Gabriel, « Beaumarchais en scène », *Cahiers de l'Association Internationale des Études Françaises*, n° 42, 1990, p. 151-164.

CONESA, Gabriel, « Molière et Beaumarchais : la tentation du genre sérieux », dans : *Parcours et rencontres. Mélanges de langue, d'histoire et de littérature française offerts à E. Balmas. I Moyen-Âge-XVII^e siècle*, Paris, Klincksieck, 1993, p. 821-833.

CONESA, Gabriel, « La notion de connivence dans les comédies de Beaumarchais », *RHT*, 2007, n° 1, p. 5-14 (sur *Le Barbier de Séville* et *Le Mariage de Figaro*).

COTONI, Marie-Hélène, « D'une folie à l'autre dans la trilogie de Beaumarchais », paru dans *Loxias*, 7, mis en ligne déc. 2004 (http://revel.unice.fr/loxias/index.html?id=94).

COUDREUSE, Anne, « "Pas si bête, pourtant, pas si bête !" : figures de niais et formes de bêtise dans la trilogie de Beaumarchais », *Littérales*, n° 34-35, 2004, p. 409-425.

COULET, Henri, « La notion de caractère dans l'œuvre de Beaumarchais », *Revue de l'Université de Moncton*, XI, 3, déc. 1978, p. 21-32.

DAGEN, Jean, « Figaro et le théâtre à effet », *RHLF*, 2000, n° 4, p. 1159-1169.

DEGAUQUE, Isabelle, sous la dir. de, *Lectures de Beaumarchais*, Rennes, Presses Universitaires de Rennes, 2015.

DELON, Michel, « Beaumarchais et l'autre Révolution », *Europe*, n° 528, 1973, p. 79-88.

DELON, Michel, « Figaro et son double », *RHLF*, 1984, n° 5, p. 774-784.

DELON, Michel, « Beaumarchais, homme des Lumières », *Thélème*, n° 14, 1999, p. 115-122.

DETHURENS, Pascal, « Le valet maître du jeu : une démiurgie scénique », *Littératures*, n° 39, 1998, p. 129-151.

DIDIER, Béatrice, « Trilogie et temporalité théâtrale », *Méthode !*, n° 7, 2004, p. 145-151.

FRANTZ, Pierre, et BALIQUE, Florence, *Le Barbier de Séville, Le Mariage de Figaro et La Mère coupable*, Neuilly, Atlande, coll. « Clefs concours », 2004.

GÉRAUD, Violaine, « Beaumarchais et la tentation de l'esprit : caractères et "archiéthos" », dans : *Beaumarchais : homme de lettres, homme de société*, Philip Robinson éd., Bern-Frankfurt, Lang, 2000, p. 191-204 (sur *Le Barbier de Séville* et *Le Mariage de Figaro*).

GOLDZINK, Jean, *De chair et d'ombre. Essais sur Marivaux, Challe, Rameau, Beaumarchais, Rétif et Goldoni*, Orléans, Paradigme, 1995, p. 269-327.

HÖHNER, Eckardt, « Les aspects poétologiques dans la *Trilogie de Figaro* de Beaumarchais », *Filologia moderna*, Pisa, 1991, p. 91-117.

HOWARTH, William Driver, « Beaumarchais homme de théâtre et la Révolution française », dans : *Beaumarchais : homme de lettres, homme de société*, Philip Robinson éd., Bern-Frankfurt, Lang, 2000, p. 69-90 (sur *Le Mariage de Figaro* et *La Mère coupable*).

KLEIN, Else, *Kontinuität und Diskontinuität der sogenannten Trilogie*, Frankfurt am Main, Peter Lang, 1978.

LAHOUATI, Gérard, « L'ironie dans la trilogie de Beaumarchais », *RHT*, 2007, n° 1, p. 79-97.

MC DONALD, Christie, « The anxiety of change : reconfiguring family relations in Beaumarchais' trilogy », *Modern Language Quarterly*, March 1994, p. 47-78.

MARCHAND, Sophie, « Le pathétique dans la trilogie de Beaumarchais », *Méthode !*, n° 7, 2004, p. 153-161.

MÉNAGER, Serge, « La trilogie de Beaumarchais, théâtre de sang », *RHT*, 1989, n° 3, p. 209-217.

MENANT, Sylvain, « Du *Mariage de Figaro* à *La Mère coupable* », *Littératures*, n° 29, automne 1993, p. 41-51.

MORAUD, Yves, *La Conquête de la liberté de Scapin à Figaro : valets, servantes et soubrettes de Molière à Beaumarchais*, Paris, PUF, 1981, p. 137-181 (« Figaro : l'Histoire se précipite »).

NAGY, Pierrette-Nicole, « Les trois "Figaro" : la logique d'une incohérence », dans : *« Sur une note juste ». Quarante-sept hommages offerts à J. Body*, Publications de l'université de Tours, 1990, p. 109-116.

NAVARRI, R., « Réflexions sur quelques aspects de la pensée philosophique et morale de Beaumarchais », *La Pensée*, n° 110, août 1963, p. 136-141.

PÉGUY, Charles, *Clio, dialogue de l'histoire et de l'âme païenne*, *Œuvres en prose, 1909-1914*, éd. Marcel Péguy, Paris, Gallimard, coll. « Bibliothèque de la Pléiade », 1961, p. 93-308 (sur la romance de Chérubin dans *Le Mariage de Figaro* et sur *La Mère coupable*).

PLAGNOL-DIÉVAL, Marie-Emmanuelle, « La trilogie de Beaumarchais : un art théâtral », *L'Agrégation de lettres modernes 2005. Analyses littéraires et études de la langue*, dir. G. Conesa et F. Neveu, Paris, A. Colin, p. 353-407.

PLAGNOL-DIÉVAL, Marie-Emmanuelle, « Beaumarchais et la critique », dans : *Critics and Criticism. Critiques et Critique en France de 1720 à 1820*, éd. M. Cook et M.-E. Plagnol-Diéval, *French Studies of the Eighteenth and Nineteenth Centuries*, Bern, Berlin, Peter Lang, 2006, p. 239-253.

PLAGNOL-DIÉVAL, Marie-Emmanuelle, « Les scènes parallèles dans la trilogie », *RHT*, 2007, n° 1, p. 63-78.

RAMOND, Catherine, « Beaumarchais, *Le Barbier de Séville, Le Mariage de Figaro* et *La Mère coupable* », *Agrégations de lettres 2016, cours complets sur les cinq œuvres au programme*, dir. Jean-Michel Gouvard, Paris, Ellipses, 2015.

RÉTAT, Pierre, « La mort de Chérubin », *RHLF*, 1974, n° 6, p. 1000-1009.

ROBINSON, Philip, « La théâtralité de Figaro », *Op. cit. Revue de littératures française et comparée*, Publications de l'Université de Pau, n° 2, 1993, p. 81-87.

ROBINSON, Philip, « La musique des comédies de Figaro : éléments de dramaturgie », *SVEC* 275, Oxford, 1990, p. 359-499.

ROUGEMONT, Martine de, « Le substrat romanesque du drame », *RHLF*, 1984, p. 710-721.

SEEBACHER, Jacques, « Chérubin, le temps, la mort, l'échange », *Europe*, n° 528, avril 1973, p. 57-71.

ZAGAMÉ, Antonia, « D'un genre à l'autre. La partie et le tout dans le "roman de la famille Almaviva" (Beaumarchais) », dans : *La Partie et le tout. La composition du roman, de l'âge baroque au tournant des Lumières*, Louvain, Paris, Walpole, Peeters, 2011, p. 663-682.

## SUR LA LANGUE ET LE STYLE

COUDREUSE, Anne, « Les didascalies dans *La Mère coupable* de Beaumarchais ou quand le dramatique tend vers le narratif et le pictural », dans : *Le Texte didascalique à l'épreuve de la lecture et de la représentation*, Pessac, Presses universitaires de Bordeaux, et Tunis, Sud Éditions, 2007, p. 173-185.

DETRIE, Catherine, « Dramaticité et dramaturgie de la parole dans *Le Mariage de Figaro* », *L'Agrégation de lettres modernes 2005. Analyses littéraires et études de la langue*, dir. G. Conesa et F. Neveu, Paris, A. Colin, p. 409-432.

DUVAL, Sophie, « "Je veux rire et pleurer en même temps" : humour et logique antonymique dans *Le Mariage de Figaro* », *L'Information grammaticale*, n° 104, 2005, p. 31-35.

FORAKIS, Kyriakos, « Les constructions négatives en structure verbale dans *Le Mariage de Figaro* », *L'Information grammaticale*, n° 104, 2005, p. 36-42.

GÉRAUD, Violaine, « Interruptions et ellipses dans *Le Mariage de Figaro* de Beaumarchais », *L'Information grammaticale*, n° 61, 1994, p. 27-32.

GÉRAUD, Violaine, « L'invention d'un nouveau style comique : *l'archiethos* beaumarchaisien », dans : *Styles, genres, auteurs : 4. La Queste del Saint Graal, Louise Labé, Cyrano de Bergerac, Beaumarchais, Tocqueville, Michel Leiris*, Paris, PUPS, 2005, p. 81-93.

GÉRAUD, Violaine, « Interactions entre l'écriture d'un texte juridique, les *Mémoires contre Goezman*, et l'écriture théâtrale de Beaumarchais », dans : *Langue littéraire et changements linguistiques*, Paris, PUPS, 2006, p. 335-344.

GÉRAUD, Violaine, « L'ordre des mots dans la crise pathétique du drame sérieux chez Diderot et Beaumarchais », dans : *L'Ordre des mots à la lecture des textes*, Lyon, Presses universitaires de Lyon, 2008, p. 183-194.

GÉRAUD, Violaine, « De la hiérarchisation à l'ellipse dans l'écriture comique de Beaumarchais », dans : *Hiérarchisation, énonciation*, éd. M.-H. Servet et F. Boissiéras, Louvain, Paris, Dudley, Peeters, 2009, p. 233-248.

JAUBERT, Anna, « Connivence et badinage dans *Le Mariage de Figaro.* La référenciation inachevée », *L'Information grammaticale*, n° 61, 1994, p. 50-53.

LARTHOMAS, Pierre, « Le style de Beaumarchais dans *Le Barbier de Séville* et *Le Mariage de Figaro* », *L'Information littéraire*, n° 33, 1981, p. 54-56.

LARTHOMAS, Pierre, *Le Langage dramatique : sa nature, ses procédés*, Paris, A. Colin, 1972 ; rééd. Paris, PUF, 2001 et 2012 (nombreuses références au théâtre de Beaumarchais).

LECARPENTIER, Sophie, *Le Langage dramatique dans la trilogie de Beaumarchais : efficacité, gaieté, musicalité*, La Riche, Nizet, 1998.

LEEDBURY, Mark, « Beaumarchais' visual vocabulary », dans : *Essays on French comic drama from the 1640s to the 1780s*, éd. D. F. Connon and G. Evans, Oxford [et al.], Peter Lang, 2000, p. 205-225.

MEDDAH, Habib, « Tensions entre didascalies et dialogues dans *Le Barbier de Séville* de Beaumarchais », dans : *Le Texte didascalique à l'épreuve de la lecture et de la représentation*, Pessac, Presses universitaires de Bordeaux, et Tunis, Sud Éditions, 2007, p. 187-197.

OUALID, Philippe, « Ethos et pathos dans l'argumentaire de la préface du *Mariage de Figaro* », *Questions de style* 2 (2005), p. 59-68 (en ligne) : http://www.unicaen.fr/services/puc/revues/thl/questionsdestyle/www.unicaen.fr/services/puc/revues/thl/questionsdestyle/printd689.html?dossier=dossier2&file=05oualid.xml.

OUALID, Philippe, « Figures de la concession dans *Le Mariage de Figaro* », *Questions de style* 2 (2005), p. 69-81 (en ligne) : http://www.unicaen.fr/services/puc/revues/thl/questionsdestyle/www.unicaen.fr/services/puc/revues/thl/questionsdestyle/print4cd2.html?dossier=dossier2&file=06oualid.xml.

PAILLET, Anne-Marie, « Répondez-vous à mes questions ? L'interrogation dans *Le Mariage de Figaro* », dans : *Styles, genres, auteurs : 4. La Queste del Saint Graal, Louise Labé, Cyrano de Bergerac, Beaumarchais, Tocqueville, Michel Leiris*, Paris, PUPS, 2005, p. 95-109.

PAILLET, Anne-Marie, « Densité expressive et intensité dialogale dans *Le Mariage de Figaro* » *RHT*, 2007, n° 1, p. 45-62.

PROSCHWITZ, Gunnar von, *Introduction à l'étude du vocabulaire de Beaumarchais*, Stockholm et Paris, Nizet, 1956 ; rééd. Slatkine, 1981.

RATERMANIS, J.-B., et IRWIN, W. R., *The Comic style of Beaumarchais*, Seattle, Univ. of Washington Press, 1961.

SEGUIN, Jean-Pierre, « Ruban noir et ruban rose ou les deux styles de Beaumarchais », *L'Information grammaticale*, n° 60, 1994, p. 13-16.

SFAR, Khira, « Le coordonnant *puis* : essai de caractérisation syntaxique et sémantique dans *Le Mariage de Figaro* », *L'Information grammaticale*, n° 105, 2005, p. 36-42.

WELLS, John, « Le fond de la langue », *RHLF*, 1984, n° 5, p. 795-801.

## BIBLIOGRAPHIE

MORTON, Brian N., et SPINELLI, Donald C., *Beaumarchais : a bibliography*, Ann Arbor, Michigan, The Olivier and Hill Press, 1988.

Marie-Emmanuelle PLAGNOL-DIÉVAL, avec la collaboration de Dominique QUÉRO

# INDEX NOMINUM

# RÉSUMÉS ET PRÉSENTATION DES AUTEURS

Jean-Pierre de BEAUMARCHAIS, « Le *Mariage* n'aura pas lieu »

Jean-Pierre de Beaumarchais est normalien et agrégé de lettres classiques. Il a dirigé avec Alain Rey et Daniel Couty un ensemble d'ouvrages de référence sur les littératures de langue française. Il est aussi l'auteur d'une étude littéraire du *Mariage de Figaro* (Paris, 2005), d'une biographie, *Beaumarchais le voltigeur des Lumières* (Paris, 1996) et d'une pièce de théâtre, *Main droite, main gauche* (Paris, 1997).

*Jean-Pierre de Beaumarchais is a graduate of the* École Normale *and the holder of an* agrégation *in classical literature. With Alain Rey and Daniel Couty, he has edited a collection of reference works on French-language literatures. He is also the author of a literary study of the* Mariage de Figaro *(Paris, 2005), a biography,* Beaumarchais le voltigeur des Lumières *(Paris, 1996), and a play,* Main droite, main gauche *(Paris, 1997).*

Cet article rappelle les circonstances qui, de septembre 1781 au 27 avril 1784, entourent les premières représentations du *Mariage* et les relations qu'entretient alors Beaumarchais (écrivain et homme public) avec le pouvoir.

*This article recalls the circumstances which, from September 1781 to 27 April 1784, surrounded the first performances of the* Mariage *and the relations that Beaumarchais (as a writer and a public man) had with power at the time.*

Virginie YVERNAULT, « La trilogie, une œuvre révolutionnaire ? »

Virginie Yvernault est doctorante contractuelle à Paris-Sorbonne et prépare sous la direction de Pierre Frantz une thèse sur la réception de Beaumarchais. Dans le cadre de ses recherches, elle aborde la circulation européenne de l'œuvre au XVIII^e^ siècle et a été admise en résidence à Oxford à la Voltaire Foundation.

*Virginie Yvernault is a doctoral student at Paris-Sorbonne and, under the supervision of Pierre Frantz, is preparing a thesis on the reception of Beaumarchais. In the context of her research, she considers the European circulation of his work in the eighteenth century and has spent time in Oxford at the Voltaire Foundation.*

Cet article s'efforce de montrer que la Révolution française a joué un rôle fondamental dans la réception de la trilogie de Beaumarchais en ce sens qu'elle lui a fourni une structure interprétative tout en faisant du *Mariage de Figaro* le point focal de tout discours critique. Les débats herméneutiques sur le sens ou la portée révolutionnaire de l'œuvre sont pour une bonne part façonnés par l'historiographie de la Révolution.

*This article shows that the French Revolution played a fundamental role in the reception of Beaumarchais's trilogy in the sense that it provided it with an interpretive structure, while making the* Mariage de Figaro *the focal point for all critical discourse. The hermeneutic debates on the meaning and revolutionary reach of the work were fashioned to a large extent by the historiography of the Revolution.*

Catherine RAMOND, « La "trilogie" de Beaumarchais. Entre théâtre et roman »

Catherine Ramond est maître de conférences habilitée à l'université de Bordeaux. Ses recherches portent sur les formes de la fiction narrative et dramatique. Elle a publié *Roman et théâtre au XVIII<sup>e</sup> siècle* (Oxford, 2012), *La Voix racinienne dans les romans du XVIII<sup>e</sup> siècle* (Paris, 2014) ainsi que des articles sur Marivaux, Destouches, Diderot, Beaumarchais, Rétif de La Bretonne, Sade, et récemment Voltaire.

*Catherine Ramond is a lecturer at the University of Bordeaux. Her research focuses on forms of narrative and dramatic fiction. She has published* Roman et théâtre au XVIIIe siècle *(Oxford, 2012),* La Voix racinienne dans les romans du XVIIIe siècle *(Paris, 2014), as well as articles on Marivaux, Destouches, Diderot, Beaumarchais, Rétif de La Bretonne, Sade, and, recently, Voltaire.*

À l'époque où écrit Beaumarchais, le théâtre, et notamment le drame, a pris le roman pour modèle et les deux genres se sont rapprochés. L'ensemble de la trilogie, avec ses paratextes, déborde largement des cadres temporels et spatiaux du théâtre classique, et donne à la vie des personnages une ampleur inusitée sur la scène, sans compromettre pour autant l'autonomie de chaque pièce, qui bénéficie d'éclairages multiples, ni diminuer la qualité dramaturgique de chacune d'entre elles.

*At the time Beaumarchais was writing, theatre, and notably drama, took the novel as a model and the two genres were becoming more similar. The whole trilogy, with its paratexts, surpasses the temporal and spatial frameworks of classical theatre and gives a rare depth to the life of the characters, without compromising the autonomy of the plays, each of which benefits from multiple illuminations, or diminishing their theatrical quality.*

Marie-Emmanuelle PLAGNOL-DIÉVAL, « "C'est une caverne !". La trilogie comme exercice théâtral de reconnaissance »

Marie-Emmanuelle Plagnol-Diéval est professeure à l'université Paris Est – Créteil – Val-de-Marne et directrice de l'École doctorale « Cultures et sociétés ». Spécialiste du théâtre du XVIIIe siècle et de littérature pédagogique, elle a publié cinq ouvrages, plus de soixante-quinze articles et codirigé onze volumes collectifs, ainsi qu'une base de données sur les théâtres de société avec D. Quéro et D. Trott.

*Marie-Emmanuelle Plagnol-Diéval is a professor at Paris Est–Créteil–Val-de-Marne University and is the director of the "Cultures and societies" doctoral school. A specialist in eighteenth-century theatre and pedagogical literature, she has published five works, more than seventy-five articles, and co-directed eleven collected volumes as well as a database on* théâtres de société *with D. Quéro and D. Trott.*

Dédicataire du roman de la famille Almaviva dans la dernière pièce, complice d'une intertextualité commentée, témoin privilégié des jeux de rôle, le spectateur-lecteur de la trilogie est un partenaire essentiel. La trilogie propose à son lecteur-spectateur un rapport particulier à l'illusion théâtrale : dans chaque pièce, exercice théâtral et philosophie de la vie s'offrent au plaisir et à la sagacité de l'auditoire et du lectorat, indissociablement liés au spectacle.

*As the dedicatee of the novel of the Almaviva family in the last play, the accomplice of a commentated intertextuality, and a privileged witness to role play, the spectator-reader of the trilogy is an essential partner. The trilogy offers its reader-spectator a special relationship with theatrical illusion: in each play, theatrical exercise and philosophy of life are offered up for the pleasure and wisdom of the audience and reader, inextricably linked in the spectacle.*

Jean-Pierre de BEAUMARCHAIS, « Trois mariages et une trilogie »

Cette étude montre que si chacune des pièces de la trilogie met en scène la célébration ou l'imminence d'un mariage, il s'agit toujours d'autre chose que de mariages d'amour. Sont ici examinées les relations que le lien conjugal entretient avec le désir et sa fragilité, mais aussi les aspects juridiques voire économiques du mariage ainsi que l'élaboration par Beaumarchais d'un nouveau modèle familial.

*This study shows that if each play of the trilogy stages either the celebration or the imminence of a marriage, it is never a question of a love marriage. The relationships between the conjugal bond and desire and its fragility are examined here, as well as the legal, even economic, aspects of marriage as well as Beaumarchais's elaboration of a new familial model.*

Françoise Le Borgne, « Le rôle du mari dans la trilogie de Beaumarchais. Un "sot métier" ? »

Françoise Le Borgne est maître de conférences à l'université Blaise-Pascal et membre du CELIS (EA 1002). Ses recherches portent sur les représentations des interactions sociales au XVIIIe siècle, en particulier au théâtre. Elle a notamment dirigé le volume *Relations familiales entre générations dans le théâtre européen de 1750 à 1850* (Clermont-Ferrand, 2014).

*Françoise Le Borgne is a lecturer at Blaise-Pascal University and a member of the CELIS (EA 1002). Her research focuses on representations of social interactions in the eighteenth century, in particular in the theatre. She has edited the volume* Relations familiales entre générations dans le théâtre européen de 1750 à 1850 *(Clermont-Ferrand, 2014).*

La figure du mari occupe une place originale dans l'œuvre de Beaumarchais et notamment dans la trilogie. À l'influence de la tradition comique, qui tourne en dérision l'autorité d'un mari promis au cocuage, s'articule la dénonciation sentimentale et pathétique du tyran domestique. Mais si Beaumarchais crée aux dépens du barbon amoureux ou de l'« époux suborneur » une connivence avec un public aristocratique, il ne peut occulter le prestige nouveau que le statut d'époux est en passe d'acquérir dans les milieux plus populaires.

*The figure of the husband occupies an original place in Beaumarchais's œuvre, notably in the trilogy. The sentimental and pathetic denunciation of the domestic tyrant is influenced by comic tradition, which derides the authority of a husband destined to be cuckolded. But if Beaumarchais can connive with the aristocratic public at the expense of the amorous old fogey, he cannot overshadow the new prestige that the status of spouse is in the process of acquiring in more popular milieus.*

Florence Magnot-Ogilvy, « La folle vitesse des échanges dans *Le Mariage de Figaro*. L'argent, de l'accessoire à la valeur »

Florence Magnot-Ogilvy est maître de conférences habilitée en littérature française du XVIIIe siècle à l'université de Montpellier. Spécialiste du roman au XVIIIe siècle, elle est l'auteur de *La Parole de l'autre dans le roman-mémoires* (Louvain, 2004) et a dirigé plusieurs volumes sur la fiction et l'histoire des idées au XVIIIe siècle notamment, avec Janice Valls-Russell, *Enfants perdus, enfants trouvés* (Paris, 2015).

*Florence Magnot-Ogilvy is a lecturer in eighteenth-century French literature at the University of Montpellier. A specialist in the eighteenth-century novel, she is the author of* La Parole de l'autre dans le roman-mémoires *(Louvain, 2004) and has edited several volumes on fiction and the history of ideas in the eighteenth century, notably, with Janice Valls-Russell,* Enfants perdus, enfants trouvés *(Paris, 2015).*

Cette étude porte sur la place et le statut problématique de l'argent dans la pièce centrale de la trilogie de Beaumarchais. Tout en remplissant une apparente fonction classificatrice et fixatrice, les références à l'argent dans la pièce de Beaumarchais ne cessent de miner les classifications et les hiérarchies traditionnelles de l'Ancien Régime. La fonction principale de l'argent est d'accélérer jusqu'au vertige une vitesse des substitutions qui est le signe d'une remise en cause sourde des circuits des échanges.

*This study focuses on the place and problematic status of money in the central play of the Beaumarchais trilogy. While fulfilling an apparently classificatory and fixing function, references to money in Beaumarchais's play constantly undermine the traditional classifications and hierarchies of the ancien régime. The principal function of money is to accelerate, vertiginously, the speed of substitutions which is the sign of a muted questioning of circuits of exchange.*

## Violaine GÉRAUD, « Genèse du comique. Du *pathos* à "*l'archiethos*" »

Violaine Géraud, professeur de langue française à Lyon III – Jean-Moulin (CEDFL, groupe Marge) est l'auteur de nombreux articles sur Beaumarchais et d'un essai sur son style, *Beaumarchais, l'aventure d'une écriture* (Paris, 1999). Spécialiste de la langue française, elle est aussi auteur d'ouvrages de grammaire et notamment du *Cours particulier de grammaire* (Paris, 2014).

*Violaine Géraud, a professor of French language at Lyon III–Jean-Moulin (CEDFL, Marge group) is the author of numerous articles on Beaumarchais and an essay on his style:* Beaumarchais, l'aventure d'une écriture *(Paris, 1999). A specialist of French language, she is also the author of grammatical texts, notably* Cours particulier de grammaire *(Paris, 2014).*

Beaumarchais rénove la grande comédie en la faisant naître sur fond de drame. Symétriquement, *La Mère coupable* serait née d'une intrigue de comédie. L'interaction entre drame et comédie n'est pourtant qu'assez peu féconde dans *La Mère coupable*. L'éclatante réussite comique pourrait s'expliquer par la révolution que constitue l'invention de l'*archiethos spirituel*. Cet article propose ce terme afin de rendre compte de la faculté donnée à tous les personnages comiques d'être, au moins par moments, spirituels.

*Beaumarchais transformed comedy by letting it play out on a dramatic background. Symmetrically,* La Mère coupable *was born from a comedic plot. However, the interaction between drama and comedy is not hugely fertile in* La Mère coupable. *The striking comic success can be explained in terms of the revolution constituted by the invention of the l'*archiethos spirituel. *This article proposes this term in order to make sense of the faculty given to all comic characters to be, at least momentarily, spiritual.*

Odile Richard-Pauchet, « *Le Barbier de Séville* de Beaumarchais, ou le "bonheur dans le crime" »

Odile Richard-Pauchet est maître de conférences à l'université de Limoges. Ses recherches portent sur les écrits intimes de la seconde moitié du XVIIIe siècle. Secrétaire générale de la société Diderot, elle a organisé l'année Diderot 2013. Elle a coédité les *Lettres à Sophie Volland* de Diderot (Paris, 2010) et est l'auteur de *Diderot dans les Lettres à Sophie Volland, une esthétique épistolaire* (Paris, 2007).

*Odile Richard-Pauchet is a lecturer at the University of Limoges. Her research focuses on personal writing of the second half of the eighteenth century. The general secretary of the Diderot society, she organised the year Diderot 2013. She has coedited the* Lettres à Sophie Volland *by Diderot (Paris, 2010) and is the author of* Diderot dans les Lettres à Sophie Volland, une esthétique épistolaire (Paris, 2007).

L'œuvre théâtrale de Beaumarchais a pu, depuis sa création, dérouter le spectateur par d'étonnantes embardées entre le genre sérieux et le genre comique. Or une étude attentive, notamment du *Barbier de Séville*, sa comédie la plus légère en apparence, montre au contraire une véritable constance thématique interne à l'œuvre, et la nécessité didactique, pour gagner le public, d'user de ficelles comiques pour traiter en profondeur un sujet tant politique que moral.

*Since its creation, Beaumarchais's theatrical œuvre has been able to surprise audiences with its unexpected swerves between serious and comic genres. The* Barbier de Séville *appears to be his lightest comedy, but an attentive study reveals a thematic consistency internal to the work and the didactic necessity, in order to entice the public, of using comic threads to conduct an in-depth treatment of a subject as political as it is moral.*

## Jennifer RUIMI, « Des parades d'Étiolles à la trilogie »

Jennifer Ruimi, agrégée de lettres modernes et docteur en littérature française, enseigne au lycée A. Schweitzer, ainsi qu'à l'Institut d'études théâtrales de l'université Sorbonne nouvelle – Paris 3. Spécialisée dans l'étude du théâtre de société et des autres formes de théâtre non officiel à Paris au XVIII^e^ siècle, elle est l'auteur de *La Parade de société au XVIII^e^ siècle, une forme dramatique oubliée* (Paris, 2015).

*Jennifer Ruimi, the holder of an* agrégation *in modern literature and a doctorate in French literature, teaches at the Lycée A. Schweitzer, as well as the Institute of theatrical studies at Sorbonne nouvelle–Paris 3. Specialising in the study of the* théâtre de société *and other non-official forms of theatre in eighteenth-century Paris, she is the author of* La Parade de société au XVIII^e^ siècle, une forme dramatique oubliée *(Paris, 2015).*

Avant d'écrire pour le Théâtre-Français, Beaumarchais avait déjà abordé la scène par un autre biais : le théâtre de société. Jouant la comédie sur son propre théâtre privé, ou créant des spectacles pour divertir la compagnie de son ami Le Normant d'Étiolles, l'auteur de la trilogie a commencé sa carrière dramatique en rédigeant de petites pièces burlesques, les *parades*. Il s'agit dans cette étude de voir ce qui reste des parades d'Étiolles dans la trilogie de Figaro.

*Before writing for the Théâtre-Français, Beaumarchais had already approached the stage from a different angle: the* théâtre de société. *Acting in a comedy in his own private theatre, or creating spectacles to entertain the company of his friend Le Normant d'Étiolles, the author of the trilogy began his dramatic career by writing short burlesque plays, the* parades. *This study examines what is left of d'Étiolles's* parades *in the Figaro trilogy.*

## Anne RICHARDOT, « Beaumarchais à l'épreuve du rire »

Anne Richardot est maître de conférences en littérature française du XVIII^e^ siècle à l'université Lille 3 et membre du laboratoire Alithila. Elle est l'auteur du *Rire des Lumières* (Paris, 2002), de *Femmes et libertinage* (Rennes, 2003) et de *Bestiaire des Lumières* (Villeneuve d'Ascq, 2009).

*Anne Richardot is a lecturer in eighteenth-century French literature at Lille 3 University and a member of the Alithila team. She is the author of the* Rire des Lumières *(Paris, 2002),* Femmes et libertinage *(Rennes, 2003), and* Bestiaire des Lumières *(Villeneuve d'Ascq, 2009).*

Cet article se propose d'examiner le parcours esthétique de Beaumarchais, en particulier dans les trois pièces formant sa trilogie disparate : son rapport à la question des émotions théâtrales (rire/pleurs), en résonance avec celui de son siècle, et ses tentatives de refonder la création dramatique sur des affects neufs.

*This article examines Beaumarchais's aesthetic trajectory, in particular in the three plays which form his disparate trilogy: his relation to the question of the theatrical emotions (tears/laughter), resonating with his century, and his attempts to re-establish dramatic creation on new affects.*

Bénédicte Obitz-Lumbroso, « La lettre dans la trilogie de Beaumarchais. Un objet sans gravité ? »

Bénédicte Obitz-Lumbroso, professeur agrégé à l'université du Maine, docteur en langue et littérature françaises, est l'auteur de *Beaumarchais en toutes lettres. Identités d'un épistolier* (Paris, 2011) et de plusieurs articles consacrés à cet auteur. Elle est également secrétaire de rédaction de la revue *Épistolaire*.

*Bénédicte Obitz-Lumbroso, a* professeur agrégé *at the University of Maine, and a doctor of French language and literature, is the author of* Beaumarchais en toutes lettres. Identités d'un épistolier *(Paris, 2011) as well as several articles about this author. She is also the sub-editor of the journal* Épistolaire.

La présence de lettres significativement plus importante dans la trilogie que dans les autres pièces de Beaumarchais incite à y porter attention. Qu'elle soit texte, discours, acte ou accessoire, la lettre est un objet dramaturgique protéiforme qui se prête aux métamorphoses et aux significations les plus variées. Cet article cherche à montrer que ce léger morceau de papier constitue un lien unificateur entre les trois pièces, mais participe également de leur gravité croissante.

*The significantly greater presence of letters in the trilogy than in other plays by Beaumarchais demands attention. Whether it is a text, discourse, act, or accessory, the letter is a protean dramatic object which lends itself to metamorphoses and varied significations. This article seeks to demonstrate that this slight piece of paper constitutes a unifying link between the three plays, but also participates in their increasing gravity.*

Franck Salaün, « La scène de reconnaissance dans *Le Mariage de Figaro* »

Franck Salaün travaille sur les débats du XVIIIe siècle et le renouveau des genres littéraires. Il a notamment publié « Diderot et les gens de spectacle » dans le n° 47 de la revue *Recherches sur Diderot et sur l'*Encyclopédie (2012), « L'invention de la *scène de* *reconnaissance* dans le théâtre français du XVIII^e siècle » dans le n° 2 de la revue *Arrêt sur scène* (2013) et *La Revanche de Beaumarchais* (Paris, 2015).

*Franck Salaün works on eighteenth-century debates and the updating of literary genres. He has published "Diderot et les gens de spectacle" in no. 47 of the online journal* Recherches sur Diderot et sur l'Encyclopédie *(2012),* "L'invention de la scène de reconnaissance dans le théâtre français du XVIII^e siècle" *in no. 2 of the online journal* Arrêt sur scène *(2013) and* La Revanche de Beaumarchais *(Paris, 2015).*

La scène de reconnaissance du *Mariage de Figaro* (III, 16) a suscité des interprétations contradictoires. Dans un premier temps, cette étude rappelle les enjeux de la séquence centrée sur la reconnaissance par rapport aux principales intrigues de la pièce. Dans un second temps, la scène est comparée aux discours de l'époque sur la reconnaissance. Sur la base de ces différents constats, on peut affirmer que Beaumarchais a privilégié la dimension parodique sans renoncer aux situations attendrissantes.

*The scene of acknowledgement in the* Mariage de Figaro *(III, 16) has incited contradictory interpretations. First, this study recalls the implications of the sequence centred on acknowledgement in relation to the principal plotlines in the play. Next, the scene is compared with the discourse of the era on acknowledgement. Based on these different observations, we can affirm that Beaumarchais privileges the parodic dimension without abandoning sentimental or moving situations.*

Sophie MARCHAND, « Beaumarchais et le personnage de théâtre »

Sophie Marchand est maître de conférences à l'université Paris-Sorbonne. Spécialiste du théâtre du XVIII^e siècle, elle a dirigé avec Pierre Frantz *Le Théâtre français du XVIII^e siècle*, (Paris, 2009). Elle a également publié *Théâtre et pathétique au XVIII^e siècle* (Paris, 2009) ainsi que des articles sur la dramaturgie des Lumières et des éditions critiques de pièces de Mercier, Monvel et Lesage.

*Sophie Marchand is a lecturer at Paris-Sorbonne University. A specialist in eighteenth-century theatre, she has edited, with Pierre Frantz,* Le Théâtre français du XVIII^e siècle *(Paris, 2009). She has published* Théâtre et pathétique au XVIII^e siècle *(Paris, 2009) as well as articles on Enlightenment dramaturgy and critical editions of plays by Mercier, Monvel, and Lesage.*

La pensée du personnage semble guider la démarche créatrice de Beaumarchais et déterminer l'invention d'une dramaturgie originale. Cherchant à complexifier les types classiques et à faire des personnages de véritables individus théâtraux, le dramaturge procède à une déconstruction des habitudes génériques et à un dynamitage de la psychologie traditionnelle. En inscrivant ses héros dans une temporalité qui excède les limites de la forme théâtrale, il place au cœur de sa dramaturgie la question de l'identité.

*The thought of the protagonist seems to guide Beaumarchais's creative approach and determines the invention of an original dramaturgy. Seeking to render classic types more complex, and to make characters into real theatrical individuals, the playwright proceeds to deconstruct generic habits and explode traditional psychology. By inscribing his heroes in a temporality which surpasses the limits of theatrical form, he places the question of identity at the heart of his theatre.*

# TABLE DES MATIÈRES

TROISIÈME PARTIE

## MUTATIONS SOCIALES ET IDÉOLOGIQUES



QUATRIÈME PARTIE

## BEAUMARCHAIS ET L'ÉCRITURE COMIQUE

CINQUIÈME PARTIE

## PROBLÈMES D'ESTHÉTIQUE THÉÂTRALE

COLLECTION « RENCONTRES »

Cette collection est le lieu d'accueil de recherches collectives, actes de colloques, mélanges, ouvrages de synthèse, en littérature et sciences humaines.

Retrouvez tous les titres de la collection en scannant ce code QR :

Et pour recevoir nos dernières actualités, abonnez-vous ici :